水运工程监理培训用书

Jianli　Gailun

监 理 概 论

（第三版）

中国交通建设监理协会　组织编写
交通运输部工程质量监督局　审　　定
　　　　　　　王祖志　主　　编

人民交通出版社
China Communications Press

内 容 提 要

本教材是水运工程施工监理的理论基础，主要阐述了水运工程建设管理规定和项目管理的基本原理和内容、水运工程施工监理制度的基本框架和规定、工程监理组织的模式与应用、施工监理目标控制原理和方法、水运工程施工监理的主要工作内容和规范、水运工程施工监理文件编制和文档管理等。

本教材主要适用水运工程监理业务培训和水运工程监理工程师考试的教学用书，也可作为高等院校水运工程相关专业课程教学的教材或参考书及工程项目管理从业人员的参考书。

图书在版编目（CIP）数据

监理概论／中国交通建设监理协会组织编写．—3版．—北京：人民交通出版社，2013.5

水运工程监理培训用书

ISBN 978-7-114-10631-6

Ⅰ.①监… Ⅱ.①中… Ⅲ.①航道工程-工程施工-施工监理-技术培训-教材 Ⅳ.①U615.1

中国版本图书馆 CIP 数据核字（2013）第 106226 号

水运工程监理培训用书

书　　名：	监理概论（第三版）
著 作 者：	中国交通建设监理协会
责任编辑：	韩亚楠　赵瑞琴
出版发行：	人民交通出版社股份有限公司
地　　址：	（100011）北京市朝阳区安定门外外馆斜街3号
网　　址：	http://www.ccpress.com.cn
销售电话：	（010）59757973
总 经 销：	人民交通出版社股份有限公司发行部
经　　销：	各地新华书店
印　　刷：	北京市密东印刷有限公司
开　　本：	787×1092　1/16
印　　张：	11.5
字　　数：	270千
版　　次：	2013年5月　第3版
印　　次：	2022年8月　第3次印刷
书　　号：	ISBN 978-7-114-10631-6
定　　价：	28.00元

（有印刷、装订质量问题的图书由本社负责调换）

《水运工程监理培训用书》编审委员会

主 任 委 员：黄　勇

副主任委员：刘　巍　周元超

编写委员会：(按姓氏笔画排序)

　　　　　　王祖志　邓顺盛　田冬青　刘　文　刘志杰

　　　　　　刘　敏　许镇江　吴　彬　李　静　陈红萍

　　　　　　季永华　赵卫民　黄伦超　游　涛

审定委员会：(按姓氏笔画排序)

　　　　　　左旋峰　刘长健　吕翠玲　汤渭清　李　聪

　　　　　　苏炳坤　周　河　周立杰　唐云清　戴　中

序

　　交通运输行业是最早开展工程监理制度试点的行业之一,交通建设监理制度与项目法人责任制、招标投标制、合同管理制共同构成我国交通运输基础设施建设的"四项基本制度"。

　　为了提高公路水运工程监理人员的业务能力与水平,交通运输部工程质量监督局(原交通部基本建设质量监督总站)自1990年开始,组织行业内的有关高校编写了公路水运工程监理培训教材,并开展监理业务培训工作,到目前为止,先后有近20多万人参加培训,近7万人获得交通运输部颁发的公路水运工程监理工程师执业资格证书。作为交通建设监理队伍骨干的监理工程师和专业监理工程师,已经成为交通基础设施建设不可或缺的重要技术管理力量。

　　为满足公路水运工程建设监理业务教育培训需要,同时为参加交通运输部公路水运工程监理工程师过渡考试人员提供复习参考,中国交通建设监理协会组织相关专家学者对公路、水运工程监理培训教材(第二版)进行了修订完善。修订后的公路工程监理培训用书共分五册,分别是《监理概论》、《工程质量监理》、《工程进度监理》、《工程费用监理》和《合同管理》;水运工程监理培训用书共分六册,分别是《监理概论》、《质量控制》、《进度控制》、《费用控制》、《合同管理》和《机电设备控制》。

　　本套培训用书以我国公路水运工程建设实际和最新颁布的法规、标准、规范为依据,既注重工程监理基本理论、基本方法的阐述,又充分反映了工程建设管理和监理实践的发展与变化,同时兼顾了公路水运工程监理工程师过渡考试的相关要求,内容系统性与实践指导性并重,可满足广大公路水运工程监理人员学习及提高业务水平需要,同时也作为公路水运工程监理工程师过渡考试主要参考资料。

　　目前我国交通运输业正处于加快改革发展的重要战略机遇期,交通建设的持续发展,给广大立志从事工程建设监理事业的技术人员提供了更广阔的舞台,让我们不断提升自身业务素质与水平,进一步增强责任感与使命感,为交通基础设施建设的科学发展、安全发展做出新的贡献。

交通运输部工程质量监督局

2013年5月

前　言

为满足水运工程建设需要，提高监理从业人员业务水平和现场工作能力，经交通运输部工程质量监督局同意，中国交通建设监理协会联合人民交通出版社于2012年10月10日在北京召开了《公路水运工程监理培训用书》修订工作会议，确定了编写大纲。在教材的修订过程中，编写人员吸纳教学过程中收集的意见和建议，结合水运工程建设实际和监理工作需要，力争体现国际和国内工程建设管理与工程监理领域的新理念、新方法、新进展，修订后的新教材经专家函审、编者修改、专家会审定后出版。

本教材是在水运工程监理培训统编教材（第二版）《监理概论》的基础上，结合国家新颁布的有关水运工程监理的法规、规范性文件、部门规章及工程监理的实践经验总结修订而成的。

《监理概论》教材修编，主要对教材内容在适应新法律规章、紧密结合水运工程监理工程师注册资格考试等方面进行了部分修改和完善；对教材章节的编排也做了一定的调整；更加注重了水运工程施工监理的理论性、系统性、操作性和针对性。

本教材修编，由长沙理工大学游涛博士负责第二章和第六章；长沙理工大学陈红萍老师负责第三章，并参与第六章；其余章节和教材统稿由长沙理工大学王祖志负责。

本教材由交通运输部工程质量监督局组织审定，广州南华工程管理有限公司李聪高级工程师为主审，对本书的成稿和内容质量的提升提出许多建设性意见，在此向部工程质量监督局领导和主审专家表示衷心感谢！

限于编者的水平和经验，教材中谬误和疏漏之处在所难免，敬请读者批评指正。

编　者

2013年5月

目 录

第一章 绪论 ... 1
- 第一节 我国水运工程建设发展概况 ... 1
- 第二节 水运工程建设管理规定 ... 5
- 第三节 工程项目管理及其组织形式 ... 9
- 第四节 工程监理的产生和发展 ... 13
- 思考题 ... 20

第二章 水运工程监理制度 ... 21
- 第一节 水运工程项目管理体制 ... 21
- 第二节 政府监督 ... 22
- 第三节 工程监理 ... 27
- 第四节 企业管理 ... 30
- 第五节 工程监理单位、人员的注册管理制度 ... 32
- 第六节 工程监理执业的主要法律规定 ... 41
- 第七节 水运工程监理业务承揽 ... 47
- 思考题 ... 53

第三章 工程监理组织 ... 55
- 第一节 现代组织论的基本概念 ... 55
- 第二节 工程项目承发包模式及管理模式 ... 59
- 第三节 工程项目监理机构的组织模式 ... 65
- 第四节 工程项目监理机构人员配置及监理设施 ... 69
- 第五节 监理工程师的职责和权限 ... 73
- 思考题 ... 75

第四章 工程项目监理目标控制 ... 77
- 第一节 工程项目风险管理 ... 77
- 第二节 监理目标控制原理和方法 ... 79
- 第三节 水运工程施工监理阶段的任务 ... 85
- 思考题 ... 87

第五章 水运工程监理的内容 ... 89
- 第一节 工程费用控制 ... 89
- 第二节 工程进度控制 ... 96
- 第三节 工程质量控制 ... 103
- 第四节 环境保护监理 ... 109
- 第五节 施工安全监理 ... 112

第六节　合同管理···116
　　第七节　信息管理···120
　　第八节　组织协调···131
　　第九节　工地会议···133
　　思考题···136
第六章　水运工程监理文件···138
　　第一节　概述···138
　　第二节　监理规划的编写···139
　　第三节　监理实施细则的编写··140
　　第四节　工程档案管理···142
　　第五节　水运工程监理规划案例···143
　　思考题···171
参考文献···172

第一章 绪 论

【自学提要】 了解我国工程监理的由来与发展以及水运工程监理现状;熟悉水运工程建设管理规定和工程项目的建设程序;掌握工程项目的概念及特性,掌握工程项目管理的概念及主要内容;掌握工程监理的基本概念,正确理解我国实施工程监理的必要性;了解国外工程监理的 CM 模式、PM 模式和 FIDIC 模式。

第一节 我国水运工程建设发展概况

交通是国民经济和社会发展的基础产业,处于先行的战略地位。水运是现代交通运输系统中一个重要的子系统,具有运力大、占地少、投资省、成本低、见效快等优势。加快水运工程建设,发展水运事业,对我国的社会主义现代化建设及更好地融入国际经济循环,具有极其重要的意义。

我国幅员辽阔,大陆海岸线长达 18 000 多 km,环岛岸线长逾 14 000km;江河众多,流域面积在 100km² 以上的河流有 5 800 余条,总长约 43 万 km,其中流域面积在 1 000km² 以上的就有 1 500 多条;此外,还有大小湖泊 900 多个。我国具有建设港口、发展水运事业的优越条件。

新中国成立之前,我国水运事业处于十分落后的状态。新中国成立之后,经过 3 年多努力,水运事业得以基本恢复。在第一个五年计划期间,水运建设的主要任务是发展内河航运,以长江为重点,扩大西南地区同中部和沿海地区的物资交流,适当发展海上运输。5 年内完成投资 9.15 亿元,先后完成了天津新港第一期工程、湛江港第一期建设工程、裕溪口机械化煤炭码头、青岛港煤炭码头和广州船厂扩建工程等项目。内河航运建设方面,以川江航道整治为重点的全国内河航道整治取得了较好的进展。

1958 年至 1972 年,南京港机械化煤码头建设,5 年内完成两期工程,形成了周转 600 万 t 煤的能力;天津新港第二期扩建工程,4 年建成万吨级泊位 5 个,扩建 5 000 吨级泊位 2 个;此外还进行了上海港张华浜码头、龙华码头、张家港浮码头、黄埔港散杂泊位和八所港、秀英港的建设,同时对一批老码头进行了修复、加固工作。在内河航运建设方面,京杭运河苏北段整治及其配套船闸建设,对我国国民经济的发展起了重要作用;长江、珠江、松花江、淮河和湘江等航道建设也取得了较好的经济效益和社会效益。

1973 年 2 月,周恩来总理提出了"三年改变港口面貌"的号召,从此在港口建设历史上翻开了新的一页,迎来了一个大规模进行港口建设的高潮。1973 年至 1975 年的 3 年大建港时期,国家对港口建设投资 60 多亿元,相当于新中国成立后前 23 年港口建设投资的总和。3 年中,投资开工建设的深水泊位共 53 个,同期建成和基本建成 41 个;长江口和珠江航道进行了初步整治,长江口航道由-5.5m浚深到-7m,使2万吨级船舶不需减载即可趁潮进出上海港;沿海港口的供油供水设施有了很大改善。此外还兴建了一批新的修造船厂,扩建了一些船厂的船坞、舾装码头等水工设施。

1976年至1980年,港口建设获得了进一步的发展。国家对港口建设投资73亿元,建成的深水泊位34个,新增港口吞吐能力7 500万t,投资额和新增吞吐能力均超过新中国成立后前23年和3年大建港的总和。

从20世纪80年代起,在改革开放政策的指引下,我国国民经济持续、快速、健康地发展,水运工程建设进入了一个全新的蓬勃发展时期,取得了前所未有的成就。主要表现在:

(1) 水运工程建设投资大幅度增加,投资渠道多元化。水运工程建设一直被列入国家基本建设的重点之一,水运工程建设投资逐年增加,而且水运工程建设改变了过去那种单纯依靠国家投资的局面,投资渠道不断扩宽,呈现多元化格局。"要开放,先建港",为脱贫致富,开发资源,繁荣经济和文化事业,迫切要求加快水运建设事业。地方投资、企业自筹、个人集资和利用外资建设的港口和航运枢纽工程项目与日俱增。在利用外资建设港口方面,1980年到1999年利用世界银行贷款、亚洲开发银行贷款、日元贷款等外资建设深水泊位114个。国务院2005年2月发布《关于鼓励支持和引导个体私营等非公有制经济发展的若干意见》和2010年5月发布的"新36条",鼓励和引导民间资本进入基础产业和基础设施领域,为水运工程项目建设投资提供了更活跃的力量。

2010年水运建设完成投资1 171.41亿元。内河建设完成投资334.53亿元,新建及改(扩)建码头泊位325个,新增吞吐能力9 767万t;新增及改善内河航道里程924km。沿海建设完成投资836.87亿元,新建及改(扩)建码头泊位142个,新增吞吐能力21 393万t;投资增幅超过10%。

(2) 建成了一大批深水泊位及一批新港区,改善了沿海港口的布局。新建了山东日照港、广西防城港、深圳蛇口港、深圳盐田港等。建设的新港区有上海洋山深水港、大连港和尚岛港区与大窑湾港区、营口港鲅鱼圈港区、秦皇岛东港区、烟台港西港区、连云港庙岭港区、南京港新生圩港区、宁波港北仑港区和镇海港区、汕头港珠池港区和广澳港区、广州港新沙港区、广州港南沙港区等。建成了一大批业主专用码头,如炼油厂的油码头、电厂的煤码头、工厂的工业码头及修造船厂的舾装码头等。

秦皇岛港是这一时期获得迅速发展的沿海大港中的典型代表。作为我国沿海主要外贸港口之一的秦皇岛港,1898年开港,开港时只有7个泊位,吞吐能力很小。新中国成立后虽经扩建,1980年的货物年吞吐量仍然只有2 641万t。自1980年开始,秦皇岛港新建煤码头二期工程、三期工程、四期工程、丙丁码头和戊已码头工程。现有泊位47个,其中煤炭专业泊位21个、杂货泊位17个、油品生产泊位6个、集装箱泊位3个。煤炭专业泊位最大可接卸15万吨级船舶,2007年一举成为世界上第一个2亿t煤炭输出港。现在的秦皇岛港已成为以能源运输为主的综合性国际贸易口岸,世界上最大的煤炭输出港和散货港。

2010年底,全国港口拥有生产用码头泊位31 634个,沿海港口生产用码头泊位5 453个,内河港口生产用码头泊位26 181个。码头泊位大型化水平不断提升。全国港口拥有万吨级及以上泊位1 661个。

(3) 建成了一批大型高效率的专业化码头。这一时期港口建设成就不仅表现在上述泊位数和吞吐能力的增加,而且还反映在建成了一批大型高效率的专业码头。专业化大型煤码头如秦皇岛港二三期工程、日照石臼港煤码头、广州港黄埔西基煤码头、大连和尚岛煤码头和青岛前湾煤码头等;大型油码头如青岛黄岛油二期工程、南京仪征油港和秦皇岛油二期工程等;大型现代化集装箱码头如天津港三四港池集装箱码头,上海港外高桥码头、洋山深水港码头,汕头珠池七、八泊位,深圳盐田港,广州黄埔东基七、八泊位及广州南沙港等。此外,还建成一批液化天然气码头、滚装码头、专业矿石码头、专业散粮码头和专用木材码头。这些大型专业化码头,设备和工艺先进,机械化和自动化程度高,吞吐量大,对国民经济的发展起了重要作用。

2010年底,全国万吨级及以上泊位中专业化泊位903个,通用散货泊位299个,通用件杂货泊位310个。

(4) 内河航运建设在改善产业密集区和重点经济区航道的通航条件方面,取得了很大的成绩。长江口深水航道整治工程经过3期建设,使其水深逐步达到 -12.5m;南京、苏州、镇江、张家港、南通港海轮深水泊位的建成,长江干线外贸码头泊位的建设,葛洲坝、三峡水利枢纽船闸通航,使长江成为名符其实的海、湖、江、河联运的"黄金水道";京杭运河续建工程、西江航运建设工程和西江航道整治工程、湘江梯级航运枢纽及航道整治工程、汉江航道整治工程、松花江航道整治工程等一大批内河航道建设工程的实施,大大改善了通航条件,使部分流域实现了干支直达、江海直达运输;一批碍航闸坝在采取了一些工程措施后复航,保证了通航里程。特别是京杭运河(徐扬段)续建工程的建成,是内河航运建设中的一项突出成就;该工程包括疏浚里运河、不牢河、淮泗段和零星浅窄段,使徐州至扬州段404.5km航道达到二级通航标准;新建皂河、宿迁、刘老涧、泗阳、淮阴、淮安、邵伯、施桥8座复线船闸;新建、扩建万寨、双楼、坯县3座煤港,使港口年出煤能力由不足200万t扩大到1 250万t;新建和扩建和平、解台等6座抽水站,以保证运河船舶过闸用水和各梯级设计最低通航水位;这些工程的竣工,使运河货运量由1957年的92万t,迅速增加到1991年的5 400万t,特别是2000年启动的京杭运河苏北段船闸扩容工程,先后建成淮安、淮阴、宿迁、皂河、刘老涧、泗阳、施桥、邵伯三线船闸,使之成为我国通航标准最高、航运和综合效益最大的现代化运河,2010年苏北段货运量达2.06亿t,有力地促进了沿岸及江浙地区工农业的发展。

2010年底,全国等级航道6.23万km。各等级内河航道通航里程分别为:一级航道1 385km,二级航道3 008km,三级航道4 887km,四级航道7 802km,五级航道8 177km,六级航道18 806km,七级航道18 226km。全国内河航道共有4 177处枢纽,其中具有通航功能的枢纽2 352处。通航建筑物中,有船闸860座、升船机43座。

(5) 水运工程建设在广泛采用和推广新技术、新材料、新工艺方面,也取得了丰硕的成果。真空预压加固软基技术先后应用于天津港四港池码头堆场,渤海石油公司,宁波自来水厂,天津港东突堤陆域的堆场、道路和附属建筑物,广州南沙港陆域堆场,济南遥墙机场跑道和停机坪等工程,取得了较好的技术经济效果;大口径预应力钢筋混凝土管桩的研制成功,对港口建设是一项重大的技术突破;天津港东突堤散杂货码头工程,从国外引进深层水泥搅拌和法加固岸坡软基新技术,为在软基上建设重力式码头开辟了新的途径;爆炸处理水下软基技术在连云港渔轮厂迁建、墟沟港区东护岸等工程应用成功,取得了明显的经济效益,特别是水下爆炸排淤填石法属国内首创,达到了国际先进水平;格型钢板桩结构在黄埔港新沙港区码头工程中得到首次应用;蛇口工业区二突堤3.5万吨级码头还采用了国际上比较先进的前钢板桩为斜拉桩的钢筋混凝土结构,大大加快了工程进度;此外,多波束测深扫描技术、动载试桩新技术的采用,胶囊、水垫搬运重型构件新工艺的成功,土工织物的广泛应用,大型铺排船、液压水下抛石基床整平机的应用,电视经纬仪定位装置的问世等,无一不凝结着水运工程建设者的智慧和心血,对提高水运工程建设水平,促进水运事业的进步与发展,起到了巨大的推动作用。

水运工程发展前景。交通运输部在"三主一支持"交通长远发展规划的基础上,制定了水运工程行业"十二五"规划,其主要内容有:

(1)继续有序推进沿海港口基础设施建设,重点推进大连长兴岛、唐山曹妃甸、天津大港、连云港徐圩、海峡西岸港口、湛江东海岛、防城港企沙等港区建设。重点推进煤炭、原油、铁矿石和集装箱码头建设。重点建设主要港口、地区性重要港口深水航道和防波堤,推进新港区航道、防波堤建设。

(2)加快以高等级航道和主要港口为重点的内河水运基础设施建设,建设现代化的内河水运体系。加快发展内河水运,加快长江干线上、中、下游航道系统治理,实施"中游荆江河段航道治理工程"和"南京以下12.5m深水航道建设工程"两大重点工程。加快以高等级航道为重点的内河航道建设,实施西江航运干线扩能工程,建设贵港、桂平二线和长洲三、四线船闸,加快推进右江百色、红水河龙滩枢纽过船设施建设。实施京杭运河苏南段和浙江段三级航道建设工程,结合南水北调东线工程实施济宁至东平湖段三级航道建设工程,继续实施船闸扩能工程。全面加快苏申外港线、长湖申线、湖嘉申线、杭申线、杭平申线、芜申线、大芦线等长江三角洲高等级航道建设,建成并完善珠江三角洲高等级航道网。积极推进嘉陵江、乌江、汉江、湘江、赣江、合裕线、右江、沙颍河、松花江、闽江等高等级航道建设。实施涡河、沱浍河、三峡库区支流等区域主要航道建设工程,扶持中西部、少边穷地区水运基础设施建设。加强黑龙江、额尔古纳河、鸭绿江等界河航道建设,积极推进澜沧江—湄公河等水运通道建设,加快构建国际水运通道。

(3)加强水运建设市场管理,严格水运建设市场准入管理,加强建设工程咨询、评估、勘察、设计、施工、监理等单位和从业人员资质资格管理。推进水运建设市场信用管理体系建设,强化对建设项目投资人、从业单位和从业人员信用的动态管理。严格执行国家基本建设程序,落实项目法人责任制、招投标制、工程监理制和合同管理制。进一步完善水运建设质量和安全管理体系,严格执行有关法律、法规、规章和标准,明确责任,落实措施,确保工程质量和安全。

2011年是"十二五"开局之年,全国港口完成货物吞吐量100.41亿t,沿海港口63.60亿t,内河港口36.81亿t;旅客吞吐量1.94亿人,其中沿海0.80亿人,内河1.14亿人;货物吞吐量超过亿吨的港口达到26个,其中沿海17个,内河9个;完成集装箱吞吐量1.64亿TEU,其中沿海1.46亿TEU,内河1 736万TEU;完成液体散货吞吐量9.11亿t;干散货吞吐量58.55亿t;件杂货吞吐量10.18亿t;滚装汽车吞吐量(按重量计算)4.83亿t。2011年完成建设投资1 404.88亿元,内河建设完成397.89亿元,增长18.9%,内河港口新建及改(扩)建码头泊位209个,新增吞吐能力8 418万t;年新增及改善内河航道里程843km;沿海建设完成1 006.99亿元,增长20.3%,新建及改(扩)建码头泊位440个,新增吞吐能力24 585万t。

第二节 水运工程建设管理规定

水运工程包括:港口工程(码头、港池、防波堤、陆域、仓库堆场土建、疏港交通、港口设备、港口通信导航等),航道工程(整治工程、疏浚工程、护岸工程等),通航建筑物工程(船闸、升船机、水坡等),修造船建筑物工程(船台、滑道、船坞),航运枢纽工程等。水运工程项目的投资主体、建设环境、建设条件、建造方法和建设要求差异大,为规范水运工程项目建设工作,交通部以部令 2007 年第 5 号和部令 2007 年第 3 号发布"港口建设管理规定"和"航道建设管理规定",水运工程建设的管理单位和人员、从业单位和人员应遵守水运工程建设行业管理的基本规章,才有可能实现工程项目建设的目标。

水运工程建设管理规定,体现了依法管理、行业管理、科学管理和统一管理的特点。具体规范内容主要有:

1. 基本规定

适用范围,在中华人民共和国境内新建、扩建、改建港口建设项目(包括与其他建设项目配套建设的港口建设项目)及其配套设施的建设活动、航道建设活动都要适用本规定。

管理职责,水运工程建设实行统一领导,分级管理制度。

交通运输部负责全国水运工程建设的行业管理工作,并具体负责经国家发展和改革委员会审批、核准和经交通运输部审批的水运工程建设项目的建设管理工作。

省级交通主管部门负责本行政区域内水运工程建设的行业管理工作,并具体负责经省级人民政府有关部门审批、核准的水运工程建设项目的建设管理工作。

其余水运工程建设项目的建设管理工作由项目所在地交通行政管理部门负责。

管理制度,水运工程建设项目应当按照国家有关规定实行项目法人责任制度、招标投标制度、工程监理制度、合同管理制度和廉政监察制度。

2. 建设程序管理规定

水运工程建设应当按照国家规定的建设程序和有关规定进行。除国家另有规定外,不得擅自简化建设程序。政府投资建设项目的项目建议书和可行性研究报告实行审批制,企业投资建设项目的项目申请报告、备案文件分别实行核准制、备案制。

(1)工程建设程序。

政府投资建设项目,按以下建设程序执行:

①开展工程预可行性研究,编制项目建议书;
②根据批准的项目建议书,进行工程可行性研究,编制可行性研究报告;
③根据批准的可行性研究报告,编制初步设计文件;
④根据批准的初步设计,编制施工图设计文件;
⑤根据批准的施工图设计,组织项目监理、施工招标;
⑥根据国家有关规定,进行施工前准备工作,并向港口行政管理部门办理开工备案手续;
⑦备案后组织工程实施;
⑧工程完工后,编制竣工材料,进行工程竣工验收的各项准备工作;

⑨交通主管部门按权限组织竣工验收,办理固定资产移交手续。

企业投资建设项目,按以下建设程序执行:

①依法确定建设项目投资人;

②根据规划与需要,编制工程可行性研究报告;

③投资人组织编制项目申请报告,按照规定履行核准或者备案手续;

④根据核准、备案的项目申请报告,编制初步设计文件;

⑤根据批准的初步设计文件,编制施工图设计文件;

⑥根据批准的设计文件,组织项目监理、施工招标;

⑦根据国家有关规定,进行施工前准备工作,并向交通主管部门办理开工备案;

⑧备案后组织工程实施;

⑨工程完工后,编制竣工资料,办理工程竣工前的各项工作;

⑩交通主管部门组织竣工验收,办理固定资产移交手续。

(2)工程文件编制规定和要求。

水运工程建设管理规定对以下文件编制和提交审批或备案的文件清单都作出了具体规定:申请审批制项目建议书内容及申请审批材料清单;建设项目可行性研究报告内容及申请审批材料清单;核准制的建设项目申请报告内容及项目申请核准材料清单;实行备案制的建设项目管理规定和要求;工程初步设计编制要求和报批初步设计时应当提交材料清单;工程施工图设计编制要求和报批施工图设计时应当提交材料清单等。

(3)水运工程行业主管部门审批、核准或备案工程设计文件管理规定。

由项目所在地行业主管部门负责审批的初步设计文件,项目法人直接向项目所在地行政管理部门提出申请,报送相关材料。

由省级交通主管部门负责审批的初步设计文件,项目法人向项目所在地行政管理部门报送相关材料,由项目所在地行政管理部门向省级交通主管部门转报相关材料。

由交通运输部负责审批的初步设计文件,项目法人向项目所在地行政管理部门报送相关材料,项目所在地行政管理部门向省级交通主管部门报送,省级交通主管部门再向交通运输部转报相关材料。

转报机关收到初步设计的申请材料后,应当在5个工作日内完成转报工作。

水运工程主管部门在审批初步设计时,应当按照规定委托不低于原初步设计文件编制单位资质等级的另一设计单位对初步设计文件进行技术审查咨询。审查咨询单位在完成审查咨询工作后,出具审查咨询报告报主管部门。

水运工程主管部门应当根据审查咨询报告、其他相关文件和有关部门的意见在法定期限内批复初步设计文件。

初步设计审查咨询工作的主要内容:

①对于政府投资的建设项目,应当进行全面的技术(包括概算)审查,并提出设计方案的优化措施。

②对于企业投资的建设项目,主要对涉及公共利益、公众安全、工程强制性标准、主体结构安全稳定性等内容及工程概算的编制依据和方法进行复核审查,并提出合理化建议。

审批部门对符合要求的施工图设计文件,应当作出予以批准的决定;对不符合要求的施工图设计文件,应当作出不予批准的决定并说明理由。

在审批前,审批部门应当委托不低于原施工图编制单位资质等级的另一设计单位,对施工图设计文件中关于结构安全、稳定、耐久性的内容进行审查。

工程设计经批准后,应当严格遵照执行,不得擅自修改、变更。如确有必要对已批准的建设规模、标准、内容、工程概算及设计方案、主体结构、主要工艺流程或者主要设备等进行重大调整的,应当报原审批机关批准后方可实施。

(4) 行政监管。

交通行政管理部门依法对水运工程建设项目的招标投标工作进行监督管理。项目法人应当按项目管理权限将招标文件、资格预审结果、评标结果报交通行政管理部门备案。

工程开工条件和开工备案规定。水运工程建设项目开工应当具备条件:

①施工图设计文件已经完成并经审查批准;

②建设资金已经落实;

③征地手续已办理,拆迁基本完成;

④施工、监理单位已确定;

⑤已办理质量监督手续。

项目法人在开工前应当按照项目管理权限向交通行政管理部门提交材料备案;主管部门对开工备案文件存在不符合法律、行政法规以及规章规定内容的,应当在收到备案文件之日起 7 日内提出处理意见,及时行使监督管理职权。

水运工程建设项目完工后,应当按照交通运输部水运工程竣工验收办法的有关规定进行竣工验收。竣工验收合格后,方可交付使用。

3. 建设市场管理规定

(1) 实行市场从业准入管理。水运工程建设咨询、评估、勘察、设计、施工、监理、检测等从业单位和从业人员应当依法取得有关部门许可的相应资质后,方可进入建设市场。建设单位以及其委托的项目建设管理单位、项目建设管理机构、主要负责人员,应当具备满足拟建项目管理需要的技术和管理能力,符合交通运输部有关规定的要求。

工程勘察必须由具备相应资质的单位承担。执行国家和交通运输部的有关规定,符合国家和行业有关强制性标准、规范,满足不同阶段工程设计和施工需要。勘察单位对勘察成果的质量负责,所提供的地质、测量、水文等勘察成果必须真实、准确、完整。

工程设计必须由具备相应资质的单位承担,设计单位对设计成果的质量负责。设计文件应当符合国家规定的设计深度要求,注明工程合理使用年限。设计单位应当做好设计交底工作,并按要求在施工现场派驻设计代表,及时提供设计后续服务。

施工单位对工程的施工质量负责。施工单位应当建立质量责任制,确定项目经理、技术负责人和施工管理负责人。施工单位的有关人员应根据国家有关规定持证上岗。施工单位必须按照设计要求、技术标准和合同约定,精心组织施工,不得擅自修改工程设计,不得偷工减料。施工单位应当建立健全各项质量检验制度,检验应当有书面记录和专人签字。

监理工作实行总监理工程师负责制。监理单位应当选派具备相应执业资格的总监理工程师,并根据工作需要,配备总监理工程师代表、专业监理工程师、监理员、测量和试验专业人员等。监理人员应当按照监理规范要求,采取旁站、巡视和平行检验等形式对工程实施监理。监理单位和监理人员应当依据科学、公正、独立的原则,全面履行监理的权利和义务。监理单位对施工质量承担监理责任。未经施工监理人员签认,不得进行下一道工序施工。

(2)遵守建设管理基本制度。

实行项目法人责任制度。项目法人对建设项目的策划、资金筹措、建设实施、生产经营、债务偿还和资产保值增值负责,依照国家有关规定对工程建设项目实行全过程管理。

实行招标投标制度。项目法人应当按照公开、公平、公正、诚实信用的原则,按照《中华人民共和国招标投标法》和交通运输部颁布的有关勘察设计、施工、施工监理招标投标管理工作的规定,依法对建设项目勘察、设计、施工、监理以及重要设备、材料的采购等进行招标。

任何单位和个人不得将依法必须进行招标的建设项目化整为零或者以其他任何方式规避招标、虚假招标。

实行工程监理制度。监理单位应当依照法律、法规及有关技术标准、规范和文件,代表建设单位对工程质量、安全、进度和工程投资进行监控,对合同、信息与资料进行管理,协调有关单位间的关系。

实行合同管理制度。项目法人应当按照招标文件和中标人的投标文件与中标人订立书面合同。项目法人和中标人不得再行订立背离合同实质性内容的其他协议。

实行廉政监察制度。项目法人应当与施工、监理单位签订廉政合同,并将廉政合同执行情况纳入建设考核范围。

实行质量、安全监督管理制度。交通行政管理部门及其委托的质量监督机构应当依据有关法律、法规、规章、技术标准和规范,遵循科学、客观、公开、公平、公正的原则,实行质量、安全生产监督管理。项目法人应当在施工前向交通质量监督机构办理质量监督手续。工程建设从业单位和人员应当接受、配合交通行政管理部门及质量监督机构依法开展的质量、安全生产监督活动,提供的有关资料应当真实、完整。

4. 工程建设质量和安全管理

水运工程建设实行政府监督、法人负责、社会监理、企业自检的质量、安全管理制度。

交通主管部门应当加强对水运工程建设质量和安全的监督管理,对从业单位的质量与安全生产管理机构的建立、规章制度的落实情况进行监督检查。

工程建设从业单位应当建立健全质量管理的各项规章制度,严格执行有关水运工程建设质量管理的法律、法规、规章和标准。

工程建设从业单位应当严格执行有关安全生产的法律、法规、规章和标准,建立健全安全生产的制度,明确安全责任,落实安全措施,履行安全管理的职责。

建设项目在实施过程中,监理单位应当依照法律、法规、规章、技术标准、设计文件、合同文件和监理规范的要求,采用旁站、巡视和平行检验形式对工程实施监理,对不符合工程质量与安全要求的工程应当责令施工单位返工。

工程质量和安全监督管理机构应当认真履行职责,加强对工程质量和安全的监督检查。任何单位和个人不得非法干预或者阻挠监督管理机构的监督检查工作。

工程建设从业单位应当对工程质量和安全负责。工程实施中应当加强对职工的教育与培训,落实质量和安全责任制,保证工程质量和工程安全。

交通主管部门应当建立工程质量和安全事故举报制度。任何单位和个人发现工程质量事故、质量缺陷和影响工程质量的行为以及安全事故和安全隐患,应当向有关主管部门或者工程质量、安全监督管理机构举报。

建设项目发生工程质量事故,项目单位和从业单位应当在24小时内按照项目隶属关系向交通主管部门和有关质量监督管理机构报告,不得拖延和隐瞒。工程质量事故的调查处理及生产安全事故的报告、应急救援和调查处理按照国家有关规定执行。

第三节　工程项目管理及其组织形式

一、工程项目

工程项目是指在一定的约束条件下(限定资源、限定时间、限定质量)以形成固定资产为明确目标的一次性活动。工程项目按专业类别可分为:港口工程项目、航道工程项目、水利工程项目、房屋建筑工程项目、公路工程项目和市政工程项目等。

1. 工程项目的含义

(1)工程项目有特定的对象及目标系统,即有明确具体的预定要求的工程技术系统;其预定要求通常可以用一定的功能要求、实物工程量、质量等指标来表达,最终目标一般表现为增加或提供一定的生产能力,形成具有一定使用价值的固定资产。工程项目目标往往取决于建设单位所要达到的最终目的。工程项目目标系统确定了项目的最基本特性,并把自己与其他项目区分开来;同时它又确定了项目的工作范围、规模及界限。项目的实施和管理都是围绕这个目标而进行的。不存在没有目标的项目,项目目标的实现就意味着项目建设的终止。

工程项目的对象通常由可行性研究报告、项目任务书、设计图纸、规范、实物模型等定义和说明。工程项目对象一般经历由构想到实施、由总体到具体的过程,它在项目前期策划和决策阶段得到确定,在项目的设计和计划阶段被逐渐分化、细化和具体化,并通过项目的实施过程逐步得到实现。

(2)工程项目是一次性事业。任何工程项目作为总体来说是一次性的、不重复的。它经历前期策划、批准、设计和计划、实施、运行的全过程,最后结束。世界上每个项目都有其特殊性,都要求其特殊管理,没有唯一标准的模式,也不可能重复。这和工农业产品重复、批量生产不同。即使两个工程结构图纸完全一样,但建设时间、地点、环境、项目组织、风险、施工人员不一样,也必然存在差异。所以工程项目是一次性事业,生产过程具有明显的单件性,从而决定了项目管理的一次性。

(3)工程项目具有限定的约束条件和工作范围,如限定的时间(进度目标)、限定的资源消耗(总投资额度、分年投资额度、经费来源等)、限定的质量条件(规范、标准等)及明确的任务量。

(4)工程项目应有完整的结构组成,即工程项目各组成单元之间有明确的组织联系。如一个港口建设项目,它的锚地、航道、防波堤、港池、码头、库场、道路、装卸运输机械等都是其子项目,它们有机地组合在一起,共同形成一个完整的项目组织结构,为一个系统。如某高速公路建设项目,它的道路、桥梁、立交、防护工程、收费及监控设施等都是其子项目,共同组成一个完整的项目组织结构,也是一个系统。如果把某高速公路的收费站与某港口工程凑在一起就不能算工程项目。

2. 工程项目的特性

(1)工程项目是一个开放系统。物质世界是由无数相互联系、相互依赖、相互制约、相互作用的事物和过程形成的统一体,是个大系统。一个工程项目则是由人、资源、技术、时间、空间和信息等各种要素组合在一起,为实现一个特定的系统目标而形成的一个有机体,是个小系统,并且是一个开放系统。也就是说,工程项目与环境能进行能源、物质和信息的交换。因此,不仅要求项目系统内部协调有序,而且还要适应外部环境变化,不断地随着外部环境变化进行自我调节和控制。

(2)工程项目存在着众多的项目界面。由于工程项目是个开放系统,因此,在项目与外部环境之间,项目各子系统之间及各子系统内部各构成要素之间都存在着很多界面,如项目系统与政府、银行、建设单位、材料设备供应厂家、设计、施工单位之间,项目内部各组成部分之间,各过程阶段之间,管理层与作业层之间……都存在着复杂的界面。这些界面协调的好坏,对项目的成败影响极大,因而项目界面的协调管理,往往是项目管理的重点和难点。

(3)工程项目具有共同的建设程序。基本建设程序就是基本建设工作进行过程中必须遵循的先后顺序与步骤,是人们在长期的生产实践中运用客观经济规律和自然规律搞好基本建设工作的经验总结。概括起来,其主要步骤是:根据国家长远规划、地区规划和行业规划进行规划选点,编制项目建议书;进行勘测、实验和各种项目建设方案的可行性研究,论证技术上的可行性和经济上的合理性,编报可行性研究报告;进行项目评估,完成项目决策;以上顺序及步骤称之为项目决策阶段。初步设计及概算,审查批准后列入年度基本建设计划;技术设计及修正概算(当工程复杂时);施工图设计及预算;工程项目施工招投标、项目报建及项目施工;生产准备;竣工验收交付使用;保修期结束。我们把自初步设计至保修期结束这一阶段称为项目实施阶段(图1-1)。

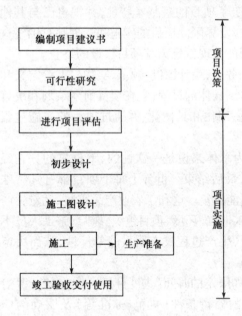

图1-1　工程项目建设程序

二、工程项目管理

工程项目管理是以工程建设项目为对象,通过对工程项目进行高效率的计划、组织、协调、控制的系统的有限循环过程,以实现项目一次性在预定的时间、预算的费用、预定的使用功能要求、资源的有效合理利用、与(自然、人文、社会)环境的协调及当事人满意为基本目标。这一基本目标是通过项目管理实现的,即通过管理者对工程项目的进程进行全过程的多目标的全方位管理实现的。项目管理工作从不同的角度,有不同的理解。

按照管理工作的过程来看,项目管理可分为预测、决策、计划、控制、反馈等工作。

按照项目管理工作任务划分,工程项目管理的任务服从项目的目标要求,即为最优地实现项目的总目标。通常项目管理组织按管理工作的任务设置职能机构或按管理职能分工,其主要内容如下:

1. 项目组织

工程项目管理的首要任务是建立高效的项目管理体制和项目组织机构,确定命令系统和工作制度,这是项目成功的组织保证。项目成功的关键人物则是项目经理;在项目管理活动中,项目经理是最高决策者、管理者、组织者、协调者和责任者,因此,他应该是能够集工程技术、领导艺术、管理才能和丰富经验于一身的帅才。

2. 项目的进度控制

项目的进度控制属于项目管理的计划职能,是对工程项目建设进行计划、检查、比较和调整的过程。对施工阶段而言,进度控制的目的在于建立一个以综合经济效益为目标,以总进度计划为核心,以配套的施工组织设计、安全技术措施、材料和设备供应计划及劳动力配备计划等为支持,以强有力的科学管理和技术措施为保障的动态计划管理控制系统,把时间、资源、空间、信息等都纳入计划轨道,使项目开展井然有序,保证项目预期目标的实现。

3. 项目的费用控制

工程项目费用控制是指对项目实施过程中所发生的工程费用,有组织、有系统地进行预测、计划、控制、核算、分析和考核的一系列科学管理活动,其目的是在保证工程质量、生产安全、合理工期的前提下,实现工程费用支出合理或最低。

4. 工程项目质量控制

工程项目的质量是建筑产品使用价值的集中表现,只有符合质量要求的工程才具有使用价值,才能投入生产和交付使用。工程项目质量控制,要求对项目实施的全过程进行质量跟踪,利用科学的方法对项目的质量目标实施有效的监控,使工程项目质量达到规定的标准。

5. 工程项目环境保护控制

工程项目的环境保护是实现工程建设与生态环境和谐发展的需要,是建设环境友好型社会的必要,是工程项目建设目标之一。环境保护控制主要包括项目配套环保工程建设控制和工程项目建设中污染排放控制,通过监测、监控和工程措施,实现环保工程的"三同时"和"三废"达标排放及施工过程符合敏感区要求。

6. 工程项目安全生产管理

工程项目的安全生产是在工程施工过程中消除或控制危险及有害因素,保障人身安全、工艺安全、工程安全,促进项目建设顺利进行。安全生产管理是管理者运用现代安全管理原理、方法和手段,分析和研究生产过程的环节和流程中各种不安全因素,从技术、组织和管理上采取措施,减少和消除不安全因素,防止事故发生,实现生产过程中人、机、料、法、环的和谐,达到安全生产目标。

7. 项目的合同管理

合同管理是工程项目管理活动的核心基础,为项目的其他管理工作提供管理依据和处理问题的程序、方法和精神。其主要工作有指导或协助当事人签署合法、完备、有效的合约,提醒和督促当事人遵守合同约定,处理履约中的责任分歧或不严格执行合同或意外事件而造成当事人合同权益的失衡。

8. 项目的信息管理

工程项目的信息管理,即对项目建设所涉及的技术、经济、生产、人事、环境等有关信息,使用先进的管理手段,及时、准确、适用、经济地进行收集、存储、加工、整理和传递,以便在项目实施过程中对项目进展状态进行适时地动态跟踪与控制,迅速而准确地进行各种决策,为全面实现项目总目标服务。

9. 项目的组织协调

项目的组织协调又称项目的协调管理或界面管理。管理理论的创始人法约尔(Henrifayol)给"协调"下的定义是"协调就是联结、联合、调和所有的活动及力量"。工程项目组织协调,则是在"人员/人员界面"、"系统/系统界面"、"系统/环境界面"之间,对所有的活动及力量进行联结、联合、调和的工作。换言之,它是通过主动协调相互作用的子系统之间的能量、物质、信息交换以实现系统目标的活动。组织协调是项目成功的关键,是项目管理的重点和难点。

工程项目管理作为一项咨询服务业务,其服务对象可以是建设单位,也可以是设计单位或施工单位。

三、工程项目管理现代化

由于社会生产力的高速发展,工程项目的规模大、技术复杂、参与当事人多、限制约束条件严等,项目目标控制需要新的管理手段和方法;另一方面,现代科学技术的发展产生了系统论、信息论、控制论、计算机技术、运筹学、预测技术、决策技术等,给项目管理理论和方法的发展提供了支持与可能;特别是计算机的普及和应用软件的开发,促进了项目管理理论和方法的进一步发展及管理的现代化。

工程项目管理现代化,一般具有以下特点:

(1)项目管理理论、方法、手段的科学化。现代项目管理吸收并使用了现代科学技术的最新成果,具体表现在:

现代管理理论的应用,项目管理方法实质上是诸如系统论、信息论、控制论、行为科学等理论在项目实施过程中的综合应用。

现代管理方法的应用,如预测技术、决策技术、数学分析方法、数理统计方法、模糊数学、线性规划、网络技术、图论、排队论等,它们可以用于解决项目中各种复杂的具体问题。

管理手段的现代化,最显著的是计算机的应用以及现代图文处理技术、精密仪器的使用、多媒体的使用等。目前以网络技术为主的项目管理软件已在工期、成本、资源的计划、优化和控制方面趋于完善,可大大提高项目管理的效率。

(2)项目管理的社会化和专业化。由于社会对项目的要求越来越高,项目越来越多,按社会分工的要求,需要职业化的项目管理者,这样才能有高水平的项目管理。

在现代社会,由于工程规模大、技术新颖、参加单位多,人们对项目的目标要求高,项目管理过程复杂,需要专业化的项目管理公司,承接项目管理业务,提供全套的专业化咨询和管理服务。这是世界性的潮流,在发达国家项目管理(包括咨询、工程管理等)已成为一个新兴产业,而且国外已探索出许多比较成熟的项目管理模式,例如建设工程监理制度。

(3)项目管理的标准化和规范化。项目管理是一项技术性强也十分复杂的工作,要符合社会化大生产的需要,项目管理必须标准化和规范化;这样项目管理工作才有通用性,才能专业化、社会化,才能提高项目管理水平和经济效益。

规范化和标准化体现在许多方面,如:规范化的定义和名词解释,规范化的项目管理工作流程,统一的工程费用项目划分,统一的工程计量方法和结算方法,使用标准的合同条件、标准的招投标文件,信息系统标准化(如:信息流程、数据格式、文档系统、信息形式)等。这样能使项目管理成为通用的管理技术,逐渐摆脱经验型管理以及管理工作"软"的特征。

(4)项目管理的国际化。项目管理的现代化就包括与项目管理的国际化接轨,按照国际惯例进行项目管理,这也是工程项目中的合作呈现国际化趋势所要求。

第四节 工程监理的产生和发展

一、工程监理的基本概念

什么是工程监理?从字义上说,工程监理就是对工程建设实施的监督和管理,是工程监理单位,依据一定的准则,并采取相应的管理措施,对工程建设的过程及其参与者的建设行为进行监控、督导和评价,促进工程项目的进度、投资和质量目标的实现。

工程监理以工程建设活动为对象,从事监理的机构或个人需经政府有关部门认证并取得相应资质,监理的主要依据是国家的有关法律法规、有关技术标准、工程建设文件及工程合同。工程监理活动具有动态控制的性质和综合管理的特征。工程监理是一种将工程技术、工程经济、工程管理和相关法律融为一体的全方位、全过程的动态工程管理模式,是建设单位通过招标或直接委托的工程监理单位对建设工程的质量、进度和投资进行综合管理的模式。工程监理包括设计监理和施工监理。

交通运输部颁发的《水运工程施工监理规范》指出:水运工程施工监理是监理单位根据监理合同的要求,依据合同文件,遵照一定的准则,并采取相应的措施,从招标期到交工验收及保修期的整个施工阶段,对水运工程建设的质量、进度、费用、环境保护进行控制,对安全生产、合同和信息进行管理并协调参建各方关系。目前,我国工程监理主要在施工招标期、施工准备期、施工期和交工验收及保修期实施。我们把自施工招标期开始至保修期结束的工程监理称为施工监理。

二、国外工程监理简介

19世纪以前,建筑师就是总营造师。建筑师设计工程、购买材料、雇佣工匠并组织管理工程的施工。那时谈不到什么进度计划和成本核算。建筑师所面临的是很简单的施工工艺和种类很少的建筑材料。他实际上是投资者和工程之间唯一的中间人。

随着工业的发展,对商业用建筑的需要不断增加,投资者开始将新建工程视为增加收入的手段。显然,这就要有新的、更快地建成一项工程的方法。随着工程技术的进步,投资者需要建造能够满足照明、动力、垂直运输、集中供暖、上下水管道与空调等诸多功能要求的更为复杂的工程项目;这时出现了更多机械设备和材料可供采用;新的施工技术使工程建造期限大大缩短;各种专业技术也逐渐形成;因而建筑师主要从事房屋使用功能与外观的设计,而设计师则专门从事各种具体的设计业务。

工程项目的发展日新月异,因而要求新的管理技术。于是施工管理发展成为一门新的行业,从事这项工作的专家当时称为总承包人。后来,由于工程的规模越来越大,往往要求一支涉及许多学科并由各行业专家组成的劳动大军。事实上,几乎没有任何公司能够全年经常雇佣一批人数众多的劳动大军。结果,总承包人解散了他这支劳动大军,而将工程的大部分作业分包给各专业工种的承包人。这种演变的最终结果是形成了专业分工制。设计业务划分为建筑、结构、机械、电气与室内设计等,而施工任务由许多专业承包人分担,总承包人充任施工总监督的角色。

进入 20 世纪后,现代科学技术的发展突飞猛进,社会分工高度专业化,不同学科交织渗透,不同行业互相依存,政府、企业以及个人对某种重大问题作出决策的过程中,往往要求跨行业、多学科的专家,运用已有的科学知识和最新的信息,进行系统的分析和综合研究,提出解决问题的可行方案,供决策者选择和参考。由此,首先在一些发达国家出现了由不同知识结构、不同经验的专家汇集在一起组成的工程项目咨询机构。1903 年英国成立了咨询工程师协会。1910 年美国也成立了咨询工程师协会。至 20 世纪 50 年代,一些发达资本主义国家正式组建项目咨询机构专门从事工程监理服务。经过多年的实践经验总结,逐步形成了一套管理理论和方法体系。1960 年以后,西方国家出现了工程项目管理这门科学,在高等学校也开设了工程项目管理课程。

近几十年来,欧、美、日等工业发达国家的工程监理制度正向法制化、规范化发展,使之逐渐成为工程建设管理组织体系的一个重要部分,形成了建设单位、承包单位和监理工程师三角制衡的基本格局。进入 20 世纪 80 年代以后,一些发展中国家也开始效仿发达国家的做法,结合本国的实际确立或引进工程监理机构,对工程建设实行监理。世界银行和亚洲、非洲开发银行等国际金融机构也都把实行工程监理作为提供建设贷款的条件之一。可见工程监理已成为工程建设必须遵循的制度。西欧、北美的许多发达国家,从事工程监理服务的咨询业十分发达,有的发展到数万乃至数十万人,成为国家的重要产业。当然各国的做法不尽相同。

1. 英国咨询公司的工程项目管理

对大型工程项目,咨询公司可以承担施工现场的管理工作并担任项目经理,管理和协调业主、承包商、分包商或其他参与工程设计的咨询机构和专家之间的各种工程事务。大型工程项目管理机构的设置如图 1-2 所示。项目经理通过计划员掌握工程进度,通过费用经理掌握工程费用,费用经理一般由经过注册的估算师担任。总协调工作由项目经理及其职能机构承担。

咨询公司在进行现场管理时,其主要职责是:

(1)公正地对合同文件负责,协调有关工程实施的一切事务,直至工程交工验收。

(2)检查承包商编制的施工总进度表,认可承包商选择的分包商,并审查认可该分包商提供的建筑详图或其他图纸。主持现场工程例会,检查工程进度和费用。

(3)重要分项工程检查验收。
(4)审查承包商已完工程量月报,签署有关费用支付凭证。
(5)代表业主组织竣工验收,审查竣工图。
(6)对生产维修等注意事项提供初步指导。
(7)监督设计变更和投资变更情况,及时向业主提出报告。工程结束后编制工程决算。

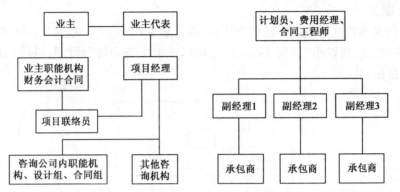

图1-2 大型项目现场机构示意图

咨询公司派驻现场的代表——现场工程师,必须由经过注册的工程师来担任。他负责处理现场的一切技术性事务,因而必须熟悉现场各类事务,并善于和承包商相处。在大型项目工地,还配备有其他工程师和职员协助现场工程师工作。

现场工程师的职责如下:
(1)组织其他工程技术人员一起配合施工进度履行其施工服务职责。
(2)对工程的材质和施工工艺实行监督以保证必要的质量。
(3)监督实施必要的工程试验。
(4)记录工程施工中的重大事项,接受各承包商提交的进度报告。
(5)当承包商要求增加工程量或费用时,代表咨询公司与承包商协商。他应保证协议符合合同规定,应把有关劳动力、设备和材料增加的情况详细记录并向咨询公司提交专题报告。
(6)收集工程进度信息,并与计划进度进行对比,督促承包商按进度计划执行。
(7)审查承包商提出的施工方法。
(8)根据咨询公司要求进行设计修改。
(9)做好现场施工记录。
(10)完成工程月报。

对工程质量的控制,大的技术原则由现场工程师把关,施工工艺方面则由质量检查员负责。质量检查员一般由有经验的技师或工人担任。

一般现场管理都使用计算机,各咨询公司均有自己的计算机系统和程序,能打印各种报表,为管理、预测、决策提供必要的信息资料。其常用图表有横道进度图、工序网络图、进度—费用曲线、现场通知单、现场劳动日报表、施工缺陷通知单、计划外零杂工登记表、建筑师指示书等。

2. 美国的建筑工程管理(CM)

在第二次世界大战以后,随着经济的发展和社会环境的变化,工程建设规模日趋庞大。项目管理日趋复杂,传统的分段设计施工方式显得很不适应,暴露出很多问题。问题的焦点在于:传统方式缺乏对工程项目一元、综合、有计划的管理,对投资和工期的管理也不全面。为适应要求缩短工期和反映技术进步的特点,汤姆森(Thomsen)等人认识到把施工方面的经验和专门的知识见解体现在设计中的必要性,于1968年提出了一份称之为"Fast—Track—Construction Management"的报告,简称CM,即建筑工程管理。后来汤姆森等人开办了咨询公司,专门开展CM服务。

CM服务的基本模式是以CM经理为核心,由企业家(发包者)、建筑家和CM经理组成具有多方面功能的工程建设小组(图1-3),从计划到竣工实施全过程管理,以达到质量优、造价低、工期短之目标。

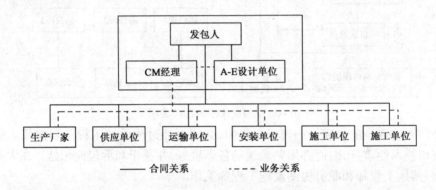

图1-3 CM合同中工程建设框图

CM经理是建设小组的核心,是指挥者。他从设计开始一直到竣工各阶段,以建设专家的身份,与发包者和A—E共同工作。其工作内容,显然是随着具体工程和CM合同的内容而变化的。一般而言,各阶段的主要内容有:

(1)决策阶段:
①规划信息流通渠道;
②可行性研究咨询;
③设施的建设以及经营替代方案的审查;
④建设地点分析及市场调查研究等。

(2)设计阶段:
①初步设计中与设计密切配合,研究有关施工方法、组织等建议;提供资金、人力和器材筹备可能性方面的信息,提出初步概算,做好经济分析;
②编制工程进度表;
③帮助A—E对工程建设能否分阶段招标、哪些项目应该早期发包作出决策。

(3)招投标阶段:
①对投标单位进行资格预审;
②组织现场踏勘;
③评标等。

(4)施工阶段:

①决定命令系统,确定发包者、A—E和施工单位之间联络、协调的方法;
②施工进度检查控制;
③组织器材、设备供应;
④施工现场监督、投资控制、质量控制,如审查计量申请、设计变更等,制定安全管理计划。

CM方式改变了设计图纸全部完成以后才能进行招标的循序分段设计施工方式,采用了在工程的一部分设计完成以后分别发包的阶段发包方式。显然,这种方式可以缩短建设工期,提高投资效益。

CM经理是发包人委托的代理人,是以干练的管理技术驾驭工程建设、使其以最短的工期,最小的工程费用完成系统目标的管理者。因此,美国总承包商协会(AGC)等组织对CM经理的资质条件有着明确的规定。

随着CM方式的普及,其业务范围、责任、报酬的决定方法等逐渐标准化。首先制定出标准条款和标准合同样式的是公共工程发包机关GSA。1972年联邦政府发包的工程中正式确定采用CM方式,随后,联邦政府卫生教育和福利部DHEW推荐全美的州、县、市发包工程时采用CM方式,同年制定了CM合同条款。1973年,美建筑家协会(AIA)发表了标准合同条款。1974年AGC发表了CM合同的标准型式。CM方式在美国得到了广泛的应用。

3. 美国、原联邦德国、法国等国家的项目管理(PM)

PM(Project Management)是20世纪50年代末60年代初开始在美国、原联邦德国、法国等国家广泛采用的项目管理方法。PM向建设单位及设计、施工单位提供项目组织协调、费用控制、进度控制、质量控制、合同管理、信息管理等服务。

在美国,从事PM服务的必须是获得美国项目管理学会(PMI)资格认证的PM项目管理的专职人员(PMP)。任何从事项目管理的人员,包括项目经理、部门经理、行业管理人员、项目一般工作人员及行政管理人员均可提出申请,要求资格认证。要想获得此资格认证,必须满足两个条件:第一证明自己长期从事项目管理工作;第二通过一个严格的资格考试。PMP资格考试每年举行4次,即春、夏、秋、冬各一次。秋季考试安排在年会期间举行,其他时间的考试在指定的考场进行。PMP资格考试内容分为8个部分:①项目目标管理;②项目质量管理;③项目费用管理;④项目合同管理;⑤项目进度管理;⑥项目风险管理;⑦项目资源管理;⑧项目信息管理。每部分包括40多项选择题,共计时间6h40min(不包括中途休息时间)。

获得PMP资格7年后要重新认证,以检查其是否仍在项目管理领域内工作。重新认证资格的标准包括理论知识的加强和实践能力的培养两方面。如果在这两方面不能满足规定标准,则需重新提出申请并重新参加资格考试。

4. 国际咨询工程师联合会的项目管理(FIDIC)

国际咨询工程师联合会的项目管理是指FIDIC合同条件下的一种工程项目管理的组织形式,是在国际惯例的基础上形成的对工程项目实施管理的方法。在FIDIC方式中,建设单位首先应选好监理单位,委托监理单位进行项目的投资控制、进度控制、质量控制、合同管理、信息管理和组织协调。施工单位的选择一般要求公开招标,某些情况也允许采用议标。建设单位与施工单位签订的施工合同必须以FIDIC《土木工程施工合同条件》为基础。监理单位和建设单位之间则签订工程监理服务合同,以明确双方的权利、义务。

这种方法的优点是：

(1) 监理工程师在项目管理中处于核心地位，便于监理工程师独立、公正地从事监理工作，充分发挥其作用。

(2) 由于采用严谨的标准合同条件，投标人在投标时有一个细致而稳定的依据，因而容易形成较低的标价。

(3) 由于合同条款较为详尽，各方权利、风险和责任分配得比较合理，合同容易顺利地履行。

(4) 招标文件内容明确，使投标人之间能够公平地竞争。

三、我国实施工程监理的必要性

在社会主义市场经济体制下，水运工程建设引入竞争机制、依据市场规则，实行招标投标。水运工程施工单位实行了自负盈亏、自主经营的企业化管理，是独立的企业法人，具有可能与国家长远利益并不一致的企业短期、直接利益。在这种情况下，应该采取怎样的手段和办法，来制约竞争中各方行为，规范企业行为和利益；保证以最佳的效果实施工程，改变以往出现的"投资无底洞、工期马拉松、质量无保证"的情况，是摆在水运工程建设、管理者面前的重大课题。

党的十二大后，交通、能源、通信建设成为国家建设的重点，国家采取了多种政策扶助交通事业的发展，建设资金由单一的国家投资向多元化发展。采取多方集资、利用贷款等措施来扩大财源，使我国建设资金有了一个比较稳定的渠道。使用世界银行贷款的工程项目，必须采用国际通行的工程监理制度。用好来之不易的建设资金，争取各方面尤其是国际金融组织对我国建设事业的支持，是国家长远利益的要求，是我国坚持改革开放的需要；同时建立和完善社会主义市场经济，也都对工程建设管理体制改革提出了要求，与国际惯例接轨，实行基本建设管理的工程监理制。

改革开放以来，我国建设行业在国外经济援助项目比重下降，新承建的绝大多数工程都是通过竞争性投标中标的承包项目。习惯于传统管理方式的国内施工企业进入国际市场后，表现出诸多不适应的情况，竞争力下降，管理水平跟不上，工程中出现许多问题。其中主要原因，就是不适应国外承建项目中监理工程师充分利用经济、技术、法律等多种科学手段和严格管理工程及承包行为的一套管理办法。一旦进入了国际竞争性招标，各种旧体制下的弊病集中暴露出来，质量、进度、劳动生产率、遵守合同等方面均不能与国际上一些知名公司相比，国外市场相应萎缩，压力很大。我国的水运工程施工企业要开辟更大的市场、在激烈的国际竞争中站住脚，必须改进传统的管理方法，提高队伍素质。

随着国家在建筑行业中积极推行工程监理制度，水运工程监理工作取得了很大的成绩。近年来，利用世界银行贷款的一些水运工程，如广州新沙港、厦门东渡二期、大连大窑湾、湘江大源渡水利枢纽等工程先后实行了工程监理。受监工程一般都取得了降低造价、保证质量、加快工程进度等成效。监理工程师拥有对工程质量的否决和工程量的计量等权力，可以约束施工操作的随意行为；同时监理工程师常驻现场，帮助施工单位改善施工管理，对所使用的设备材料把关，达不到质量标准的不准进入下道工序。这种严格的约束机制不仅促进了施工企业自控系统的建立和完善，也保证了工程质量，并在施工的过程中，合理协调了工程承包合同双方的利益，改善了协作关系。监理工程师不仅监督承包单位保证合同规定的质量、进度与费用要求,同时也维护其正当利益,从而使工程建设在各方积极主动配合下顺畅进行。工程监理的实施不仅满足了国际金融组织、外商投资工程必须实行监理的贷款条件,有利于吸引外资,而且还减少了国外贷款和中外合资工程中外国监理人员的数量,节省了外汇支出。工程监理制度是对工程管理职能分工的一种调整,赋予它以必要的协调与约束机制,不但不增加管理人员,相反可减少管理人员编制,避免许多繁杂的问题。工程监理制度带来的效益给予我们很大的启示和信心。

综上所述,实行工程监理,是深化基本建设领域改革的需要,是坚持对外开放、加强国际交流与合作,发展我国对外承包工程和劳务合作的需要。

四、我国工程监理的由来及发展

工程监理制度应用于我国的工程建设,始于改革开放之后。鲁布革水电站工程是我国第一个利用世界银行贷款,采用国际竞争性招标、按FIDIC条款实行施工监理的工程项目。深圳市是第一个在全市范围内实行工程监理的城市。

交通运输部是国家试点、推行工程监理制度最早的部门之一。最先实行工程监理的主要是一些采用世界银行贷款的工程项目,如西安至三原、晏城至高塘公路工程,京津塘高速公路工程,天津港东突堤工程,大连港大窑湾起步工程,黄埔港新沙港区一期工程,宁波港北仑二期工程,厦门港东渡港区二期工程等。天津港东突堤工程,是国内使用世界银行贷款、实行土木工程国际招标并按FIDIC条款实行施工监理的第一个港口工程项目。该工程包括多项国际招标土木工程项目,南侧6个深水泊位于1986年11月开工,1990年11月竣工。由于实行工程监理,工程质量明显提高,主要工程均达到了优良标准;各项工程的工期也比合同工期有所提前;工程费用都能控制在合同价款之内。天津港东突堤工程的监理实践,培养和锻炼了水运工程的监理人员队伍,为建立、推行水运工程监理制度进行了有益的探索。

为了加强对交通基本建设的管理,交通部于1989年成立基本建设质量监督总站(现更名为交通运输部工程质量监督局),各省、自治区和直辖市的交通主管部门也相继成立了质量监督机构。1990年初,交通部工程管理司发布了《交通工程建设监理工程师注册试行办法》;1990年底,交通部颁布了《公路、水运工程监理单位监理资格审批暂行规定》;随后,又分别于1994年和1996年交通部颁布了《水运工程施工监理规定(试行)》和《公路、水运工程监理工程师注册办法》;分别于1997年和2000年交通部颁布了《水运工程建设市场管理办法》和《水运工程施工监理规范》;分别于2000年和2002年交通部颁布了《水运工程质量监督规定》和《水运工程施工监理招标投标管理办法》;2004年交通部发布《公路水运工监理工程师执业资格考试管理暂行办法》;2004年交通部发布《关于开展交通工程环境监理工作的通知》;2005年交通部发布《公路水运工程监理工程师资质管理办法》;2005年交通部发布《公路水运工程监理工程师岗位登记制度》;2007年交通部发布《关于在公路水运工程建设监理中增加施工安全监理和施工环保监理内容的通知》等。这些监理法规的颁布与实施,加强和完善了我国水运工程监理制度建设,推动和规范了我国水运工程监理事业的开展。

我国水运工程监理的发展大致经历这样几个阶段:试点阶段(1987~1992年),稳步发展阶段(1993~1995年),全面推行阶段(1996~2000年),深化发展阶段(2001年至今)。

目前,水运工程监理制度框架基本形成,监理法规体系逐步完善;监理工作水平明显提高。

实践表明,工程监理制度是一项科学的管理制度,推行这项制度是完全符合建立社会主义市场经济体制要求的。当然,一项新制度的建立和完善,绝不可一蹴而就,水运工程监理制度的进一步完善和发展还有大量的工作要做;尤其是设计阶段的监理,对工程建设水平和投资效益有着更为重要的意义。鉴于当前的实际情况,我们在重点搞好施工监理的前提下,逐步探讨设计监理的规律,遵循"谨慎起步、法规先导、积极试点、逐步铺开"的原则,积极创造条件,开展设计阶段监理的试点,为尽早实现设计阶段监理积累经验。

思 考 题

1. 什么是工程项目？它有何特征？
2. 何为工程项目管理？其主要内容有哪些？
3. 水运工程建设管理规定的主要内容有哪些？
4. 什么是市场准入？水运工程建设市场准入规定有哪些具体规定。
5. 什么是工程监理？它与工程项目管理的区别有哪些？
6. 试从我国基本建设管理体制的变迁说明推行工程监理制度的必要性？
7. 什么是工程项目的建设程序？有哪些阶段？
8. 简述当前我国工程项目管理体制的基本格局？
9. 简述 CM 模式及其优点。
10. 简述 FIDIC 模式的优点。

第二章 水运工程监理制度

【自学提要】 了解我国的水运工程项目管理体制,熟悉我国水运工程施工监理制度的基本框架,熟悉政府监督的含义、性质、依据、特点、职责、程序和方法,熟悉政府质量监督的内容及程序。掌握工程监理的含义、性质、工作依据、职责,熟悉监理工程师的职业道德、行为准则、素质及知识构成,熟悉监理工程师的资质等级划分,熟悉担任各级监理人员的资质条件及它们之间的关系,熟悉监理工程师的资质管理办法。了解监理单位的概念、资质条件及资质管理规定。

第一节 水运工程项目管理体制

一、我国的水运工程项目管理体制

为了加强水运工程建设的行业管理、规范水运工程建设市场行为,建立统一开放、竞争有序的水运工程建设市场,促进水运工程建设事业的健康发展,交通部出台了《港口建设管理规定》(部令2007年第5号),《航道建设管理规定》(部令2007年第3号),并规定在水运工程建设市场管理中实行项目报建、资信登记、开工报告、招标与投标、合同管理、工程质量监督、工程监理等制度,使市场管理覆盖所有的水运工程建设项目,并覆盖水运工程建设的全过程。对工程建设的管理,按照市场经济原则和现代企业制度要求,实行项目法人责任制、招标投标制、工程监理制、合同管理制和工程质量责任终身制。

在水运工程建设项目实施中,实行"政府监督、社会监理、企业自检"三级质量保证制度,建设单位应按国家和交通运输部的规定推行工程监理和实行工程质量监督制度。

工程监理制度使工程建设管理突破了建设单位传统的"自筹、自建、自管"的小生产管理方式的局限,向社会化、专业化、现代化的管理模式转变,逐步在管理制度上建立了一种比较科学的约束机制;工程项目管理从单纯依靠行政手段向信守合同、遵循程序、讲究科学的依法管理方向迈进,促进了建设管理水平的提高。工程监理单位作为独立的第三方,受聘于项目法人、监督管理承包人的工程行为,工作中以规范标准为准绳,依据承包合同保护项目业主和承包人双方利益,形成了相互制约、相互协作、相互促进的新的工程项目管理体制。

二、构建我国工程监理制度的基本原则

构建具有中国特色的工程监理制度,既要参照国际惯例,充分吸收人类文明的一切优秀成果,又要结合我国的基本国情,适应社会主义市场经济发展的要求。现代工程监理制度,是在

社会化大生产中为适应市场经济发展要求而产生、发展并不断完善的一种工程建设管理制度。工程监理制度不仅被世界很多国家,尤其是一些发达国家所采用,而且一些国际金融机构还把采用工程监理制度作为工程贷款的必要条件之一。因此,无论从创造良好的投资环境,充分利用国际国内两种资源而言,还是从建筑行业实现两个根本转变,进入国际建筑市场来考虑,都要求我们在建立工程监理制度时,认真参照国际惯例,逐步与国际建筑业接轨。

当前,我国正处于社会主义市场经济建设的重要时期。在现代市场经济中,市场主体除了从事交易活动的双方外,往往还包括中介机构,而且中介机构的作用越来越重要,如工程监理公司、会计师事务所等。工程监理制度的建立,使我国建筑市场由以往的发包、承包两方构成的二元主体结构发展成为由发包方、承包方和监理方构成的三元主体结构。三者之间以工程建设项目为纽带,以经济效益和社会效益为核心,以合同为依据,相互协作又相互监督、制约,从而完善建设主体之间的监督制约机制。同时,建设有中国特色的社会主义市场经济体制,也要求政府建设主管部门对工程建设进行宏观的管理和控制,要求设计、施工企业不断提高自身的素质和健全内部管理规章制度,加强企业内部对所承建工程的管理。

三、我国水运工程监理制度的基本框架

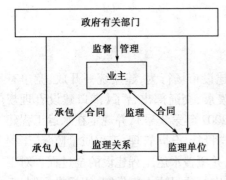

图 2-1　工程管理三元结构模式

根据上述原则,目前我国水运工程管理中实行的是政府监督、社会监理、企业自控。换言之,我国的水运工程施工监理是在政府监督管理下和企业内部的全面管理并行的社会监理,这是我国的基本国情决定的。

工程实践表明,在政府有关部门监督管理之下,由项目业主、承包人和监理单位组成的三元结构模式是当今适应市场经济发展的最佳工程管理模式,如图 2-1 所示。社会化的工程监理单位和监理工程师是监理的主体。

国务院《建设工程质量管理条例》和交通部《水运工程施工监理规定》都明确指出:施工单位是工程的直接实施者,对建设工程的施工质量负责。监理单位的出现,不能替代施工单位的任何责任。为保证承建工程的质量、工期和造价,施工单位必须保持与注册资质等级相符的管理人员、技术骨干队伍和机械设备,建立、健全质量保证体系和适应工程监理体制的各项规章制度。

第二节　政府监督

一、政府监督及监督机构

交通部以〔2000〕部第 3 号令发布的《水运工程质量监督规定》明确指出"水运工程质量监督是指县级以上人民政府交通主管部门及其委托的水运(交通)工程质量监督机构对水运工程质量实施的强制性行政监督。"水运工程质量监督机构是代表政府对水运工程进行监督管

理的专职机构,依据国家有关法规和部颁的现行技术规范、规程和质量检验评定标准;对水运工程质量和建设行为进行强制性的监督管理。

政府监督以强制性、执法性和宏观性为显著特征。强制性是指被管理者必须无条件地接受政府有关管理机构的监督,这是由政府的管理行为象征着国家机器的运转这一特征所决定的。执法性是指政府监督主要依据国家法律、法规、方针、政策和国家或行业颁布的技术规范、标准进行监督,并严格遵照规定的程序行使监督、检查、许可、纠正、强制执行等权力,政府监督人员的每一具体监督行为都有充分的依据,带有明显的执法性。宏观性是指政府监督侧重于宏观的社会效益,就一个项目而言,其着眼点主要是保证建设行为的规范性,维护公共利益和工程建设各参与者的合法权益,它明显不同于社会监理中监理工程师的微观的、直接的、连续的监理。

工程建设中政府监督的主要职能包括两大方面:一是制定方针政策、规章制度和规范、标准;二是对建设行为的监督和对工程质量的监督管理。由于工程建设活动涉及社会生活的方方面面,因而对建设行为的监督也就必然要覆盖与工程建设有关的众多领域,诸如对国家长远规划、部门规划及地区规划的管理,对建设项目立项的审批,对建设标准的监督控制,对工程设计及概算的审批,对年度基本建设计划管理,对建筑市场包括工程招投标活动的监督管理,对工程报建的规定,对工程开工的审批,对工程项目涉及的有关环境保护、土地利用、文物保护、公安消防问题的监督管理等;对工程设计、施工和监理单位的监督管理,包括建立工程设计、施工和监理单位的申报、审批制度;业务范围的控制,资质等级的核定,证书的发放与管理,注册开业的规定及变更、停业管理;对监理工程师的培训、考核与考试、资格审查与注册发证,并对监理单位的工程监理活动进行监督管理。对工程质量的监督,包括对工程质量等级的认定,对重大工程事故的管理,对材料、构件的生产、试验实行合格证、许可证制度,对竣工验收的管理等。政府监督充分运用申报、审查、许可、监督、检查、认证等手段,抑制建设行为的随意性,确保工程建设活动依法、安全、有序地进行。

政府监督的执行部门,按我国现行管理体制和部门分工,涉及计划、规划、国土、环卫、公安、劳动、建材等部门,但主要的承担者则是各级政府建设主管部门。水运工程监理工作由交通运输部实行行业管理,有关法规制度由交通运输部统一制定,甲、乙级监理单位及监理工程师的注册资格由交通运输部审批,各省级交通(或水运)工程建设主管部门则根据本地区的具体情况制定相应的实施细则。

交通运输部工程质量监督局作为交通运输部具体负责全国水运工程质量监督的行业管理工作。交通运输部派出机构设立工程质量监督局,具体负责该派出机构管辖范围内的工程质量监督工作,行使工程质量监督行政执法权。县级以上地方人民政府交通主管部门主管本行政区域内的交通工程质量监督工作。省级人民政府交通主管部门设立水运(交通)工程质量监督局(站),根据省级人民政府交通主管部门委托的权限,具体负责本行政区域内工程质量监督工作,行使工程质量监督行政执法权。

地(市)级地方人民政府交通主管部门设立工程质量监督站,根据地(市)级地方人民政府交通主管部门委托的权限,具体负责本行政区域内的工程质量监督工作,行使工程质量监督行政执法权。

水运工程质量监督工作实行属地管理。

二、政府监督的依据

政府监督的主要依据是国家有关的法律法规，部颁的现行技术规范、规程和质量检验评定标准等。诸如有关基本建设的法律法规，基本建设财务制度，土地、资源的开发、利用及管理规定，关于基本建设程序的规定，基本建设计划与投资管理规定，建筑市场管理规定，建筑工程招标投标法，环境、文物保护法，合同法，仲裁法，工程建设重大事故报告和调查程序的规定，关于保证基本建设工程质量的《建设工程质量管理条例》规定，建筑工程质量监督及质量责任的规定，建筑工程质量检测工作规定，关于工程监理单位监理工程师资质条件及注册管理办法的规定，关于开展工程质量监督的规定，建筑安装工程安全技术规定，各专业工程技术规范，各专业工程质量检验评定标准等。此外，业经批准的项目文件如规划报告、项目建议书、可行性研究报告及投资估算、工程初步设计及概算、建筑红线等也是政府监督的依据。

三、政府监督的职责

水运工程由交通运输部实行行业管理，政府监督的执行者是国家和各级地方政府的交通建设主管部门及其所属工程质量监督局（站）。他们在政府监督方面的主要职责如下：

1. 国家交通建设主管部门的主要职责

受交通运输部委托，交通运输部工程质量监督局水运工程质量监督的主要职责如下：

（1）执行国家有关工程质量管理的法律、行政法规、规章和强制性技术标准；

（2）承担质监局及质监人员资质的考核、发证及业务指导；

（3）负责对水运工程监理工作进行监督管理，承担水运工程监理单位、监理工程师的资质管理；

（4）承担水运工程试验检测机构、仪器设备计量检定机构及人员的资质管理及工程试验检测机构计量认证的管理；

（5）负责水运工程质监人员、监理人员和试验检测人员的业务培训管理；

（6）承担水运工程质量管理工作，对参建单位的质量保证体系进行监督；

（7）承担国家和部属重点水运工程建设项目的工程质量监督检查工作，组织重点水运工程（竣工）质量鉴定；

（8）组织或参与部级和国家级优质工程审核工作；

（9）参与水运工程竣工验收；

（10）受理水运工程质量监督控告、检举，参与重大水运工程质量事故的调查处理；

（11）发布水运工程质量动态信息；

（12）负责水运基础设施建筑安全生产监督管理；

（13）承办交通运输部委托的其他事项。

受交通运输部委托，交通运输部派出机构设立的工程质量监督局的主要职责如下：

（1）执行国家有关工程质量管理的法律；行政法规、规章和强制性技术标准；

（2）负责水运工程质量管理，对参建单位的质量保证体系进行监督；

（3）负责管辖范围的水运工程监理单位和监理工程师的资质管理；

(4)负责管辖范围的水运工程试验检测机构及人员的资质管理;

(5)检查水运工程参建单位的资质,组织水运工程质量监督检查;对水运工程使用的原材料、中间产品和设备的质量进行监督检查;

(6)负责已完工的水运工程的质量鉴定;

(7)负责已竣工验收的水运工程的质量评定;

(8)组织或参与水运工程质量事故的调查处理;督促有关整改意见的落实;

(9)受理水运工程质量缺陷、质量事故的控告、检举;

(10)负责水运基础设施建筑安全生产监督管理;

(11)参与优质工程的评审工作。

2.地方质量监督局(站)的主要工作职责

水运工程质量监督的主要职责由省级交通主管部门参照部工程质量监督局的主要职责规定。地方质量监督局(站)的主要职责一般有:

(1)贯彻执行国家和上级交通主管部门颁发的水运工程监理和工程质量监督的方针、政策和法规,制定本地区的水运工程监理和工程质量监督的实施办法和实施细则;

(2)指导和管理本地区的水运工程监理工作;

(3)规划、管理本地区水运工程质量监督、工程监理工作;负责下级质监局及其人员的考核发证工作;参加交通主管部门组织的申报监理单位和监理工程师资格报告的审查工作,根据有关规定组织小型水运工程专项监理工程师的资质考核工作;

(4)监督检查工程现场监理机构、施工单位的工程质量保证体系及其人员的工作;

(5)参与对投标单位的资质审查和对未实行监理的工程项目的《开工报告》审查,参加重大工程项目的设计文件审查和施工图设计交底工作;

(6)负责完工工程质量鉴定和质量等级核定,组织竣工验收活动中对工程质量的评定工作;

(7)组织、参与一般工程质量事故(主要指影响结构安全,改变结构形式,影响结构耐久性等方面的事故)的调查处理,督促事故上报及检查事故处理方案的执行情况;

(8)负责本地区水运工程建设质量和安全生产统计分析和信息发布工作;

(9)参与本地区行业优秀勘察、优秀设计、优质工程的评审工作,负责对申报省(部)、国家级优质工程的项目进行质量鉴定;

(10)负责本地区水运工程建设安全生产监督及行政执法工作;组织或参与水运工程建设安全生产检查、应急处置以及有关安全事故的调查处理工作;

(11)组织本地区、本部门质量监督、工程监理工作经验交流,组织质监人员和监理人员的业务培训等。

四、政府质量监督的内容及程序

1.政府质量监督的内容

交通主管部门或其委托质监机构在水运工程质量监督期,对参与水运工程建设的建设单位、勘察单位、设计单位、施工单位、监理单位(以下简称参建单位)和有关人员,根据国家对有关当事人必须履行工程质量义务的规定，在以下方面实施监督。

（1）对水运工程参建单位和人员的资质进行监督；

（2）对有关水运工程参建单位执行国家和行业强制性标准的情况进行监督；

（3）对水运工程参建单位的工程质量保证体系进行监督；

（4）对水运工程项目试验检测工作的规范性、准确性、客观性进行监督；

（5）对水运工程使用的材料、中间产品、设备及施工工艺进行监督；

（6）对水运工程实体质量进行监督，作出工程质量鉴定和评定；

（7）对水运工程质量缺陷、质量事故依照有关规定进行调查处理；

（8）对有关单位的水运工程质量档案资料的完整性、规范性、客观性进行监督。

2. 政府质量监督的程序

（1）建设单位提交《水运工程质量监督申请书》。

建设单位在领取施工许可证或者办理开工报告前，应当向交通主管部门或其委托的质监机构提交《水运工程质量监督申请书》，办理水运工程质量监督手续，并按规定的时间分阶段向质监机构提供下列文件和资料：

初步设计的批复文件，地质水文勘察资料，设计文件；

招标文件，设计、施工、监理的合同副本；

勘察、设计、施工、监理、检测单位的资质、资信证明材料；

施工组织设计，施工单位质量自检程序和施工工地试验室装备清单；

监理规划、监理程序和监理工地试验室装备清单；

被监督工程的主要设计人员、施工技术负责人、施工质量自检人员、工程监理人员、施工和监理工地试验人员、施工单位项目经理的名单及资格证书；

工程质量自评资料及有关工程竣工验收质量资料；

国家规定必须提供的其他文件和资料。

（2）交通主管部门或其委托的质监机构发送《水运工程质量监督通知书》。

交通主管部门或其委托的质监机构自收到《水运工程质量监督申请书》和有关文件、资料之日起十五日内，对所收到的文件和资料及施工现场进行核实，确定该水运工程监督计划和质监人员，并向建设单位和其他有关单位发送《水运工程质量监督通知书》。

（3）实施监督。

水运工程建设项目开工后，交通主管部门或其委托的质监机构应当按照《水运工程质量监督通知书》和以下规定的内容实施质量监督：

检查水运工程现场监理机构的监理程序和监理质量；

抽查基础工程、主体工程以及其他影响使用功能、安全性能的重要部位、重要部件、主要施工工序；

检查工地试验室及试验检测方法；

检查国家规定必须检查的内容。

在工程质量监督检查或抽查中，如发现质量缺陷，应当及时向建设单位发送《水运工程质量监督意见书》。建设单位应当按《水运工程质量监督意见书》提出的要求，采取有效措施，改进质量缺陷，消除质量隐患。

(4) 进行工程质量鉴定。

水运工程单位工程完工后,交通主管部门或其委托的质监机构应当对该单位工程进行质量鉴定,并签发《水运工程质量鉴定书》;未经鉴定或鉴定不合格的,不能组织竣工验收。

对工期较长、结构复杂的水运工程单位工程,可分阶段进行工程质量鉴定。

(5) 提出《水运工程质量监督报告》。

水运工程竣工验收前,交通主管部门或其委托的质监机构应当对该工程的质量进行全面核查,提出《水运工程质量监督报告》,送建设单位和有关部门。对需要整改的,监督报告应当包含整改意见。建设单位必须按《水运工程质量监督报告》中的整改意见进行整改,并在规定的时间内将整改情况向交通主管部门或其委托的质监机构报告。

(6) 签发《水运工程质量证书》。

交通主管部门或其委托的质监机构作出水运工程质量鉴定和核定,应当审查参建单位所提供的质量保证资料、质量检查资料、质量自评资料,并对水运工程实体进行抽查、检测。在水运工程竣工验收后,由其签发《水运工程质量证书》。

第三节 工 程 监 理

一、工程监理及其主要特点

工程监理是专业化、社会化的工程监理单位接受建设单位的委托,通过将工程技术、工程经济和相关法律融为一体的全方位、全过程的动态管理,对受监工程项目的质量、进度和费用进行综合管理的一种工程建设管理模式。

工程监理具有专业化、科学化、程序化和市场化的显著特点。

承担水运工程施工监理业务的监理单位,必须是具有交通主管部门批准的相应的工程监理资格和工商行政部门颁发的营业执照,具有法人资格的专业水运工程监理公司(或事务所)。承担水运工程监理的工程师,必须持有交通运输部颁发的水运工程监理工程师证书。可见,工程监理单位是技术密集型的、专业化的独立经济实体。它不是建筑产品的直接生产者,它受建设单位的委托,对受监工程项目的质量、进度和费用进行综合管理,并取得相应的监理报酬。

提供高水准的专业服务,就必须具有严密的科学性。众所周知,一个工程项目,其本身就是一个复杂的系统,监理工作所面临的是工程设计和工程施工中随机产生的各种技术、经济、管理和法律方面的问题。这些问题不仅复杂多变,涉及面广,而且具有很强的实践性和时间性。监理工作必须遵循事物发展的客观规律,全面、准确、及时地收集、分析和处理大量的信息,为最佳地实现项目目标作出正确的判断和及时、科学的决策。这就要求工程监理必须具有科学的管理思想,运用科学的管理方法和现代化的管理手段。没有科学化,就不可能提供高水平的服务,也就失去了在市场竞争中赖以生存的一个重要条件。

水运工程监理是一种高智力的现场工程管理,它不仅技术复杂,而且具有严格的程序规定。从项目管理的全过程来看,必须遵循基本建设程序,这是从事基本建设的规律和经验总结;从施工监理的过程而言,由于工程项目具有一次性的特点,生产过程具有明确的单件性,要求一次成功,因而施工监理必须严格按照施工程序控制每一道工序的进展;从项目界面的协调来考虑,只有事先约定各参与方之间的办事程序,才能使发包方、承包方和监理方具有共同的语言,提高办事效率,使项目开展井然有序。

《水运工程施工监理规范》明确指出:在工程监理体制中,"业主与监理单位是委托与被委托的合同关系,双方应严格履行合同条款,监理单位代表业主对工程项目进行监督管理;监理单位与承包人应为监理与被监理的关系,承包人应按国家有关规定和合同文件接受监理。监理单位与设计单位的协调应通过业主进行。监理单位应在合同确定的职责范围内,独立、公正地开展工作"。不难理解,作为建筑市场主体之一的工程监理单位,其一切行为都是企业行为,它受监理委托合同的制约,履行合同规定的职责,行使合同授予的权限,承担相应的经济责任和法律责任。作为对工程建设活动的一种横向制约,它不仅要对承包人的建设活动进行严格的监理,也要对业主的建设行为实施有效的制约,还要对业主与承包人在执行工程承包合同过程中发生的分歧与争议进行公正的调解。因此,公正性和独立性是工程监理单位市场行为能力的重要条件。我国工程监理有关规定指出,监理单位的"各级监理负责人和监理工程师不得是施工、设备制造和材料供应单位的合伙经营者,或与这些单位发生经营性隶属关系,不得承包施工和建材销售业务,不得在政府机关、施工、设备制造和材料供应单位任职"。这样规定就是为了避免监理单位和受监工程有关的其他单位之间的利益牵制,保证工程监理的公正性和独立性。

工程监理单位与业主既然是一种委托与被委托的合同关系,显然监理单位可以不承担合同以外业主随时指定的任务。如果实际工作中出现这种需要,双方必须通过协商,以合同形式对增加的工作加以确定,并向监理单位支付相应的报酬。

二、工程监理的依据

交通部颁发的《水运工程施工监理规范》将水运工程施工监理的主要依据归纳如下:
(1)相关的法律、法规及有关工程技术标准等;
(2)依法签订的监理合同与合同文件;
(3)经批准的工程设计文件;
(4)经业主和监理工程师审查批准的施工组织设计及其他技术文件;
(5)业主、设计单位、监理机构和承包人在工程实施过程中有关的会议纪要和经确认的其他文字记载。

三、工程监理的职责

工程监理的职责应在工程监理合同中具体规定,参照《水运工程施工监理规范》和《建设工程安全生产管理条例》规定,通常可包括如下主要职责:
(1)协助业主进行施工招标;
(2)编写《监理规划》和《监理实施细则》;
(3)审查承包人编制的施工组织设计;

(4) 向承包人移交工程控制点并核验承包人设置的测量控制网点或基线；
(5) 组织或参加施工图纸会审，参加设计交底；
(6) 检查施工人员、机械、材料的进场情况，审查承包人的开工申请，签署工程开工令；
(7) 主持或参加工地会议，并进行有关协调；
(8) 控制施工质量，检查或检验建筑材料和构配件质量，检查施工原始记录及报告；
(9) 对隐蔽、分项和分部工程在规定时间内进行检查验收并签认，对工程质量进行评定；
(10) 组织或参加工程质量事故调查，协助审查质量事故的处理方案及其补救措施；
(11) 对施工安全生产依法进行监理；
(12) 检查工程进度和计划执行情况；
(13) 审查工程变更引起的工程量变化；
(14) 进行工程计量，审核支付申请；
(15) 审核承包人提出的交工申请，组织初验合格后及时向业主转报；
(16) 参与合同管理，审核索赔报告，协调各方关系；
(17) 提交施工质量评价意见和监理工作报告；
(18) 协助业主审查竣工结算；
(19) 审核承包人在保修期内对工程出现质量问题的处理方案和实施情况。

四、工程监理与质量监督的关系

工程质量控制是工程监理单位对受监工程进行综合管理的中心任务之一，工程质量监督机构对工程项目进行质量监督也以管好质量为核心内容，他们在管好工程质量上有其一致性。因此，如果工程监理单位与质量监督局能相互配合，就能在工程质量控制、预防工程质量事故、提高质量水平等方面取得事半功倍的效果。但是，工程监理与质量监督在性质、工作范围、工作依据和控制方式上还是有差别的。

首先，性质不同。质监机构的质量监督是一种政府行为，具有强制性。"建设、监理和施工单位均应接受工程质量监督机构代表国家交通主管部门对其队伍资质和工程质量进行的监督管理"。工程监理是一种技术服务性的企业行为，它通过自身良好的社会信誉和高水准的服务质量赢得业主的信赖。通过市场竞争取得工程监理任务，依据监理合同对具体的建设项目履行职责并承担责任。

其次，工作范围不同。水运工程建设项目质量监督从工程招投标到工程保修期结束；工程监理则可包括设计阶段的监理和施工阶段的监理；质量监督限于工程的施工质量和安全施工，工程监理则还包括对工程进度、计量、支付、工程变更、索赔、延期等全方位的控制与管理；质量监督的工作范围固定不变，而工程监理的工作范围则取决于监理委托合同的约定。

第三，工作依据不同。工程监理与质量监督除了都要遵守国家的方针、政策、法律、技术规范、规程、标准外，质量监督主要依据行政法规，如《水运工程质量监督规定》等；工程监理还要依据业主与承包单位签订的工程承包合同和监理合同。

第四，管理控制方式不同。质量监督以抽查、抽检为主，并进行工程质量认证；工程监理则要通过巡视、旁站和平行检验等手段进行监督检查和工序验收来控制工程质量，通过对工程计量、支付的认可与否决，实施和保证对工程质量的认可和否决。

因此，无论以监督代替监理，还是以监理代替监督，都是不妥当的。实行工程监理的工程也必须接受政府质量监督。

建设单位委托水运工程监理业务时应依据《招标投标法》和《水运工程施工监理招标投标管理办法》，优选资质合格、信誉良好的监理单位。监理单位中标后与建设单位签订监理合同，明确双方的职责、权利和义务，并根据受监工程的具体情况组建相应的施工监理机构，配备相应的人员和设备。在工程实施过程中，监理单位应在合同确定的职责范围内，独立、公正地开展工作；建设单位应充分信任、全面支持监理单位开展工作；施工承包单位应认真接受、积极配合监理单位的正常工作。

第四节 企业管理

一、业主对工程建设项目的管理

工程建设项目的各参与方都要对项目的实施进行管理，与业主不同，其他参与各方仅负责对与业主所签订合同的本身任务的履行过程实施管理。业主侧重于项目建设重大问题的决策：项目立项决策，选择咨询（监理）公司，建设用地报批，确定勘察、设计单位，承包商选定等。业主要与不同的参与方分别签订相应合同，要负责从可行性研究开始，直到工程竣工交付使用的全过程管理，是整个工程建设项目管理的中心。因此，必须运用系统工程的观念、理论方法进行管理，实现项目投资建设的最佳效益。为了保证管理目标的实现，业主对工程建设项目的管理应包括以下职能：

1. 决策职能

由于工程建设项目的建设过程是一个系统工程，因此每一建设阶段的启动都要依靠决策。

2. 计划职能

围绕工程建设项目建设的全过程、总目标，将实施过程的全部活动都纳入计划轨道，用动态的计划系统协调与控制整个工程建设项目，保证建设活动协调有序地实现预期目标。只有执行计划职能，才能使各项工作成为可以预见和能够控制的。

3. 组织职能

业主的组织职能既包括在内部建立工程建设项目管理的组织机构，又包括在外部选择可靠的设计单位与承包单位，实施工程建设项目不同阶段、不同内容的建设任务。

4. 协调职能

由于工程建设项目实施的各个阶段在相关的层次、相关的部门之间，存在大量的结合部，构成了复杂的关系和矛盾，应通过协调职能进行沟通，排除不必要的干扰，确保系统的正常运行。

5. 控制职能

工程建设项目主要目标的实现是以控制职能为主要手段，不断地通过决策、计划、协调、信息反馈等手段,采用科学的管理方法确保目标的实现。目标有总体目标,也有分项目标,各分项目标组成一个体系。因此,对目标的控制也必须是系统的、连续的。业主对工程建设项目管理的主要任务就是要对投资、进度和质量进行控制。

二、承包人对工程项目的管理

1. 承包人工程管理的特点

承包人对工程承包项目的管理在其承包的范围内进行,其管理覆盖工程项目的招投标、施工、竣工验收和交付使用阶段。由于工程承包范围不同,承包人对工程承包项目管理的内容也有差异。例如,在采用设计—施工总承包方式的情况下,承包人的工程承包项目管理范围要相应的往前延伸到设计阶段。又如,近年来在国内外大型基础设施项目上采用的融资方式,即建设—运营—移交(BOT)方式,当承包人作为项目公司与业主签订特许权协议时,该承包人所实施的项目管理已不再是简单地对施工阶段或设计—施工阶段的项目管理,而是对项目建设从可行性研究、融资、设计、施工到运营等全过程、多方位的综合管理。承包人的工程项目管理目标是保证承包的工程项目在进度与质量上达到合同规定的要求,实现自身收益的最大化。

承包人对工程承包项目的管理主要有以下特征:

(1)承建项目的实施者是承包人,在我国一般指施工企业。

一般的,承包人利用自身的力量对工程承包项目进行管理。国内很少看到由承包人委托社会咨询机构代表承包人对工程承包项目进行管理,而国外的一些工程承包项目中有时会出现这种情况。

(2)施工项目是工程承包项目的主要管理对象。

尽管工程承包项目的范围随业主的要求而有所不同,但大多数工程承包项目涉及到施工阶段,包括施工投标、签订施工合同、施工准备、施工及竣工验收,其中施工项目是最主要的管理对象。由于施工工作的特点,给工程承包项目管理带来了特殊性。其项目管理的主要特殊性是生产活动和市场交易活动同时进行,其管理的复杂性和艰难性都是其他生产管理所不能比拟的。

(3)工程承包项目管理的主要内容是在一个长时间进行的有序过程。

每个工程承包项目都按一定程序进行。从开始到结束可能要经过若干年的时间,并且施工的内容不断发生变化,这就要求管理内容也不断发生变化,如基础施工阶段、主体结构施工阶段、装修施工阶段、安装施工阶段、竣工验收阶段,其管理的内容差异很大。因此,必须作出管理的计划,签订合同,提出措施,进行有针对性的动态管理,并且还要进行资源优化组合,以提高施工效率和施工效益。

(4)工程承包项目管理要求强化组织协调工作。

由于工程承包项目的单件性特征,对产生的问题往往难以补救或虽可以补救但后果严重;由于参与施工活动的人员往往是流动的,需要采取特殊的流水方式,组织工作量很大;由于施工在露天进行,工期又相对较长,需要的资源多;还由于施工活动涉及复杂的经济关系、技术关系、法律关系、行政关系和人际关系等,工程承包项目管理中组织协调工作更为艰难、复杂、多变,必须采取强化组织协调的办法才能保证施工顺利进行。

2.承包人对工程承包项目管理的主要工作

由于工程承包项目的范围随业主的要求而变化,所以承包人对工程承包项目管理的内容也随之变化。对于一个工程承包项目来说,其管理的主要内容包括:

(1)建立工程项目管理的组织。

①选聘项目经理;

②选择适当的组织形式,组建项目经理部,明确责任、权限和义务;

③根据工程项目管理的要求,制定管理制度。

(2)编制项目管理计划。

工程项目管理计划是对该项目管理组织内容、方法、步骤、重点进行预测和决策等所做出具体安排的纲领性文件。工程承包项目管理计划的主要内容有:

①进行项目分解,以便确定阶段性控制目标,从局部到整体地进行工程承包活动和进行工程项目管理;

②建立项目管理工作体系,绘制工程项目管理工作结构图和相应管理信息流程图;

③绘制工程承包项目管理计划,确定管理点,形成文件,以利执行。

(3)进行工程项目的目标控制。

主要包括进度、质量、成本、健康安全、现场环境保护与文明施工等目标控制。

(4)对施工项目的生产要素进行优化配置和动态管理。

施工项目的生产要素是工程项目目标得以实现的保证,主要包括:劳动力、材料、设备、资金和技术。生产要素管理的内容包括:

①分析各项生产要素的特点;

②按照一定原则、方法对施工活动生产要素进行优化配置,并对配置状况进行评价;

③对施工项目的各项生长要素进行动态管理。

(5)工程项目的合同管理。

由于工程项目管理是在市场条件下进行的特殊交易活动的管理,这种交易从招投标开始,持续于管理的全过程,因此必须签订合同,进行履约经营。合同管理的好坏直接涉及工程项目管理和工程项目的技术经济效果和目标实现。

(6)工程承包项目的信息管理。

工程项目管理是一项复杂的现代化管理活动,更要依靠大量信息及对大量信息的管理。

第五节　工程监理单位、人员的注册管理制度

一、监理单位的概念

监理单位是指经其主管部门批准成立、取得监理资质证书、具有独立法人资格、主要从事工程监理工作的单位。水运工程监理单位是指经交通运输部水运工程建设主管机关批准成立,取得交通运输部(或交通运输部授权的省、自治区、直辖市交通主管部门)颁发的监理资质证书、取得营业执照,从事水运工程建设项目的工程监理业务活动,具有法人资格的咨询公司、

监理公司和监理事务所。

二、对监理单位的要求

工程监理制度的产生是科学技术不断进步、社会分工高度专业化的结果。从事监理服务的工程项目咨询机构,往往是由不同学科、不同知识结构、不同经验的专家汇集在一起组成的高智能的专业化组织,他们在工程建设活动中的作用越来越显著。自然,人们对咨询机构的要求也是十分严格的。由于各个国家的作法不尽相同,因而其具体要求也不完全一致。世界银行、亚洲开发银行等国际金融机构对申请注册的咨询机构进行审查时,通常着重考虑以下几个方面:

1. 独立性

要求申请注册的咨询机构不受建筑承包人或器材制造商的控制和影响,即咨询企业不应是建筑承包人或器材制造商的股东或合伙人;这些厂商也不应是咨询企业的股东或合伙人,或派员参加咨询企业工作。

2. 专业能力

要求申请注册的咨询机构拥有能够胜任委托项目的专家和管理该项目的专门人才。

3. 工作业绩和经验

要求申请注册的咨询机构具有在某些地区、某种专业领域从事咨询工作的经验,并要通过某些具体项目所取得的成效来说明。

4. 声誉

就是咨询机构在同行和业主中的声望,即对业务水平、服务态度、工作成效等方面的综合评价。

三、水运工程监理单位的资质条件

监理单位的资质,是指从事工程监理业务应当具备的人员数量、技术职称、专业组成、注册资金、测试仪器的配备、管理水平、监理业绩等方面的综合能力。

水运工程监理单位是技术密集型的独立的经济实体法人。它必须有相应的组织机构,一定资质和数量的骨干成员,一定类别和数量的检测仪器设备,一定额度的注册资金,正式的开户银行和账号,固定的办公场所及明确的法人代表。

交通部《公路水运工程监理企业资质管理规定》(部令 2004 年第 5 号),将监理单位的资质等级,按资质条件划分为水运工程甲、乙、丙三级和机电工程专项资质。相应资质条件要求如下:

1. 水运工程甲级监理企业资质须具备下列条件

(1) 人员、业绩和人员结构条件。

企业负责人中至少有 1 人具备 10 年以上水运工程建设的经历,具有监理工程师资格;技术负责人应具有 15 年以上水运工程建设的经历,承担过大型水运工程项目的总监工作,具有水运工程系列高级专业技术职称和监理工程师资格。

企业拥有中级技术职称以上各类专业技术人员不少于 40 人。其中,持监理工程师资格证书的人员不少于 25 人,取得港口、航道监理工程师资格证书的人员不少于 18 人,工程系列高级技术专业职称人数不少于 10 人,经济师、会计师不少于 2 人。上述各类人员中,与企业签订 3 年以上劳动合同的人数不低于 70%。

持监理工程师资格证书人员中,不少于 10 人具有大型工程监理业绩,不少于 3 人具有大型工程监理项目负责人经历。上述人员与企业签订的劳动合同不少于 3 年。不具备本条前述条件,但具备以下条件者视为符合本条条件:监理企业具备 5 项以上中型水运工程业绩。

各类专业技术人员结构合理,主要包括港口、航道、工民建、测量、试验检测、合同管理等专业人员。

(2)企业拥有测量、砂试验、石试验、混凝土及砂浆试验、钢筋试验、土工试验、非破损检测等工程试验仪器和检测设备,具有建立工地试验室的条件。

(3)企业注册资金不少于 300 万元。

(4)企业具有完善的规章制度和组织体系。

(5)企业作为工程质量事件当事人,已经有关主管部门认定无责任,或者虽受到有关主管部门的行政处罚但处罚期实施已满 1 年。

2. 水运工程乙级监理企业资质须具备下列条件

(1)人员、业绩和人员结构条件。

企业负责人中至少有 1 人具有 8 年以上水运工程建设的经历,具有监理工程师资格;技术负责人应具有 10 年以上水运工程建设的经历,承担过中型水运工程项目的总监工作,具有水运工程系列高级专业技术职称和监理工程师资格。

企业拥有中级技术职称以上各类专业技术人员不少于 30 人。其中,持监理工程师资格证书的人员不少于 15 人,取得港口、航道监理工程师资格证书的人员不少于 10 人,工程系列高级技术专业职称人数不少于 5 人,经济师、会计师不少于 1 人。上述各类人员中,与企业签订 3 年以上劳动合同人数不低于 70%。

持监理工程师资格证书的人员中,不少于 5 人具有中型水运工程监理业绩,不少于 2 人具有中型水运工程监理项目负责人经历,上述人员与企业签订的劳动合同不少于 3 年;不具备本条前述条件,但具备以下条件者视为符合本条条件:具备 5 项以上小型水运工程业绩。

各类专业技术人员结构合理,主要包括港口、航道、工民建、测量、试验检测、合同管理等专业人员。

(2)企业拥有测量、砂试验、石试验、混凝土及砂浆试验、土工试验、非破损检测等工程试验仪器和检测设备,具有建立工地试验室的条件。

(3)企业注册资金不少于 100 万元。

(4)企业具有完善的规章制度和组织体系。

(5)企业作为工程质量事件当事人,已经有关主管部门认定无责任,或者虽受到有关主管部门的行政处罚但处罚期实施已满 1 年。

3. 水运工程丙级监理企业资质须具备下列条件

(1)人员、业绩和人员结构条件。

企业负责人中至少有 1 人具有 5 年以上水运工程建设的经历,具有监理工程师资格;技术负责人应具有8年以上水运工程建设的经历,承担过小型水运工程项目的总监工作,具有水运工程监理工程师资格。

企业拥有中级技术职称以上各类专业技术人员不少于15人。其中,持监理工程师资格证书的人员不少于8人,工程系列高级技术专业职称人数不少于3人。上述各类人员中,与企业签订3年以上劳动合同人数不低于70%。

持监理工程师资格证书的人员中,不少于3人具有小型水运工程监理业绩,不少于2人具有小型水运工程监理项目负责人经历,上述人员与企业签订的劳动合同不少于3年。

(2)企业注册资金不少于50万元。

(3)企业作为工程质量事件当事人,已经有关主管部门认定无责任,或者虽受到有关主管部门的行政处罚但处罚期实施已满1年。

4. 水运机电工程专项监理资质条件

(1)人员、业绩和人员结构条件。

企业负责人中至少有1人具备10年以上水运机电工程建设的经历,具有监理工程师资格;技术负责人应具有15年以上水运机电工程建设的经历,承担过水运机电工程项目的总监工作,具有水运工程系列高级专业技术职称和水运机电监理工程师资格。

企业拥有中级技术职称以上各类专业技术人员不少于25人。其中,持监理工程师资格证书的人员不少于15人,取得机电监理工程师资格证书的人员不少于10人,工程系列高级技术专业职称人数不少于10人,经济师、会计师不少于2人。上述各类人员中,与企业签订3年以上劳动合同人数不低于70%。

持监理工程师资格证书人员中,不少于8人具有水运机电工程监理业绩,不少于3人具有水运机电工程监理项目负责人经历,上述人员与企业签订的劳动合同不少于3年。

各类专业技术人员结构合理,主要包括机电、测量、试验检测、合同管理等专业人员。

(2)企业拥有机电工程试验仪器和检测设备,具有建立工地试验室的条件。

(3)企业注册资金不少于200万元。

(4)企业具有完善的规章制度和组织体系。

(5)企业作为工程质量事件当事人,已经有关主管部门认定无责任,或者虽受到有关主管部门的行政处罚但处罚期实施已满1年。

5. 各级水运工程监理资质的允许业务范围

(1)获得水运工程专业甲级监理资质,可在全国范围内从事大、中、小型水运工程项目的监理业务。

(2)获得水运工程专业乙级监理资质,可在全国范围内从事中、小型水运工程项目的监理业务。

(3)获得水运工程专业丙级监理资质,可在企业所在地的省级行政区域内从事小型水运工程项目的监理业务。

(4)获得水运工程专业水运机电工程专项监理资质,可在全国范围内从事水运机电工程项目的监理业务。

四、水运工程监理单位资质管理规定

交通运输部负责水运工程专业甲级、乙级监理资质和水运机电工程专项监理资质的行政许可工作。

省、自治区、直辖市人民政府交通主管部门负责水运工程专业丙级监理资质的行政许可工作。

申请人申请水运工程监理资质应当向许可机关提交下列申请材料：

(1)《公路水运工程监理企业资质申请表》；
(2)《企业法人营业执照》(复印件)或者工商行政管理部门核发的企业名称预登记证明；
(3) 验资报告；
(4) 企业章程和制度；
(5) 监理人员的监理工程师资格证书和中级职称以上人员职称证书(复印件)；
(6) 主要成员从事公路水运工程监理或其他工作经历的业绩证明；
(7) 主要试验检测仪器设备和装备证明。

申请人应当如实向许可机关提交有关材料和反映真实情况，并对其提交材料实质内容的真实性负责。

属于交通运输部受理的申请，申请人在向交通运输部递交申请材料的同时，应当向企业注册地的省、自治区、直辖市人民政府交通主管部门递交申请材料副本。有关省、自治区、直辖市人民政府交通主管部门自收到申请人的申请材料副本之日起10日内提出审查意见报交通运输部。

交通运输部自收到申请人完整齐备的申请材料之日起20日内作出行政许可决定。准予许可的，颁发相应的《监理资质证书》；不予许可的，应当书面通知申请人并说明理由。

交通运输部长江航务管理局所属企业申请水运工程专业甲级、乙级监理资质，申请人应当向交通运输部长江航务管理局递交申请材料副本。交通运输部长江航务管理局自收到申请材料副本之日起10日内提出审查意见报交通运输部。

属于省、自治区、直辖市人民政府交通主管部门受理的申请，申请人应当向企业注册地的省、自治区、直辖市人民政府交通主管部门递交规定的申请材料。省、自治区、直辖市人民政府交通主管部门自收到完整齐备的申请材料之日起20日内作出行政许可决定。准予许可的，颁发相应的《监理资质证书》；不予许可的，应当书面通知申请人并说明理由。

许可机关在许可过程中需要核查申请人有关条件的，可以对申请人的有关情况进行实地核查，申请人应当配合。

许可机关作出的准予许可决定，应当向社会公开，公众有权查阅。

《监理资质证书》有效期限为4年。

监理企业在领取新的资质证书时，应将原资质证书交回原发证机关。破产或者倒闭的监理企业，应将资质证书交回原发证机关予以注销。

监理企业资质实行定期检验制度，每两年检验一次。

定期检验的内容是检查监理企业现状与资质等级条件的符合程度以及监理企业在检验期内的业绩情况。

申请定期检验的企业应当在其资质证书使用期满两年前 30 日内向检验机构提出定期检验申请,并提交以下材料:

(1)《公路水运工程监理企业资质检验表》;
(2)本检验期内的《项目监理评定书》。

监理企业的定期检验工作由作出许可决定的许可机关委托其所属的质量监督机构负责。负责检验的质量监督机构应当自收到完整齐备的申请材料 20 日内作出定期检验结论。对定期检验合格的监理企业,由质量监督机构在其《监理资质证书》上签署意见并盖章。对定期检验不合格的监理企业,质量监督机构应当责令其在 6 个月内进行整改。整改期满仍不能达到规定条件的,由质量监督机构提请原许可机关对其予以降低资质等级或者撤销对其的资质许可。

监理企业未按规定的期限申请资质定期检验的,其资质证书失效。

五、监理工程师的概念和素质

监理工程师就其专业属性而言,是个人一种任职资格;在国外(一般称咨询工程师)是指由个人提出申请、经注册资格考试机构考核合格、注册管理机关注册登记,专门从事建设项目监理业务的工程技术与工程管理人员;在国内是指个人通过考核或报评,经主管部门审定资质,予以批准注册,并取得主管部门统一印制的监理工程师证书的从事工程项目管理的人员。水运工程监理工程师一般分为:港口、航道、机电、工民建、测量、试验检测、工程经济、合同管理等专业。监理工程师必须受聘于某个监理单位从事监理工作。

总监理工程师是工程项目监理单位派往项目监理执行组织机构的全权负责人;行使监理委托合同所授予的权限,并领导协调监理工程师的工作。监理工程师具体履行监理职责,及时向总监理工程师报告施工现场的监理情况,并领导协调其他监理人员的工作。

1. 高尚的职业道德

监理工程师是以专门知识、技能和经验为建设单位提供服务的,其存在须以建设单位的充分信赖为基础;因此,除了具备必要的业务条件外,首先必须具有高尚的职业道德。国际咨询工程师联合会(FIDIC)为其会员规定了严格的职业道德规范:

(1)个人会员应认识到:保持中立的咨询工程师是一种名誉职业,应努力用正当手段为客户谋求最大的利益。

(2)个人会员必须脱离建筑施工业、制造业和销售业,而保持中立。

(3)个人会员在开展业务工作过程中,不得接受对技术判断有影响或造成对客户失职行为的任何收益。个人会员只能接受客户(委托人)支付的公正和适当的业务报酬,而且不能参与妨碍进行公正的项目咨询业务的任何活动。

(4)个人会员不得承接本专业以外的业务和自己无把握承担的业务。
(5)个人会员不得泄露或盗用由于业务关系得知的客户的秘密。
(6)个人会员不得损害其他个人会员及同行的名誉,不得妨碍他们的工作。
(7)个人会员不得对本专业以外的事项有所表示,不得进行自我炫耀的广告宣传。
(8)个人会员考虑到客户利益的需要时,可以同其他会员合作开展工作。

交通部在总结交通工程监理试点工作经验、特别是总结京津塘高速公路工程监理经验的基础上,结合我国工程监理的实际情况,对监理人员提出了"严格监理、热情服务、秉公办事、廉洁自律"的行为准则;随着交通部工程监理法规的不断完善,在《水运工程施工监理规范》中进一步将其升华为下述法规性条款:"监理单位和监理人员应依据'科学、公正、独立'的原则,全面履行施工监理的职责、权利和义务。"事实上,这是对监理工程师职业道德的高度概括。

2. 广博的业务知识

监理工程师必须具备较高的理论水平和广博的业务知识,其知识结构包括技术、经济、管理、法律4个方面。

技术知识即与本专业有关的工程技术知识,如港口、航道、建筑、结构、水电、机械等。

经济知识主要是指技术经济知识,如可行性研究、工程经济学、投资控制、定额预算与工程决算等。

管理是组织生产力的生产力,处于生产力诸要素结合的核心地位。监理工程师要向业主提供工程项目管理咨询服务,不仅要掌握必要的管理理论,还必须掌握现代化的管理方法和管理手段,如组织论、项目管理学、运筹学、网络计划技术、计算机辅助项目管理等等。

工程监理的主要依据除工程技术文件外,就是监理法规、建筑法规及依法建立的工程合同。因此监理工程师还必须学习必要的法律知识,如合同法、建筑安装工程承包合同条例、建筑工程勘察设计合同条例、招标投标法、国际通用 FIDIC 合同条款等。

3. 丰富的实践经验

监理工程师的工作对象是一个复杂的系统,具有很强的实践性,因而必须具备丰富的实践经验,包括工程设计方面的经验、工程施工方面的经验和项目管理方面的经验。监理工程师的管理才能和业务能力主要来源于阅历的积累和实践中的锻炼。

4. 较强的实践能力

诚然,监理工程师不是建筑产品的直接生产者,但由于项目实施过程中存在着各种随机干扰和风险,因而处于项目管理核心地位的监理工程师必须具有对复杂问题的分析能力和协调能力,对各种干扰的应变能力和对各种风险的分析决策能力。

5. 健康的体魄

监理工程师应有健康的体魄、充沛的精力。这是由监理工作的服务性质、工作本身的艰苦繁忙、现场作业、流动性大、工作条件差等特点决定的。

六、水运工程监理工程师的资格条件

水运工程监理工程师,是指经交通行政主管部门审定资质,予以批准资格,并取得相应的资格证书,按核定的监理业务范围从事水运工程监理工作的人员。

水运工程监理工程师按批准资格分为监理工程师资格和专业监理工程师资格。其中,专业监理工程师按分级管理原则分为:交通运输部批准的专业监理工程师资格和各地方交通行政主管部门批准的专业监理工程师资格。

具有水运监理工程师资格者经聘任可在水运工程建设项目中担任总监理工程师、总监理工程师代表、专业监理工程师等岗位职务；具有交通运输部批准的专业监理工程师资格者，经聘任可在交通基本建设项目中担任专业监理工程师岗位职务；具有各地方交通行政主管部门批准的专业监理工程师资格者，经聘任可在小型水运基本建设项目中担任专业监理工程师岗位职务。

根据交通部《公路水运工程监理工程师执业资格考试管理暂行办法》（交质监发〔2004〕125号）相关规定，申请监理工程师资格，必须具备下列条件。

申请监理工程师资格者，需同时具备：

(1) 遵守国家法律、法规、职业道德和工作业绩良好，热爱监理工作；

(2) 取得工程类或经济类中级以上专业技术职务任职资格；

(3) 年龄65周岁以下，身体健康，能胜任现场监理工作；

(4) 监理工程师资格须具有公路、水运工程或相关专业大专以上学历，从事公路或水运工程及相关专业技术工作累计5年以上；专业监理工程师资格须具有公路、水运工程或相关专业中专以上学历，从事公路或水运工程及相关专业技术工作累计3年以上；

(5) 已取得交通运输部颁发的《工程监理资格考试合格证书》。

交通行政主管部门根据申请人条件，核定其公路、水运工程监理工程师或专业监理工程师资格及其监理专业，并颁发相应的监理工程师执业资格证书。

七、水运工程监理工程师资格管理

在国际上，监理工程师的注册管理制度大致有3种。一种是属地化管理制度，如美国对注册建筑师和咨询工程师的注册管理是由各州承担的，联邦政府不受理此项业务。另一种是分级管理制，如日本对建筑师的注册管理就是由中央和地方分级管理的。再一种是中央政府集中管理的体制，如新加坡等城市型的国家和地区。

注册的资格条件一般包括学历条件、从事工程建设实践的条件、考试（考核）成绩和其他（地域、年龄、政治等）条件。注册程序主要有4个步骤，即申请、资格审查认可、考试与考核、注册登记发证。

我国水运工程监理工程师资格管理依据《公路水运工程监理工程师登记管理办法》（交质监发〔2011〕572号）规定，实行从业登记和业绩登记管理。

从业登记是指与监理企业建立合同关系的监理工程师，声明以监理工程师名义从事工程监理或相关业务活动的起始记录。业绩登记是指监理工程师在工程项目中代表监理企业以监理工程师名义从事监理工作的记录。工程项目总监、副总监、总监代表和专业监理工程师应在项目中标监理企业进行从业登记和业绩登记。

交通运输部工程质量监督局（以下简称部质监局）负责建立和完善登记管理制度及网络登记系统，监督、检查和指导省级交通运输主管部门质量监督机构的登记工作。各省级质监机构负责本地区监理工程师登记的具体工作。其中，从业登记由监理企业注册地的省级质监机构负责，业绩登记由负责工程项目监督工作的质量监督机构负责。

1. 从业登记

申请从业登记的监理工程师应正式受聘于一家监理企业，依法与企业签订劳动合同，企业为其正常缴纳基本养老保险、基本医疗保险和失业保险。申请人通过虚假手段获得监理资格证书的,提供虚假登记资料的,违反规定同时受聘于两家以上企业的,信用评价周期内从业承诺履行状况很差的,仍在刑事、行政处罚期内的,或在职的国家公职人员,省级质监机构不得予以登记。

省级质监机构发现已登记的监理工程师有上述情形的,应当直接注销登记,并告知监理企业和监理工程师本人。省级质监机构应对直接注销从业登记人员的姓名、身份证件号、监理资格证书号、注销原因等情况进行记录备查。

申请从业登记时需提交下列材料:
(1)监理工程师从业登记表;
(2)身份证件复印件(原件备查);
(3)监理资格证书和职称证复印件(原件备查);
(4)劳动合同复印件(原件备查)和缴纳保险情况证明;
(5)其他需提交的资料。

省级质监机构收到监理工程师的从业登记表及相关材料后,应当在20个工作日内完成审核工作。自从业登记审核通过之日起,省级质监机构6个月内不受理同一监理工程师的从业登记注销申请。已办理过从业登记的监理工程师,其身份证件、监理资格证书、职称等个人信息发生变化时,应当办理个人信息变更。个人信息变更由本人书面提出,所在监理企业复核,报省级质监机构审核。监理工程师应按要求提供相关信息变更证明资料。

监理工程师与监理企业依法终止劳动合同的,应当在合同终止之日起20个工作日内向监理企业提交从业登记注销表。监理企业应在收到注销表之日起20个工作日内完成确认工作并报省级质监机构办理注销手续。监理工程师因其他原因离开监理企业的,自其离开之日起,企业应在20个工作日内向省级质监机构提交从业登记注销表。省级质监机构收到从业登记注销表后,应在20个工作日内完成审核注销。

监理工程师在原从业登记的监理企业注销登记后,方可变更登记至其他企业。对于已进行从业登记的监理工程师,其年龄达到65岁时自动退出从业登记人员数据库。监理工程师变更从业登记所在企业的历史记录可供社会查询。监理工程师已离开监理企业,未在规定的时限内申请从业登记注销的,监理企业应当及时向省级质监机构申请办理其从业登记注销。监理工程师已离开监理企业,并向监理企业提出从业登记注销,监理企业逾期未予以从业登记注销确认的,监理工程师可持相关证明材料直接向省级质监机构申请办理从业登记注销。

2. 业绩登记

在工程项目上从事监理工作的监理工程师应在进场后20个工作日内,向项目质监机构提交业绩登记表。项目质监机构收到监理工程师业绩登记表后,应在20个工作日内完成审核。

监理工程师结束工程项目现场监理工作的,自其离开项目现场监理机构之日起20个工作日内,由监理企业向项目质监机构提交业绩登记截止表。质监机构收到业绩登记截止表后,应在20个工作日内完成审核;监理企业逾期未办理的,由项目质监机构责成其限期改正。

监理工程师在一个工程项目的业绩登记截止审核确认后,方可在下一工程项目上进行业绩登记。未进行业绩登记或业绩登记尚未截止的项目,不作为监理工程师个人的完整业绩。

第六节　工程监理执业的主要法律规定

工程监理是工程建设管理的一项制度,也是一项法律行为,与之相关的法律法规很多,其内容不仅对监理单位资质和监理工程师资格管理有全面规定,也对监理合同、监理活动及政府对监理的行政管理方面都做了明确规定。这里介绍《建筑法》、《建设工程质量管理条例》和《建设工程安全生产管理条例》等主要法律规定。监理工程师应当熟悉和掌握其中与工程监理执业的相关规定,以便依法开展工程监理和规范监理工程师行为。

一、建筑法

《建筑法》是以建筑市场管理为中心,以建筑工程质量和安全为重点,以建筑活动监督管理为主线形成的。

1. 建筑许可

建筑许可一章是对建筑工程施工许可制度和从事建筑活动的单位和个人从业资格的规定。

(1) 建筑工程施工许可制度。

建筑工程施工许可制度是建设行政主管部门根据建设单位的申请,依法对建筑工程所应具备的施工条件进行审查,符合规定条件的,准许该建筑工程开始施工,并颁发施工许可证的一种制度。具体内容包括:

①施工许可证的申领时间、申领程序、工程范围、审批权限以及施工许可证与开工报告之间的关系;

②申请施工许可证的条件和颁发施工许可证的时间规定;

③施工许可证的有效时间和延期的规定;

④领取施工许可证的建筑工程中止施工和恢复施工的有关规定;

⑤取得开工报告的建筑工程不能按期开工或中止施工以及开工报告有效期的规定。

(2) 从事建筑活动的单位的资质管理规定。

①从事建筑活动的建筑施工企业、勘察单位、设计单位和工程监理单位应有符合国家规定的注册资本,有与其从事的建筑活动相适应的具有法定执业资格的专业技术人员,有从事相关建筑活动所应有的技术装备,以及法律、行政法规规定的其他条件;

②从事建筑活动的单位应根据资质条件划分不同的资质等级,经资质审查合格,取得相应的资质等级证书后,方可在其资质等级许可的范围内从事建筑活动;

③从事建筑活动的专业技术人员,应当依法取得相应的执业资格证书,并在执业资格证书许可的范围内从事建筑活动。

2. 建筑工程发包与承包

(1) 关于建筑工程发包与承包的一般规定。

一般规定包括:发包单位和承包单位应当签订书面合同,并应依法履行合同义务;招标投标活动的原则;发包和承包行为约束方面的规定;合同价款约定和支付的规定等。

(2)关于建筑工程发包。

内容包括:建筑工程发包方式;公开招标程序和要求;建筑工程招标的行为主体和监督主体;发包单位应将工程发包给依法中标或具有相应资质条件的承包单位;政府部门不得滥用权力限定承包单位;禁止将建筑工程肢解发包;发包单位在承包单位采购方面的行为限制的规定等。

(3)关于建筑工程承包。

内容包括:承包单位资质管理的规定;关于联合承包方式的规定;禁止转包;有关分包的规定等。

3.建筑工程监理

(1)国家推行建筑工程监理制度。国务院可以规定实行强制性监理的工程范围。

(2)实行监理的建筑工程,由建设单位委托具有相应资质条件的工程监理单位监理。建设单位与其委托的工程监理单位应当订立书面委托监理合同。

(3)建筑工程监理应当依据法律、行政法规及有关的技术标准、设计文件和工程承包合同,对承包单位在施工质量、建设工期和建设资金使用等方面,代表建设单位实施监督。

工程监理人员认为工程施工不符合工程设计要求、施工技术标准和合同约定的,有权要求建筑施工企业改正。

工程监理人员发现工程设计不符合建筑工程质量标准或者合同约定的质量要求的,应当报告建设单位要求设计单位改正。

(4)实施建筑工程监理前,建设单位应当将委托的工程监理单位、监理的内容及监理权限,书面通知被监理的建筑施工企业。

(5)工程监理单位应当在其资质等级许可的监理范围内,承担工程监理业务。

工程监理单位应当根据建设单位的委托,客观、公正地执行监理任务。

工程监理单位与被监理工程的承包单位以及建筑材料、建筑构配件和设备供应单位不得有隶属关系或者其他利害关系。

工程监理单位不得转让工程监理业务。

(6)工程监理单位不按照委托监理合同的约定履行监理义务,对应当监督检查的项目不检查或者不按照规定检查,给建设单位造成损失的,应当承担相应的赔偿责任。

工程监理单位与承包单位串通,为承包单位谋取非法利益,给建设单位造成损失的,应当与承包单位承担连带赔偿责任。

二、建设工程质量管理条例

《建设工程质量管理条例》以建设工程质量责任主体为基线,规定了建设单位、勘察单位、设计单位、施工单位和工程监理单位的质量责任和义务,明确了工程质量保修制度、工程质量监督制度等内容。

1.一般规定

(1)建设工程质量责任主体:建设单位、勘察单位、设计单位、施工单位、工程监理等单位依法对建设工程质量负责。

(2)建设工程质量监督管理主体：县级以上人民政府建设行政主管部门和其他有关部门应当加强对建设工程质量的监督管理。

2. **建设单位的质量责任和义务**

对建设单位的质量责任和义务进行了多方面的规定。

(1)建设单位应当将工程发包给具有相应资质等级的单位，建设单位不得将建设工程肢解发包。建设单位应当依法对工程建设项目的勘察、设计、施工、监理及与工程建设有关的重要设备、材料等的采购进行招标。

(2)建设单位必须向有关的勘察、设计、施工、工程监理等单位提供与建设工程有关的原始资料，原始资料必须真实、准确、齐全。

(3)建设工程发包单位不得迫使承包方以低于成本的价格竞标，不得任意压缩合理工期。建设单位不得明示或者暗示设计单位或者施工单位违反工程建设强制性标准，降低建设工程质量。

(4)建设单位应当将施工图设计文件报县级以上人民政府建设行政主管部门或者其他有关部门审查。施工图设计文件未经审查批准的，不得使用。

(5)实行监理的建设工程，建设单位应当委托具有相应资质等级的工程监理单位进行监理，也可以委托具有工程监理相应资质等级并与被监理工程的施工承包单位没有隶属关系或者其他利害关系的该工程的设计单位进行监理。下列建设工程必须实行监理：①国家重点建设工程；②大、中型公用事业工程；③成片开发建设的住宅小区工程；④利用外国政府或者国际组织贷款、援助资金的工程；⑤国家规定必须实行监理的其他工程。

(6)建设单位在领取施工许可证或者开工报告前，应当按照国家有关规定办理工程质量监督手续。

(7)按照合同约定，由建设单位采购建筑材料、建筑构配件和设备的，建设单位应当保证建筑材料、建筑构配件和设备符合设计文件和合同要求。建设单位不得明示或者暗示施工单位使用不合格的建筑材料、建筑构配件和设备。

(8)涉及建筑主体和承重结构变动的装修工程，建设单位应当在施工前委托原设计单位或者具有相应资质等级的设计单位提出设计方案；没有设计方案的，不得施工。

3. **勘察、设计单位的质量责任和义务**

工程勘察设计单位的主要质量责任和义务规定有：

(1)从事建设工程勘察、设计的单位应当依法取得相应等级的资质证书，并在其资质等级许可的范围内承揽工程。禁止勘察、设计单位超越其资质等级许可的范围或者以其他勘察、设计单位的名义承揽工程。禁止勘察、设计单位允许其他单位或者个人以本单位的名义承揽工程。勘察、设计单位不得转包或者违法分包所承揽的工程。

(2)勘察、设计单位必须按照工程建设强制性标准进行勘察、设计，并对其勘察、设计的质量负责。注册建筑师、注册结构工程师等注册执业人员应当在设计文件上签字，对设计文件负责。

(3)勘察单位提供的地质、测量、水文等勘察成果必须真实、准确。设计单位应当根据勘察成果文件进行建设工程设计。设计文件应当符合国家规定的设计深度要求，注明工程合理使用年限。

(4)设计单位在设计文件中选用的建筑材料、建筑构配件和设备,应当注明规格、型号、性能等技术指标,其质量要求必须符合国家规定的标准。除有特殊要求的建筑材料、专用设备、工艺生产线等外,设计单位不得指定生产厂、供应商。

(5)设计单位应当就审查合格的施工图设计文件向施工单位作出详细说明。设计单位应当参与建设工程质量事故分析,并对因设计造成的质量事故,提出相应的技术处理方案。

4. 施工单位的质量责任和义务

施工单位的主要质量责任和义务规定有:

(1)施工单位应当依法取得相应等级的资质证书,并在其资质等级许可的范围内承揽工程。禁止施工单位超越本单位资质等级许可的业务范围或者以其他施工单位的名义承揽工程。禁止施工单位允许其他单位或者个人以本单位的名义承揽工程。施工单位不得转包或者违法分包工程。

(2)施工单位对建设工程的施工质量负责。施工单位应当建立质量责任制,确定工程项目的项目经理、技术负责人和施工管理负责人。建设工程实行总承包的,总承包单位应当对全部建设工程质量负责;建设工程勘察、设计、施工、设备采购的一项或者多项实行总承包的,总承包单位应当对其承包的建设工程或者采购的设备的质量负责。总承包单位依法将建设工程分包给其他单位的,分包单位应当按照分包合同的约定对其分包工程的质量向总承包单位负责,总承包单位与分包单位对分包工程的质量承担连带责任。

(3)施工单位必须按照工程设计图纸和施工技术标准施工,不得擅自修改工程设计,不得偷工减料。施工单位在施工过程中发现设计文件和图纸有差错的,应当及时提出意见和建议。施工单位必须按照工程设计要求、施工技术标准和合同约定,对建筑材料、建筑构配件、设备和商品混凝土进行检验,检验应当有书面记录和专人签字;未经检验或者检验不合格的,不得使用。

(4)施工单位必须建立、健全施工质量的检验制度,严格工序管理,做好隐蔽工程的质量检查和记录。隐蔽工程在隐蔽前,施工单位应当通知建设单位和建设工程质量监督机构。施工人员对涉及结构安全的试块、试件以及有关材料,应当在建设单位或者工程监理单位监督下现场取样,并送具有相应资质等级的质量检测单位进行检测。施工单位对施工中出现质量问题的建设工程或者竣工验收不合格的建设工程,应当负责返修。

(5)施工单位应当建立、健全教育培训制度,加强对职工的教育培训;未经教育培训或者考核不合格的人员,不得上岗作业等。

5. 工程监理单位的质量责任和义务

(1)市场准入和市场行为规定:工程监理单位应当依法取得相应等级的资质证书,并在其资质等级许可的范围内承担工程监理业务。

禁止工程监理单位超越本单位资质等级许可的范围或者以其他工程监理单位的名义承担工程监理业务。禁止工程监理单位允许其他单位或者个人以本单位的名义承担工程监理业务。

工程监理单位不得转让工程监理业务。

(2) 工程监理单位与被监理单位关系的限制性规定：工程监理单位与被监理工程的施工承包单位以及建筑材料、建筑构配件和设备供应单位有隶属关系或者其他利害关系的，不得承担该项建设工程的监理业务。

(3) 工程监理单位对施工质量监理的依据和监理责任：工程监理单位应当依照法律、法规及有关技术标准、设计文件和建设工程承包合同，代表建设单位对施工质量实施监理，并对施工质量承担监理责任。

(4) 监理人员资格要求及权力方面的规定：工程监理单位应当选派具备相应资格的总监理工程师和(专业)监理工程师进驻施工现场。

未经监理工程师签字，建筑材料、建筑构配件和设备不得在工程上使用或安装，施工单位不得进行下一道工序的施工。未经总监理工程师签字，建设单位不拨付工程款，不进行竣工验收。

(5) 监理方式的规定：监理工程师应当按照工程监理规范的要求，采用旁站、巡视和平行检验等形式，对建设工程实施监理。

三、建设工程安全生产管理条例

《建设工程安全生产管理条例》规定了建设单位、勘察单位、设计单位、施工单位、工程监理单位及其他与建设工程安全生产有关单位等主体单位在安全生产中的安全管理责任与义务，并对监督管理、生产安全事故的应急救援和调查处理、法律责任等做了相应的规定。

1. 建设单位的安全责任

(1) 建设单位应当向施工单位提供施工现场及毗邻区域内供水、排水、供电、供气、供热、通信、广播电视等地下管线资料，气象和水文观测资料，相邻建筑物和构筑物、地下工程的有关资料，并保证资料的真实、准确、完整。建设单位因建设工程需要，向有关部门或者单位查询前款规定的资料时，有关部门或者单位应当及时提供。

(2) 建设单位不得对勘察、设计、施工、工程监理等单位提出不符合建设工程安全生产法律、法规和强制性标准规定的要求，不得压缩合同约定的工期。

(3) 建设单位在编制工程概算时，应当确定建设工程安全作业环境及安全施工措施所需费用。

(4) 建设单位不得明示或者暗示施工单位购买、租赁、使用不符合安全施工要求的安全防护用具、机械设备、施工机具及配件、消防设施和器材。

(5) 建设单位在申请领取施工许可证时，应当提供建设工程有关安全施工措施的资料。依法批准开工报告的建设工程，建设单位应当自开工报告批准之日起 15 日内，将保证安全施工的措施报送建设工程所在地的县级以上地方人民政府建设行政主管部门或者其他有关部门备案。

(6) 建设单位应当将拆除工程发包给具有相应资质等级的施工单位。建设单位应当在拆除工程施工 15 日前，将下列资料报送建设工程所在地的县级以上地方人民政府建设行政主管部门或者其他有关部门备案：①施工单位资质等级证明；②拟拆除建筑物、构筑物及可能危及毗邻建筑的说明;③拆除施工组织方案;④堆放、清除废弃物的措施。

2. 勘察、设计、工程监理及其他有关单位的安全责任

(1)勘察单位应当按照法律、法规和工程建设强制性标准进行勘察,采取措施保证各类管线、设施和周边建筑物、构筑物的安全等内容。

(2)设计单位应当按照法律、法规和工程建设强制性标准进行设计,防止因设计不合理导致生产安全事故的发生;应当考虑施工安全操作和防护的需要,并对防范生产安全事故提出指导意见;采用新结构、新材料、新工艺的建设工程和特殊结构的建设工程,设计单位应当在设计中提出保障施工作业人员安全和预防生产安全事故的措施建议等内容。

(3)工程监理单位应当审查施工组织设计中的安全技术措施或者专项施工方案是否符合工程建设强制性标准。

工程监理单位在实施监理过程中,发现存在安全事故隐患的,应当要求施工单位整改;情况严重的,应当要求施工单位暂时停止施工,并及时报告建设单位。施工单位拒不整改或者不停止施工的,工程监理单位应当及时向有关主管部门报告。

工程监理单位和监理工程师应当按照法律、法规和工程建设强制性标准实施监理,并对建设工程安全生产承担监理责任。

(4)为建设工程提供机械设备和配件的单位,应当按照安全施工的要求配备齐全有效的保险、限位等安全设施和装置;出租机械设备和施工机具及配件的出租单位应当对出租的机械设备和施工机具及配件的安全性能进行检测;检验检测机构对检测合格的施工起重机械和整体提升脚手架、模板等自升式架设设施,应当出具安全合格证明文件,并对检测结果负责等。

3. 施工单位的安全责任

施工单位是重要的安全生产责任主体,安全生产管理条例对施工单位的安全生产责任也做了较全面的规定。具体内容包括:

施工单位应当在其资质等级许可的范围内承揽工程;施工单位主要负责人依法对本单位的安全生产工作全面负责;施工单位对列入建设工程概算的安全作业环境及安全施工措施所需费用,不得挪作他用;施工单位应当设立安全生产管理机构,配备专职安全生产管理人员;建设工程实行施工总承包的,由总承包单位对施工现场的安全生产总负责。

施工单位应当在施工组织设计中编制安全技术措施和施工现场临时用电方案,对下列达到一定规模的危险性较大的分部分项工程编制专项施工方案,并附具安全验算结果,经施工单位技术负责人、总监理工程师签字后实施,由专职安全生产管理人员进行现场监督:

①基坑支护与降水工程;

②土方开挖工程;

③模板工程;

④起重吊装工程;

⑤脚手架工程;

⑥拆除、爆破工程;

⑦国务院建设行政主管部门或者其他有关部门规定的其他危险性较大的工程。

对此《公路水运工程安全生产监督管理办法》(交通运输部2007年1号令)规定对下列危

险性较大的工程应当编制专项施工方案,并附安全验算结果,经施工单位技术负责人、监理工程师审查同意签字后实施,由专职安全生产管理人员进行现场监督:

(1)不良地质条件下有潜在危险性的土方、石方开挖;

(2)滑坡和高边坡处理;

(3)桩基础、挡墙基础、深水基础及围堰工程;

(4)桥梁工程中的梁、拱、柱等构件施工等;

(5)隧道工程中的不良地质隧道、高瓦斯隧道、水底海底隧道等;

(6)水上工程中的打桩船作业、施工船作业、外海孤岛作业、边通航边施工作业等;

(7)水下工程中的水下焊接、混凝土浇筑、爆破工程等;

(8)爆破工程;

(9)大型临时工程中的大型支架、模板、便桥的架设与拆除;桥梁、码头的加固与拆除;

(10)其他危险性较大的工程。

施工单位技术人员应当对有关安全施工的技术要求向施工作业班组、作业人员做出详细说明;施工单位安全警示标志设置;施工现场办公、生活区与作业区设置;施工单位对毗邻建筑物、构筑物和地下管线防护,遵守有关环境保护法律、法规的规定;现场建立消防安全责任制度;遵守安全施工的强制性标准、规章制度和操作规程;使用施工起重机械和整体提升脚手架、模板等自升式架设设施前,应当组织有关单位进行验收;安全生产教育培训;为施工现场从事危险作业的人员办理意外伤害保险等。

第七节 水运工程监理业务承揽

水运工程监理业务承揽,主要依据《水运工程建设项目招标投标管理办法》(交通运输部令 2013 年第 11 号)和《水运工程标准施工监理招标文件》(JTS110-10-2012)的相关规定和要求进行。

一、工程监理企业经营活动基本准则

工程监理企业从事建设工程监理活动,应当遵循"守法、诚信、公正、科学"的准则。

1. 守法

守法,即遵守国家的法律法规。对于工程监理企业来说,守法即是要依法经营,主要体现在:

(1)工程监理企业只能在核定的业务范围内开展经营活动。

工程监理企业的业务范围,是指填写在资质证书中、经工程监理资质管理部门审查确认的主项资质和增项资质。核定的业务范围包括两方面:一是监理业务的工程类别;二是承接监理工程的等级。

(2)工程监理企业不得伪造、涂改、出租、出借、转让、出卖《资质等级证书》。

(3)建设工程监理合同一经双方签订,即具有法律约束力,工程监理企业应按照合同的约定认真履行,不得无故或故意违背自己的承诺。

(4)工程监理企业离开原住所地承接监理业务,要自觉遵守当地人民政府颁发的监理法规和有关规定,主动向监理工程所在地的省、自治区、直辖市建设行政主管部门备案登记,接受其指导和监督管理。

(5)遵守国家关于企业法人的其他法律、法规的规定。

2. 诚信

诚信,即诚实守信用。这是道德规范在市场经济中的体现。它要求一切市场参加者在不损害他人利益和社会公共利益的前提下,追求自己的利益,目的是在当事人之间的利益关系和当事人与社会之间的利益关系中实现平衡,并维护市场道德秩序。诚信原则的主要作用在于指导当事人以善意的心态、诚信的态度行使民事权利,承担民事义务,正确地从事民事活动。

加强企业信用管理,提高企业信用水平,是完善我国工程监理制度的重要保证。企业信用的实质是解决经济活动中经济主体之间的利益关系。它是企业经营理念、经营责任和经营文化的集中体现。信用是企业的一种无形资产,良好的信用能为企业带来巨大效益。我国是世贸组织的成员,信用将成为我国企业走出去,进入国际市场的身份证。它是能给企业带来长期经济效益的特殊资本。监理企业应当树立良好的信用意识,使企业成为讲道德、讲信用的市场主体。

工程监理企业应当建立健全企业的信用管理制度。信用管理制度主要有:①建立健全合同管理制度;②建立健全与业主的合作制度,及时进行信息沟通,增强相互间的信任感;③建立健全监理服务需求调查制度,这也是企业进行有效竞争和防范经营风险的重要手段之一;④建立企业内部信用管理责任制度,及时检查和评估企业信用的实施情况,不断提高企业信用管理水平。

3. 公正

公正,是指工程监理企业在监理活动中既要维护业主的利益,又不能损害承包商的合法利益,并依据合同公平、合理地处理业主与承包商之间的争议。

工程监理企业要做到公正,必须做到以下几点:

(1)要具有良好的职业道德;

(2)要坚持实事求是;

(3)要熟悉有关建设工程合同条款;

(4)要提高专业技术能力;

(5)要提高综合分析判断问题的能力。

4. 科学

科学,是指工程监理企业要依据科学的方案、运用科学的手段、采取科学的方法开展监理工作。工程监理工作结束后,还要进行科学的总结。实施科学化管理主要体现在:

(1)科学的方案。

工程监理的方案主要是指监理规划。其内容包括:工程监理的组织计划;监理工作的程序;各专业、各阶段监理工作内容;工程的关键部位或可能出现的重大问题的监理措施等。在实施监理前,要尽可能准确地预测出各种可能的问题,有针对性地拟定解决办法,制定出切实可行、行之有效的监理实施细则,使各项监理活动都纳入计划管理的轨道。

(2)科学的手段。

实施工程监理必须借助于先进的科学仪器才能做好监理工作,如各种检测、试验、摄录像设备及计算机等。

(3)科学的方法。

监理工作的科学方法主要体现在监理人员在掌握大量的、确凿的有关监理对象及其外部环境实际情况的基础上,适时、妥帖、高效地处理有关问题,解决问题要用事实说话、用书面文字说话、用数据说话;要开发、利用计算机软件辅助工程监理。

二、加强企业管理

强化企业管理,提高科学管理水平,是建立现代企业制度的要求,也是监理企业提高市场竞争能力的重要途径。监理企业管理应抓好成本管理、资金管理、质量管理,增强法制意识,依法经营管理,并重点做好以下几方面工作:

(1)市场定位。要加强自身发展战略研究,适应市场,根据企业实际情况,合理确定企业的市场地位,制定和实施明确的发展战略、技术创新战略,并根据市场变化适时调整。

(2)完善服务功能,拓展服务范围,着力开拓咨询服务市场。监理企业应注重企业经营结构的调整,不断开拓市场对工程咨询业的相关需求,不断提高和完善监理企业的服务功能,拓展服务范围,形成监理企业服务产品多样化、多元化的产品结构,化解企业在市场经济中的风险。

(3)培养企业核心竞争力。要广泛采用现代管理技术、方法和手段,推广先进企业的管理经验,借鉴国外企业现代管理方法,以企业核心竞争力和品牌效应取得竞争优势。

(4)建立市场信息系统。要加强现代信息技术的运用,建立灵敏、准确的市场信息系统,掌握市场动态。

(5)开展贯标活动。要积极实行 ISO 9000 质量管理体系贯标认证工作,严格按照质量手册和程序文件的要求开展各项工作,防止贯标认证工作流于形式。贯标的作用一是能够提高企业市场竞争能力;二是能够提高企业人员素质;三是能够规范企业各项工作;四是能够避免或减少工作失误。

(6)要严格贯彻实施《水运工程施工监理规范》,结合企业实际情况,制定相应的规范实施细则,组织全员学习,在签订委托监理合同、实施监理工作、检查考核监理业绩、制定企业规章制度等各个环节,都应当以规范为主要依据。

(7)要高度重视监理人才培养。企业应建立长期的人才培养规划,针对不同层次的监理人员制定相应的培训计划,系统地组织开展监理人员培训工作,建立和完善多渠道、多层次、多形式、多目标的人才培养体系,实施人才战略发展措施。

(8)加强企业文化建设。要提高企业本身在同行业中的社会影响,注重品牌效应,加强企业文化建设,争创名牌监理企业,从而加强企业的凝聚力、提高企业的市场竞争力、获得社会公信力和强化企业执行力。企业文化是一个企业在发展过程中形成的以企业精神和经营管理理念为核心,凝聚、激励企业各级经营管理者和员工归属感、积极性、创造性的人本管理理论,是企业的灵魂和精神支柱。企业文化建设的主要目的是提高企业的整体素质,树立企业的良好形象,增强企业的凝聚力,提高企业的竞争力。因此,企业文化既要体现行业共性,更要突出企业个性,才能使企业融入市场,发挥其独具特色的市场竞争优势。建设先进的企业文化是企业提高管理水平、增强凝聚力和打造核心竞争力的战略举措。

(9)建立健全各项内部管理规章制度。监理企业规章制度一般包括以下几方面:

①组织管理制度。合理设置企业内部机构和各机构职能,建立严格的岗位责任制度,加强考核和督促检查,有效配置企业资源,提高企业工作效率,健全企业内部监督体系,完善制约机制。

②人事管理制度。健全工资分配、奖励制度,完善激励机制,加强对员工的业务素质培养和职业道德教育。

③劳动合同管理制度。推行职工全员竞争上岗,严格劳动纪律,严明奖惩,充分调动和发挥职工的积极性、创造性。

④财务管理制度。加强资产管理、财务计划管理、投资管理、资金管理、财务审计管理等。要及时编制资产负债表、损益表和现金流量表,真实反映企业经营状况,改进和加强经济核算。

⑤经营管理制度。制定企业的经营规划、市场开发计划。

⑥项目监理机构管理制度。制定项目监理机构的运行办法、各项监理工作的标准及检查评定办法等。

⑦设备管理制度。制定设备的购置办法、设备的使用及保养规定等。

⑧科技管理制度。制定科技开发规划、科技成果评审办法和科技成果应用推广办法等。

⑨档案文书管理制度。制定档案的整理和保管制度,文件和资料的使用、归档管理办法等。

有条件的监理企业,还要注重风险管理,实行监理责任保险制度,适当转移责任风险。

三、取得监理业务的基本方式

工程监理企业承揽监理业务的表现形式有两种:一是通过投标竞争取得监理业务;二是由业主直接委托取得监理业务。通过投标取得监理业务,是市场经济体制下比较普遍的形式。我国《招标投标法》明确规定,关系公共利益安全、政府投资、外资工程等项目监理必须招标。在不宜公开招标的工程或没有投标竞争对手的情况下,或者是工程规模比较小、比较单一的监理业务,或者是对原工程监理企业的续用等情况下,业主也可以直接委托工程监理企业。

四、监理单位投标文件的重点

工程监理企业向业主提供的是管理服务,工程监理企业投标文件的重点是反映所提供的管理服务水平高低的监理大纲,尤其是主要的监理方案。业主在监理招标时应以监理大纲的水平作为评定投标书优劣的重要依据,而不应把监理费的高低当作选择工程监理企业的主要评定标准。作为工程监理企业,不应该以盲目低价作为竞争的主要手段去承揽监理业务。

一般情况下,监理大纲中主要的监理方案是指:根据监理招标文件的要求,针对业主委托监理工程的特点,初步拟订该工程的监理工作指导思想,主要的管理措施、技术措施,拟投入的监理人员和设备,以及针对性强的建议等。

五、监理费的计算方法

1. 监理费的构成

建设工程监理费是指业主依据委托监理合同支付给监理企业的监理酬金。它是构成工程概(预)算的一部分,在工程概(预)算中单独列支。建设工程监理费由直接成本、间接成本、税金和利润4个部分构成。

(1)直接成本。直接成本是指监理企业履行委托监理合同时所发生的成本。主要包括:

①监理人员和监理辅助人员的工资、奖金、津贴、补助等;

②常规检测工器具、计算机等办公设施的购置费和其他仪器、机械的租赁费;

③用于监理人员和辅助人员的其他专项开支,包括办公费、通讯费、差旅费、书报费、文印费、会议费、劳保费、保险费、休假探亲费等;

(2)间接成本。间接成本是指全部业务经营开支及非工程监理的特定开支,具体内容包括:

①管理人员、行政人员及后勤人员的工资、奖金、补助和津贴;

②经营性业务开支,包括为招揽监理业务而发生的广告费、宣传费、有关合同的公证费等;

③办公费,包括办公用品、报刊、会议、文印、上下班交通费等;

④公用设施使用费,包括办公使用的水、电、气、环卫、保安等费用;

⑤业务培训费,图书、资料购置费;

⑥附加费,包括劳动统筹、医疗统筹、福利基金、工会经费、人身保险、住房公积金、特殊补助等。

(3)税金,是指按照国家规定,工程监理企业应交纳的各种税金总额,如营业税、所得税、印花税等。

(4)利润,是指工程监理企业的监理活动收入扣除直接成本、间接成本和各种税金之后的余额。

2. 监理费的计算方法

根据国家发展改革委员会和建设部(现更名住建部)印发《建设工程监理与相关服务收费管理规定》的通知(发改价格〔2007〕670号),目前水运工程监理费用计算方法为:

(1)施工监理收费 = 施工监理收费基准价 × (1 + 浮动幅度值)。

(2)施工监理收费基准价 = 施工监理收费基价 × 专业调整系数 × 工程复杂程度调整系数 × 附加调整系数。

(3)施工监理收费基准价是按照该规定收费标准计算出的施工监理基准收费额,发包人与监理人根据项目的实际情况,在规定的浮动幅度范围内协商确定施工监理收费合同额。

(4)施工监理收费基价按《施工监理收费基价表》(表2-1)中确定,计费额处于两个数值区间的,采用直线内插法确定施工监理收费基价。

施工监理收费基价表(万元)　　　　　表 2-1

序号	计费额	收费基价	序号	计费额	收费基价
1	500	16.5	9	60 000	991.4
2	1 000	30.1	10	80 000	1 255.8
3	3 000	78.1	11	100 000	1 507.0
4	5 000	120.8	12	200 000	2 712.5
5	8 000	181.0	13	400 000	4 882.6
6	10 000	218.6	14	600 000	6 835.6
7	20 000	393.4	15	800 000	8 658.4
8	40 000	708.2	16	1 000 000	10 390.1

(5)施工监理收费调整系数。

施工监理收费标准的调整系数包括:专业调整系数、工程复杂程度调整系数和附加调整系数。

①专业调整系数是对不同专业建设工程项目的施工监理工作复杂程度和工作量差异进行调整的系数。计算施工监理收费时,水运工程专业调整系数确定为1.1。

②工程复杂程度调整系数是对同一专业不同建设工程项目的施工监理复杂程度和工作量差异进行调整的系数。工程复杂程度分为一般、较复杂和复杂三个等级,其调整系数分别为:一般(Ⅰ级)0.85;较复杂(Ⅱ级)1.0;复杂(Ⅲ级)1.15。计算施工监理收费时,水运工程复杂程度在表2-2中查找确定。

水运工程复杂程度表　　　　　表 2-2

工程项目			计量单位	Ⅰ	Ⅱ	Ⅲ
港口工程	码头	集装箱	沿海 吨级		<50 000	≥50 000
			内河 吨级		500~1 000	≥1 000
		散货	沿海 吨级	≤5 000	5 000~30 000	≥30 000
			内河 吨级	≤500	500~1 000	≥1 000
		件杂货、滚装、客运等多用途	沿海 吨级	≤3 000	3 000~10 000	≥10 000
			内河 吨级	≤500	500~1 000	≥1 000
		原油	沿海 吨级		<30 000	≥30 000
			内河 吨级		<1 000	≥1 000
	化学品、成品油、气等危险品		吨级		<1 000	≥1 000
	防波堤、导流堤、海上人工岛等水上工程		(最大水深)m	—	<6	≥6
	护岸、引堤、海墙等建筑防护		(最大水深)m	≤3	3~5	≥5
修造船厂水工工程	船坞		船舶吨位	≤3 000	3 000~10 000	≥10 000
	船台、滑道		船体重量吨	≤1 000	1 000~5 000	≥5 000
	舾装码头		吨级	≤3 000	3 000~10 000	≥10 000

续上表

工程项目		计量单位	Ⅰ	Ⅱ	Ⅲ
通航建筑工程	渠化枢纽、船闸	通航吨级	≤300	300～1 000	≥1 000
	升船机	通航吨级	—	<300	≥300
航道工程	沿海	通航吨级	—	<30 000	≥30 000
	内河整治	通航吨级	≤300	300～1 000	1 000
	疏浚与吹填	（工程量）万 m³	≤50	50～200	≥200
水上交通管制工程	航标工程	（投资）万元	—	<1 000	≥1 000
	船舶交通管理系统工程	（投资）万元	—	<3 000	≥3 000
	水上通信导航系统工程				

注：1. 孤岛作业的海洋水运工程项目和远离岸线的海、河水运工程附加调整系数为1.2；
2. 开敞式的沿海水运工程附加调整系数为1.1；
3. 在枯水期作业的航道工程附加调整系数为1.1。

③附加调整系数是对施工监理的自然条件、作业内容，以及专业调整系数和工程复杂程度调整系数尚不能调整的因素进行补充调整的系数。如高程附加调整系数、改扩建和技术改造建设工程项目附加调整系数、合作监理协调费系数、孤岛作业附加调整系数等。

六、工程监理企业在竞争承揽监理业务中应注意的事项

(1) 严格遵守国家的法律、法规及有关规定，遵守监理行业职业道德，不参与恶性压价竞争活动，严格履行委托监理合同。

(2) 严格按照批准的经营范围承接监理业务，特殊情况下，承接经营范围以外的监理业务时，需向资质管理部门申请批准。

(3) 承揽监理业务的总量要视本单位的力量而定，不得在与业主签订监理合同后，把监理业务转包给其他工程监理企业，或允许其他企业、个人以本监理企业的名义挂靠承揽监理业务。

(4) 对于监理风险较大的建设工程，可以联合几家工程监理企业组成联合体共同承担监理业务，以分担风险。

思 考 题

1. 试说明我国水运工程监理制度的基本框架。
2. 试述工程监理的主导思想。
3. 什么是政府监督？什么是社会监理？各有何特征？
4. 政府监督的依据是什么？政府质量监督的内容及程序是什么？
5. 政府监督的主要职责有哪些？
6. 工程监理的主要任务是什么？
7. 工程监理的对象、依据和职责是什么？

8. 试述工程监理与政府质量监督的联系与区别？
9. 监理工程师的概念及其任职的素质要求有哪些？
10. 水运工程监理工程师的职业道德要求是什么？
11. 注册水运监理工程师应具备怎样的资质条件？
12. 水运工程监理单位的含义是什么？其资质条件及资质管理有哪些规定？
13. 工程监理费的构成包含哪些方面的费用？
14. 工程监理费的计算方法有哪些？目前水运工程监理费的计算的调整系数如何规定？

第三章 工程监理组织

【自学提要】 了解组织含义和作用、组织设计原则,熟悉组织的基本结构模式及各种组织形式的优缺点,熟悉工程项目的各种承发包模式、适用条件、优缺点,熟悉工程项目管理的5种组织形式、组织关系图、优缺点,熟悉常用的工程项目监理机构的组织形式,熟悉监理机构的岗位设置及各类任职人员的素质要求,了解监理工作应配备的设施、设备,掌握监理机构的权利、义务和工作职责,掌握监理组织各级监理人员的任职资格、职责与权限。

第一节 现代组织论的基本概念

组织论主要研究系统的组织结构模式和组织分工,以及组织工作流程。它是人类长期实践的总结,是管理学的重要内容。一般认为,现代的组织理论研究分为两个相互联系的分支学科,一是组织结构学,主要侧重于组织静态研究,目的是建立一种精干、高效、合理的组织结构;二是组织行为学,侧重于组织动态的研究,目的是建立良好的组织关系。本节主要介绍组织结构学的内容。

一、组织的基本概念

组织是指人们为了实现一定的目标,相互结合,指定职位,明确责任,分工合作,协调行动的人工系统及其运转过程。

在高度社会化、专业化的现代化大生产中,人们对组织的要求越来越高,对组织原理的研究与应用也越来越重视。国外许多学者将组织称之为生产力的第四要素,而且与其他三要素(人、劳动对象、劳动工具)相比较,第四要素有其鲜明的特点:

(1)在生产过程中,其他3个要素可以相互替代,例如提高机械化程度就可替代劳动力,而组织不能被其他要素替代;

(2)组织是使其他3个要素合理配合而增值的要素,所谓"2+2=5",也就是说组织可以提高其他要素的使用效益;

建设项目从决策到实施所进行的一切活动,实际上是生产力诸要素复杂的配合过程,合理的组织对提高效益有着极其重要的作用。

二、组织的设计

组织设计是对组织活动和组织结构的设计过程,目的是提高组织活动的效能,是管理者在建立系统有效关系中的一种合理化的、有意识的过程;既要考虑内部因素,又要考虑外部因素。

从现代化管理的理论和实践来看,组织机构的设置应遵循下述基本原则。

1. 目的性原则

组织机构设置的根本目的,在于确保组织目标的实现。从这一根本目的出发,应因目标设事,因事设机构、定编制,按编制设岗位、定人员,以职责定制度。这种组织机构设置的逻辑关系可用图3-1所示的框图表示。

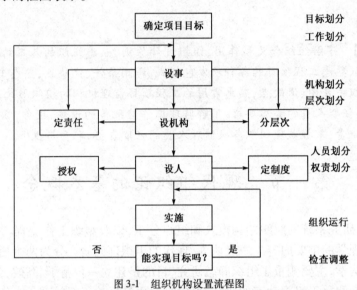

图3-1 组织机构设置流程图

上述流程图,突出反映了组织系统的目的性原则。相反,如果因人设事势必导致机构臃肿,职责不清,推诿扯皮,效率低下。

2. 统一指挥原则

统一指挥原则即一个人只能接受同一个指示命令,若需接受两个以上的上级领导同时指挥时,则应对下达的指令形成统一意见,以防出现多头指挥,使下级无所适从。多头指挥对管理组织危害极大,现代组织管理中出现的许多问题都是由于违反这一原则而引起的。但由于现代工程建设的复杂性及相应的管理组织结构较复杂,完全只有单头指挥是不现实的,这就需要加强领导人之间的相互沟通,以及在出现指挥矛盾时的及时协调。

3. 管理跨度原则

管理跨度又称管理幅度,是指一个管理者能够直接有效地指挥和控制的部下的数量限度。法国管理学家格兰·丘纳斯的研究认为:在一个组织中,主管者与被其直接领导的人之间可能产生的沟通关系数 I 可以用以下公式表示:

$$I = N[2^{N-1} + (N-1)]$$

式中,I 是协调关系最大可能数,N 表示管理者直接控制和协调的人数亦即管理跨度。如果直接领导2个人,就可能需要协调6种关系,如果直接领导12个人,就达2万种之多,其递增速度是惊人的。

管理跨度一定要适当。跨度大,层次就少,内耗较少,信息沟通快,但跨度过大,领导者精力分散,会造成工作不深入,指挥无力;跨度小,领导者可以集中精力抓大事,但这会使管理层次增加,管理人员、管理费用都会增加,各管理层次之间也可能产生内摩擦。在确定管理跨度时,主要应考虑以下几个方面的因素:①管理者管理大量人员的能力;②所辖活动的相互关联程度;③下属人员需要相互作用的频率和质量;④新问题的发生率,亦即下属人员所做工作的稳定程度;⑤管理标准化程度;⑥下属人员的分散程度。一般说来,主管者能力强,下属人员比较集中,工作标准化程度高的,跨度可稍大些;反之,跨度就应该小些。

4. 系统化原则

组织机构的系统化,突出表现在组织机构的封闭性和整体性。组织内部各层次之间、各级组织的职能之间应形成一个相互制约、相互联系的有机整体。根据项目管理的需要把职能划分、授权范围、人员配备加以统筹考虑,使之形成一个封闭的组织系统,既要保证指挥中心、执行机构、监控与反馈单元能形成完整的封闭回路,又要防止职能分工、权限划分和信息沟通上的相互矛盾或相互重叠。

5. 责权一致原则

委以责任的同时,要授以必需的权力,权力是完成任务的必要保证,权力必须与职责相适应。有责无权不行,会束缚管理人员的积极性、主动性和创造性,有权无责也不行,必然会助长瞎指挥和官僚主义。按照这一原则,监理工程师在进行工作过程中,必须依据自己独立的判断在自己的职权范围内作出决定。总监理工程师为了更好地完成工作也要把有关职权明确至各个层次。然而,不论这些权力如何划分,总监理工程师的权力和责任都是绝对的,他可以把权力授予下级,但其责任却不能委让。

6. 精简节约原则

此原则要求在保证项目组织履行必要职能的前提下,尽量简化机构,减少层次,以保证项目的高效运转。

三、组织结构模式

尽管由于环境条件的多变性和工作任务的复杂性使得项目管理组织具有动态临时的特征,但其基本框架还是应该相对定型的,这个基本框架被称为组织结构模式。常见的组织结构模式包括4种:直线制、职能制、直线职能制和矩阵制。

1. 直线制

这是一种传统的组织结构(图3-2),它来源于军事指挥系统。其特点是:一个下级只接受

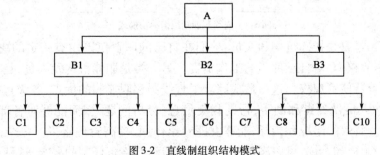

图 3-2 直线制组织结构模式

一个上级领导者的指示,命令源唯一,一级对一级负责,指挥管理统一,责任和权限比较明确。图3-2中,A是B1、B2、B3的直接上级,A可以命令B1、B2、B3,但A不能命令C5、C6、C7;B2是C5、C6、C7的直接上级,因此B2可以命令C5、C6、C7,但B1或B3不能命令C5、C6和C7。直线制是采用最广泛的一种组织结构模式。由于其命令源的唯一性,故又称线性结构模式。

这种模式的优点在于机构简单,权力集中,命令统一,决策迅速。其最大弊端在于组织系统刚性大,对外界变化刺激的反映灵敏度较差。在设计时应防止分工过细,层次过多,尽量保证信息传递渠道通畅,使组织能保持适当的弹性;其次,它实行没有职能机构的个人管理,要求首长"全能",因而仅适用于生产和管理较为简单的单位。

2. 职能制

这是一种强调专业分工的大跨度组织结构模式(图3-3)。其特点是:强调管理职能的专业化,由总负责人将相应的管理职权和权力交给各职能部门负责人,后者在其职权范围内,直接指挥下级单位。它有利于发挥各职能机构的专业管理作用,提高工作效率,这种模式管理层次少,信息沟通快捷。

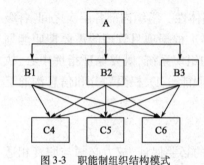

图3-3 职能制组织结构模式

这种模式的最大缺点是命令源不唯一。如图3-3所示,B1、B2、B3均可对C4、C5、C6下达命令。这样就会出现命令的交叉。当命令发生矛盾时,可能造成组织内的扯皮和内耗。

3. 直线职能制

直线职能制是由直线制和职能制相结合而成的组织结构模式(图3-4)。它将管理机构和

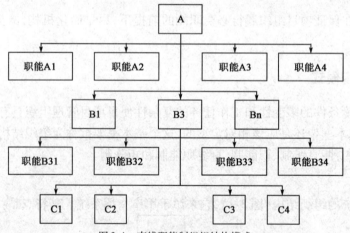

图3-4 直线职能制组织结构模式

人员分为两类:一是直线指挥机构和人员,他们在自己的职责范围内有一定的决定权,对其下属有指挥和命令的权力,对自己部门的工作负责。另一类是职能机构及人员,是直线指挥的业务助手,代表主管行使管理权。这一形式综合了直线制和职能制的优点,各级直线领导人都有相应的职能机构人员做参谋和助手,帮助收集信息、分析问题,因而能够对各部门的生产、技术、经济活动进行有效的组织和指挥,能够发挥专家作用,提高管理水平。每个部门都是由直线领导人员统一领导和指挥,可以满足统一协调组织和严格责任制的要求,这种组织模式在我

国被广泛采用。这种形式的弊病在于：由于职能部门一般都拥有某一方面的专业技术能力，虽然只规定让他发挥参谋作用，但实际的影响却可能很大。职能部门甚至握有在该领域的计划、控制权。这往往会影响直线领导的统一指挥。

4. 矩阵制

矩阵制是现代项目管理的一种新型组织模式，由纵向管理部门和横向管理部门纵横交叉，形成矩阵。在这种形式中，纵（横）向管理部门的一方为按专业分工组建的稳定的职能部门，另一方为按项目目标或类型组建的一次性的工作班子，职能部门负责专业人员的调配、业务指导，而一次性工作班子的负责人对专业人才负领导责任，通过组织、协调，使大家为某个特定的目标而共同工作。矩阵制对环境的适应性相当强，机动灵活，富有弹性。它既有利于加强专业管理，又有利于加强部门协作，充分利用各种资源；主管首长超脱，有利于协调运行中的主要矛盾。

图 3-5 为某工程公司的矩阵式项目组织示意图，纵向表示不同职能部门，横向表示不同项目。纵向职能部门对所有项目中的本专业人员负有组织调配、业务指导和管理考察的责任；横向项目经理对参加本项目的各种专业人员均负有领导责任，并按项目实施的要求把他们有效地组织协调到一起，为实现项目目标共同配合工作。矩阵中每一个成员，都需要接受来自所在部门负责人和所在项目的项目经理的双重领导。

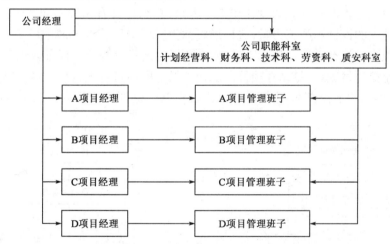

图 3-5 某工程公司矩阵式项目组织示意图

矩阵制最突出的问题是双重领导，命令源不唯一。如图 3-5 所示，由于矩阵中的每个成员既要听从所在部门负责人的指挥，又要服从所在项目的项目经理领导，在双重指示不协调不一致的情况下就会无所适从。因此，矩阵制在运行时除应加强协调管理外，还必须明确纵、横向哪一个为主。实际应用中，有以纵向职能部门为主的矩阵制和以横向项目为主的矩阵制两种形式。

第二节 工程项目承发包模式及管理模式

一、工程项目的承发包模式

工程项目建设一般采用工程承发包制。通过招标选择有承建能力的承包人与建设单位签订工程承包合同,确定双方权利与义务,承担建设任务。工程承发包是一种商业行为,对建设单位来说,项目建设全过程的各阶段工作都可以发包,对承包人来说,承包内容可以是建设全过程的全部工作,也可以是某个阶段的全部或部分工作。建设单位可根据项目的具体情况,按照项目建设的程序和承包单位的技术经济实力,确定发包范围和方式。

工程项目承发包的组织模式直接关系到工程项目的目标控制,因此研究工程监理的组织模式须从分析工程项目承发包模式入手。

工程项目承发包模式体现着承发包双方之间的经济关系。受工程项目本身的特性及其所处环境条件的影响,承发包模式是多种多样的。按照不同承包单位之间、承包单位与发包单位(建设单位)之间的关系、地位不同,工程项目承发包模式可划分为下列 5 种。

1. 总承包

一个建设项目建设全过程或其中某个阶段的全部工作,由一个承包单位负责组织实现。这个承包单位可以将若干专业性工作分包给不同的专业承包单位去完成,并统一协调和监督它们的工作。在一般情况下,建设单位也仅同这个承包单位发生直接关系,而不同各专业承包单位发生直接关系。这种承发包模式叫做总承包,承担这种任务的单位称作总包单位。

按照总包单位是否拥有独立的设计和施工力量,总承包又有两种不同的形式。其一是总承包自己拥有独立的设计和施工力量;这种形式称为工程项目总承包,如图 3-6 所示。另一种情况是总包单位自己没有设计和施工力量,而将所承包的设计与施工任务分包出去,总承包单位的主要工作是搞项目管理,是站在项目总承包立场上的项目管理,负责在各分包单位之间进行组织协调,对项目的工程成本、进度和质量进行控制。这种模式称为工程项目总承包管理,如图 3-7 所示。

图 3-6 工程项目总承包

图 3-7 工程项目总承包管理

总承包的最高形式是建设全过程承发包,即通常所说的"交钥匙"工程。采用这种承发包方式,建设单位一般只要提出使用要求和竣工期限,承包单位即可对项目建议书,从可行性研究开始,勘察设计、材料设备采购、工程施工、职工培训,直至竣工投产实行全面负责。它的好处是合同管理比较单一,便于项目组织,可以充分发挥承包单位的主观能动性,节约投资,缩短建设工期,因而对费用控制和进度控制都是有利的。采用这种方式的关键是质量控制,而质量控制的关键在于如何招标。由于这时尚无施工图纸和工程量清单,无法采用构造招标而只能采用功能招标。通过对项目功能描述定义,将项目各个细部都描述得清清楚楚,据以进行质量控制。

如果质量控制得好,建设单位是很愿意采用这种承发包方式的,关键是能否找到相应的承包单位。从理论上讲,对承包单位来说这种方式更可扬己之长,理顺管理线条,避免因分阶段带来的种种矛盾,降低人为的系统内耗,实现良好的技术经济效果。例如,从节约资金来看,设计方案对项目投资使用往往起决定性作用,但由于设计方案的节约措施要靠施工阶段实现,有些节约措施会使施工成本增加,存在利益矛盾,在各自为政的体制下很难处理,而总承包立足于统一的目标体系,把某些利害关系和矛盾冲突统一协调成一个利益整体,不但能够合理使用资金,而且在控制质量、缩短建设周期方面卓有成效,确实是一种较先进的经营管理模式。但是,由于总承包起点高,承包者风险比较大,对经营成本不易控制,一个总承包工程的失败就可能导致承包者破产。因而这种模式要求承包者必须具有雄厚的技术经济实力和丰富的组织管理经验。特别是总承包管理,不仅它的起点非常高,而且总承包单位的责任与其承担风险的能力也不相称。因而总承包形式在实际中采用并不多。

2. 设计和施工分别总承包

建设单位将工程项目设计和施工任务分别发包给一个设计单位和一个施工单位,由该设计和施工单位承担设计和施工总包,而设计和施工总包可各自独立完成设计和施工任务,也可将部分任务分包给其他承包人干,这种方式称为设计和施工分别总承包,如图3-8所示。该方式对项目组织有利,因为建设单位只需和一个设计总包单位和一个施工总包单位签订合同,因此协调工作量比较小,合同管理也较简单;由于只与一个施工单位签订施工总包合同,合同价格一次确定,这对投资控制有利。设计和施工分别总承包对进度控制则有有利的一面也有不利的一面。

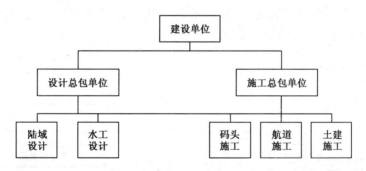

图3-8 设计和施工分别总承包

国际惯例对工程分包有明确规定。FIDIC条款第4.1条款规定:承包商不得将整个工程分包出去,除合同另有规定外,无工程师的事先同意,承包商不得将工程的任何部分分包出去。任何这类同意均不应解除合同规定的承包商的任何责任和义务,承包商应将分包商、分包商的代理人、雇员或工人的行为、违约或疏忽,完全视为承包商自己及其代理人、雇员或工人的行为、违约或疏忽一样,并为之负完全责任。

3. 独立承包

独立承包是指建设单位将工程任务发包给某一独立的承包单位,没有总包、分包关系的一种承发包方式。通常仅适用于规模较小、技术要求比较简单的工程及修缮工程。

4. 联合承包

联合承包是相对于独立承包而言的承包方式，即由两个或两个以上承包单位联合起来承包一项工程任务，由参加联合的各单位推定代表统一与建设单位签订合同，共同对建设单位负责，并协调各单位之间的关系。参加联合的各单位是各自独立经营的企业，只是在共同承包的工程项目上，根据预先达成的协议，承担各自的义务和分享各自的收益。

联合承包按其内部的经济关系又可划分为两种形式：一是联合体；另一种形式是合作体。

(1) 联合体。

联合体即 J. V(Joint Venture)，是一种临时性组织，是针对某个特定工程而成立的联合体，工程任务完成后自动解散，其合同关系如图 3-9 所示。这种形式使用很广，既可用于设计、施工上，又可用于工程建设监理上。它对业主有利，对承包单位也有利。其特点是：

①联合体是针对某工程建设而成立的临时性组织，承包项目时以联合体的名义与业主签约。

②联合体的投入可以是多种形式(资金、技术、设备或劳力)，其经济分配则依据盈亏责任一致原则实行按投入量的比例分配或经协商确定百分比。

③联合体对外要明确一位代表，业主只找这个代表，对内要明确一位联合体的总负责人。

④联合体在经济上将各成员绑在一起，如果施工期间联合体中某成员公司破产倒闭了，所引起的经济责任由联合体中其他成员负责，因而每个单位参加联合体时是很慎重的。

从承包者的角度看联合体，一是减少了风险，二是可以发挥各家的长处；对建设单位来讲，组织管理比较简单。

(2) 合作体。

合作体在形式上与联合体完全一样，如图 3-10 所示，但在实质上却完全不同。它是一个相对松散的临时性组织，与联合体主要区别在于：

图 3-9　联合体合同关系　　　　　　图 3-10　合作体合同关系

①参加合作体的单位都没有足够的施工力量，都想利用合作体。他们彼此间既有合作的愿望，但彼此又不够信任。

②各成员公司的投入都形成完整的施工力量，每家都有人员、机械、资金、管理人员等。

③分配相当于内部分别独立承包，按各公司承担的工作内容核算。

④某一家公司倒闭了，其经济责任风险其他成员不予承担，而由建设单位负责。

⑤由于是一个合作体，故能互相协调。

5. 平行承发包

平行承发包是指建设单位把任务分别发包给多个设计单位和多个施工单位，不同的承包单位分别与建设单位签订承包合同,各自直接对建设单位负责。各承包单位之间不存在总分包关系,它们之间的关系是互相平行的,如图3-11所示。

图3-11　平行承发包

平行承发包对项目组织和管理不利,因为建设单位需和多个设计单位、多个施工单位签订合同,为控制项目的总目标,建设单位协调工作量相当大。对投资控制也不利,因为总造价要等签完最后一个合同才知道。对进度协调不利,因为既要协调各个设计单位的进度,也要协调各个施工单位的进度,还要协调设计单位与施工单位的矛盾,协调工作量大,建设单位负担重。但这种模式对质量控制有利,因为它符合质量控制中的他人控制原则。从合同管理看,要签的合同太多,不便于进行管理。这种承发包方式比较适合于工期很紧的建设项目。实践中将工程项目按单项工程或单位工程或工程部位划分,进行阶段设计和阶段施工,分别选择设计单位和施工单位,阶段设计和施工互相衔接,而整个设计工作和施工则是搭接进行的。

二、工程项目管理的组织形式

综合国内外工程实践,工程项目管理的组织形式可归纳为以下5种,即自营方式、工程指挥部方式、交钥匙方式、三角方式和工程托管方式。

1. 自营方式

自营方式亦称直营方式或筹建处方式,其基本特点是"三自",即自筹、自建、自管。建设单位设置基建机构,负责支配建设资金、办理准备场地、委托勘测设计、采购材料设备、组织招标施工、验收及工程建设的监督管理等全部工作。这是我国多年来习惯采用的方式,其组织关系如图3-12所示。

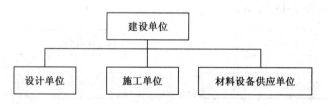

图3-12　建设单位自营方式

这种方式的优点是建设单位有广泛的决定权,可根据情况灵活处理;技术人员容易更好地理解建设单位的意图和基本方针。其缺点是建设单位要配备很多专业人员,而且是一个非专业化的、非稳定的班子,工程完工即行解散,因而不利于积累经验;人员由建设单位自行组织,完工后自行安排,转入其他部门,是一种封闭的小生产管理方式。

2. 工程指挥部方式

这种方式由建设项目主管部门、所在地方政府、建设单位、设计施工主管部门、设备生产主管部门、物资主管部门、建设银行等联合组成"工程指挥部",对工程建设实施领导、组织管理、监督,其组织关系如图3-13所示。

这种方式的优点是可以充分发挥行政权力的作用,有效地协调各方面的关系,及时解决各种矛盾,快速调集人力、物力、财力,"集中力量打歼灭战"。这种组织形式在组织大中型工业交通工程项目的建设中曾经起过不可抹杀的重要作用。但是,指挥部也是临时机构,是一个非专业班子,不利于管理经验的积累和教训的记取;它以行政命令代替科学管理,偏重运用行政手段发挥"长官意志",而忽视运用经济、法律的手段,缺乏科学性;它不仅本身机构庞大,管理费用高,而且往往更注重社会效益而忽视经济效益,忽视建设期与经营期的综合考虑,因而制约了管理水平和建设效益的提高。

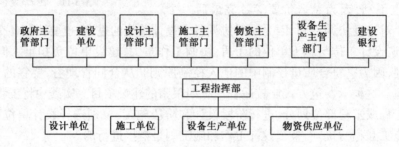

图 3-13 工程指挥部方式

须说明的是,这里的"工程指挥部"与现在的"建港指挥部"是完全不同的。前者是由有关行政管理部门临时抽调人员组建的一个临时机构,后者实质上是一种自营方式组织工程建设的模式,建港指挥部是建设单位的基建机构。

3. 交钥匙方式

也称一揽子承包方式,即建设单位仅提出工程项目的使用要求,而将勘察设计、设备选购、工程施工、试车验收等全部委托给承包单位,竣工后接过钥匙即可启用。承担这种任务的承包单位有的是一体化的设计施工公司,像美国的设计施工公司(DesignConstructor)和我国的工程承包公司那样;有的是设计、施工、器材供应和设备制造厂商以及咨询机构组成的联合集团。这种管理组织形式如图 3-14 所示。

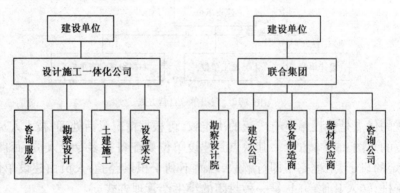

图 3-14 交钥匙管理方式

同前两种组织形式相比,这种方式有着明显的优点。一方面管理实现了专业化,建设单位可以集中精力进行生产准备和业务开发;另一方面承包公司可更好地发挥自己的特长,将工程的设计和施工统筹考虑,使二者在技术上、设备能力和管理水平等各方面更好地衔接,以取得最佳经济效益。不足的是,工程承包公司既是项目的管理者,又是建筑产品的生产者,故其管理实质上是承包方的自我管理和自我监督,缺少横向的监督约束机制。

4. 三角管理方式

建设单位委托具有法人地位的工程监理单位(咨询公司)对建设项目的实施进行监督管理,这是国际上通行的传统工程管理方式。

这种方式中的工程监理单位(咨询公司),是智力密集型的专业化建设项目管理单位,不是建筑产品的生产者。它受业主委托,为业主提供项目管理服务并取得酬金,而同工程承发包双方都没有隶属经济关系,作出的判断是客观的。在这种方式中,建设单位的职能发生了变化,它只管理征地、拆迁等筹建准备工作,生产准备工作,选择承包单位,创造外部协作条件,建设过程中的重大决策,筹集资金并及时支付工程款等。而编写标书、评标、商签合同,工程建设的费用控制、进度控制、质量控制、合同管理、信息管理、组织协调等,全部或大部分委托工程监理单位承担,从而使项目管理专业化、社会化,项目管理过程标准化、规范化,使管理具有严密的科学性。这种方式有利于积累经验,总结教训,不断提高管理水平和投资效益。

国际上广泛采用的 FIDIC 工程项目管理方式就是三角管理方式的一种典型形式。

5. 工程托管方式

这种方法在美国很盛行。建设单位将整个工程项目的全部工作,包括计划、场地准备、勘察设计、设备器材采购、施工监督、工程验收及财务管理等,都委托工程项目管理机构去做。其组织形式如图 3-15 所示。

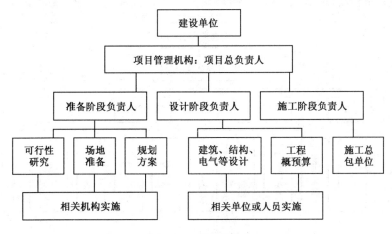

图 3-15　工程托管方式

第三节　工程项目监理机构的组织模式

监理机构的组织模式应根据工程项目的特点、工程项目承包模式、业主委托的任务以及监理单位自身情况而确定。在工程监理实践中的监理机构的组织模式一般有如下 4 种:

(1) 直线监理组织。

(2) 职能监理组织。

(3) 直线职能监理组织。

(4) 矩阵监理组织。

以下对各种模式分别进行介绍。

一、直线监理组织模式

这种组织模式自上而下实行垂直领导,不设职能机构,可设职能人员协助主管人员工作,总监理工程师作为履行项目监理合同的总负责人对建设单位负责,并领导监理工作。监理人员的任务是在总监理工程师领导下分别进行费用控制、进度控制、质量控制、安全控制、环保控制、合同管理、信息管理、组织协调等方面的工作。

直线监理组织系统在我国采用很多。例如,我国南方某港施工监理机构的组织系统就是采用这种模式,如图3-16所示。该新建港口项目包括5个深水泊位,650m 驳船码头岸线和堆场、仓库及进港的铁路、道路工程,总投资8 800万美元,由某监理公司承担施工监理。图3-16为码头工程施工阶段的监理组织系统,监理机构的总负责是总监理工程师(简称总监),总监由一位经验丰富的中方建港专家担任,总监下面是驻地总监理工程师(简称驻地总监),驻地总监从丹麦金硕公司聘请,他对总监负责。驻地总监下面的监理机构被划分为3个执行部、1个办公室。执行部1负责计量支付和试验;执行部2按专业性质分为主码头、驳船码头、土方工程和钢筋混凝土工程四个监理组;执行部3则负责整个工地的测量和油漆工程;办公室负责资料保管以及文秘和后勤工作。

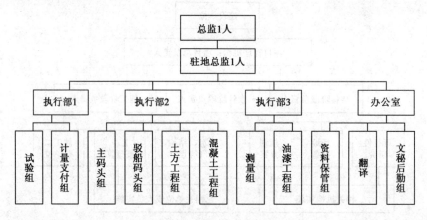

图3-16 某港监理组织系统

该系统的突出特点是不允许越级指挥。例如该项目监理组织系统中,总监不能直接对主码头监理组下命令,其意图必须通过驻地总监和执行部2贯彻,从而保持命令源的唯一性。

在直线监理组织系统中,监理人员有完全由工程监理单位派出的,也有由建设单位派出人员与工程监理单位一起进行项目管理的。在后一种情况下,如果建设单位有较强的管理工程建设的能力,可能会希望由建设单位自己负责项目管理,而只请专业工程监理单位作为顾问,帮助建设单位搞目标控制,这就形成了另一种监理组织系统——顾问性直线监理组织系统。在这种模式下,项目管理由建设单位自己负责,但由于建设单位方面对如何搞目标控制不熟悉,从而要聘请有足够经验和知识的顾问班子做参谋。顾问没有决策权,但有专门的工作可做,其主要作用是:收集项目信息;对信息进行评价;对存在的问题提出解决方案并对各方案进行比较,以及帮助制定监理工作计划等。

图 3-17 为某港××码头施工监理组织系统图,该码头的建设单位为××建设公司,施工监理亦由该建设公司自行组织。由于它是利用世界银行贷款项目,经世界银行批准同意,建设公司聘请了新加坡 SPECS 咨询公司和日本 OCDI 公司为工程监理顾问。该码头自 1987 年开始施工,1993 年 12 月 5 日通过国家验收并投产运行,施工中采用了多项新技术,受到国家验收委员会专家的一致好评。

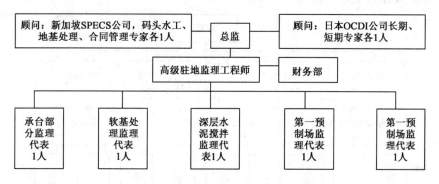

图 3-17　某港××码头施工监理组织系统图

二、职能监理组织模式

在这种监理组织系统中,整个监理机构被分作若干职能部门,总监理工程师将相应的管理职责和权力交给各职能部门负责人,后者在其职权范围内,直接指挥下级单位。这种形式有利于发挥各职能机构的专业管理作用,提高工作效率,由于吸收了各方面专家参加管理,减轻了总监理工程师的负担,使总监有可能集中精力履行自己的职责。这种形式的弊病在于:如果职能部门较多,则各部门间的协调工作量就很大。图 3-18 为某港陆域形成工程施工监理部所采用的职能组织系统。

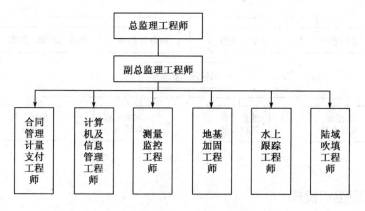

图 3-18　某港陆域形成工程施工监理组织系统

三、直线职能监理组织模式

这种监理组织系统是直线职能制组织结构模式在工程项目监理机构中的应用。在这种形式中,监理机构和人员被分作两类:一是直线指挥机构和人员,按项目的区段或工程划分,他们对自己管辖的区段或工程负责,对其下属有指挥和命令的权力。另一类是职能机构及人员,按专业或职能划分,是各级直线指挥的业务助手,其一般框图如图 3-19 所示。图中,直线指挥机构分为 A、B、C 三段,分别负责码头、道路和铁路的施工现场管理;职能机构则分为文秘管理、合同管理、技术管理和中心试验室 4 个部分。

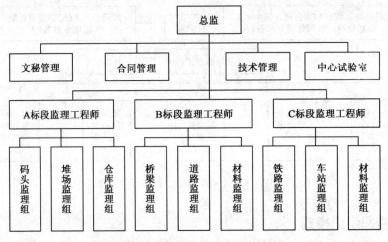

图 3-19 直线职能式监理组织系统框图

直线—职能监理组织系统在我国应用很广。例如,××港驳船码头工程监理就是采用这种形式,如图 3-20 所示。该监理小组由组长、副组长负责,下层由 3 个部分组成,一是现场施工监理,二是合同、计划、财务管理等职能部门,三是行政后勤和档案管理。在各部门中配有相关的管理专家、监理工程师和工作人员。

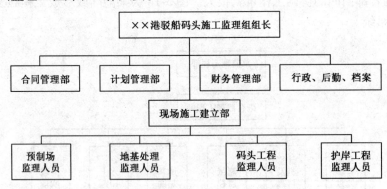

图 3-20 ××港驳船码头施工监理组织系统图

四、矩阵监理组织模式

这是一种适用于大中型项目的监理组织系统,监理机构由纵向监理部门和横向监理部门纵横交叉,形成矩阵。在这种形式中,纵向管理部门的一方为稳定的工作部门,负责该部门的目标控制、合同管理、信息管理和组织协调,另一方则为一次性的工作班子,按任务组建,以适应环境的变化,使整个机构具有一定的弹性。

××港某港区一期工程建设项目工程施工监理采用的矩阵式组织系统如图3-21所示。该工程项目监理班子的最高层为总监理工程师负责的总监办公室,并配备副总监理工程师一名,同时明确目标控制负责人——计量支付工程师、机电设备工程师、合同工程师、结构工程师、测量及试验工程师;在总监办公室下面设置了合同标监理组,形成以合同标监理组为主、专业职能监理为辅的矩阵式组织系统。各合同标监理组负责该合同的目标控制、信息管理、合同管理和组织协调,并明确相应的负责人,专业职能监理予以配合。

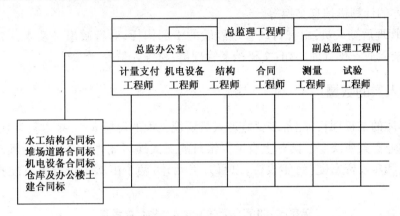

图3-21　××港某港区一期工程监理组织系统框图

第四节　工程项目监理机构人员配置及监理设施

一、工程项目监理机构的人员构成

工程项目监理机构的人员配备要根据监理的任务范围、内容、期限、工程规模、技术的复杂程度等因素综合考虑,形成整体素质高的监理组织,以满足监理目标控制的要求。水运工程项目的工程监理机构一般可由总监理工程师(简称总监)、总监代表、专业监理工程师、监理员、测试人员和必要的行政、后勤管理人员组成。视工程的类别和规模,监理工程师和现场监理员应分专业配备,并应有足够数量和适当的比例。

二、工程监理人员的专业划分

水运工程监理人员应根据工程规模的大小和工程类别按专业配备。一般水运工程监理人员的专业划分有如下几种:

(1)专业监理工程师:水运工程按专业性质可划分为港口工程、航道工程、机电工程、土建工程等,应配备适当的人员进行技术管理,具体负责现场单项工程的工艺检查、质量检验及作业程序监督和进度控制。

(2)试验工程师:负责试验室的试验管理和对整个项目工地试验室的材料试验和过程平行试验项目的监控;负责对承包单位的试验进行现场检验、抽样监督。

(3)合同管理与计量支付工程师:由熟悉合同条件与工程量清单,又了解国家法律、法规且有经济技术和项目管理方面经验的工程师或经济师担任,对合同执行中可能出现或已出现的延期、索赔进行宏观控制和处理。对计划进度的实施进行监督和检查,负责工程计量复核,审核工程支付申请提出审核意见。

(4)测量工程师:配备测量监理工程师,负责整个项目的测量控制和核查。

(5)信息管理工程师:负责落实信息管理流程,负责工程信息的收集、汇总、整理和归档管理,负责与各方的计算机信息交换等。

(6)行政管理后勤人员:由有行政管理经验的干部担任,对行政事务及来往公函的收发、登记、行文作全面的安排管理。如:文秘档案管理员、财务人员等。

三、监理人员的数量

对一个具体的工程项目,配备多少监理人员要视工程的规模大小、技术复杂程度和监理工作人员本身的业务素质决定。国际上有世界银行的亚太地区监理人员配备定额,该定额根据工程复杂程度和年投资密度(每年投资,以百万美元计)两个因素来进行人员配置,经验定额见表3-1。

年完成 100 万美元的监理人员数量参考表 表3-1

困 难 程 度	监理工程师(K_1)	监理员(K_2)	行政人员(K_3)
简单	0.2	0.75	0.1
一般	0.25	1	0.1
一般到复杂	0.35	1.10	0.25
复杂	0.50	1.50	0.35
极复杂	0.5(+)	1.5(+)	0.35(+)

注:国内项目监理受监理手段制约,人员配备酌增10%~20%。

工程复杂程度的划分,考虑以下9个方面的因素:

(1)设计活动:由小到大,简单或复杂;
(2)工地位置:方便或偏僻;
(3)工地气候:温和或恶劣;
(4)工地地形:平坦到崎岖;
(5)工地地质:简单到复杂;
(6)施工方法:简单到复杂;
(7)工地供应:困难或方便;
(8)施工工期:紧迫或正常;
(9)工程种类(专业、项目的数量):简单或复杂。

然后按每项难易程度0~10给定分数,累加除以9得平均分作为确定工程复杂程度之

依据:

简单:0~3分;

一般:3~5分;

较复杂:5~7分;

复杂:7~9分;

极复杂:9~10分。

工程投资密度 D(百万美元/年)按下式计算

$$D = 12H/T$$

式中,H 为总投资,以百万美元计;T 为总工期,按月计。

于是,监理人员配备数量 M 可按下式计算

$$M = (K_1 + K_2 + K_3)D$$

式中,K_1、K_2、K_3 为相应级别人员配备系数(定额)。

四、监理机构的权利和义务

1. 监理机构的权利

依据《水运工程施工监理规范》,工程项目监理机构在监理合同规定的范围内,有依法独立对受监工程进行监理的权利。具体地说,主要有如下权利:

(1)在监理合同规定的范围内,对受监工程独立进行监理;

(2)查阅受监工程的有关文件;

(3)参加业主和承包人召开的受监工程的有关会议;

(4)制止各种质量与性能不合格的建筑材料、构配件和设备进场;

(5)对质量不合格的工程和未进行验收的隐蔽工程拒绝计量;

(6)当工程进度滞后于计划时,要求承包人限期整改;

(7)对不符合要求的施工有权要求承包人改正,情况严重时,报告业主同意后可部分暂停施工、调整不称职的人员,直至建议业主更换承包人。

2. 监理机构的义务

全面履行监理合同是工程监理单位的服务宗旨,秉公办事、尊重建设单位和施工单位的正当权益是各级监理人员的行为准则。在监理活动中,监理机构的义务主要有:

(1)设置或更换总监理工程师应经业主认可;

(2)按监理合同的规定配备足够的监理人员常驻现场;

(3)定期向业主书面报告工程质量、进度和费用等情况;

(4)及时向承包人转达业主指令;

(5)及时转达承包人对业主的要求、建议与意见等;

(6)按合同文件规定及时办理工程验收、工程计量和支付等签认手续。

3. 监理机构的职责

依据《水运工程施工监理规范》,工程项目监理机构在进行工程施工监理工作中一般应具备以下工作职责:

(1)协助业主进行施工招标;
(2)编写《监理规划》和《监理实施细则》;
(3)审查承包人编制的施工组织设计及施工总进度计划;
(4)向承包人移交工程控制点并核验承包人设置的测量控制网点或基线;
(5)组织或参加施工图纸会审,参加设计交底;
(6)检查施工人员、机械、材料的进场情况,审查承包人的开工申请,签署工程的开工令;
(7)主持或参加工地会议,并进行有关协调;
(8)控制施工质量,检查或检验建筑材料和构配件质量,检查施工原始记录及报告;
(9)对隐蔽、分项和分部工程在规定时间内进行检查验收并签认,对分项工程质量进行评定;
(10)组织或参加工程质量事故调查,协助审查质量事故的处理方案及其补救措施;
(11)检查工程进度和计划执行情况;
(12)审查工程变更引起的工程量变化;
(13)进行工程计量,审核支付申请;
(14)审核承包人提出的交工申请,组织初验合格后及时向业主转报;
(15)参与合同管理,审核索赔报告,协调各方关系;
(16)提交相应的施工质量评价意见和监理工作报告;
(17)协助业主审查竣工结算;
(18)审核承包人在保修期内对工程出现质量问题的处理方案和实施情况。

五、监理设施

开展监理的建设项目一般都投资巨大,小则几百万元,多则几千万元甚至数亿元。特别是水运工程项目,不仅投资大,而且施工难度大、影响因素多。这就使得监理工作任务重、内容多、程序复杂,因此,监理工程师在执行合同过程中必须有一套完备的监控手段及良好的试验、测量设备。

1. 中心试验室设备

工程质量的优劣离开试验是无法确定的,要达到质量监控的效果,只能通过可靠的试验设备,严格的试验操作,符合规范要求的试验成果才能实现。因此,施工监理人员控制质量最好的手段之一就是把好试验关。正因为这样,中心试验室配备齐全、合格的试验设备就十分重要。

2. 测量仪器及设备

码头建筑物的标高及构造物的几何尺寸的控制是否符合标准,必须进行测量检查,所以配备各类测量仪器和设备亦是质量控制必不可少的手段。

3. 计算机

工程监理的目标控制是一个动态过程,涉及大量信息的收集、存储、分析和处理。如果这些工作完全靠手工完成,则非常费事,应用计算机能极大地提高工作效率。

4. 交通工具

为了有效地监理工程,每一个工作现场都应配有监理人员,随时对工程进行巡视检验,处理工程质量问题。解决索赔和工程变更等问题,也需要监理人员尽快地到达现场进行调查和作出决定。因此,视工程的难易和监理人员的密度,应配置必要的交通工具。

5. 通信设备

工程监理是按专业进行划分的,各有其职责范围。但是专业监理工作不是彼此孤立的分散体,相互间应是一个有机联系的整体,监理人员之间需要随时互通信息协调工作。此外,现场上也可能随时会出现某一环节的质量缺陷,监理人员之间,监理人员与施工单位之间必须相互联系和沟通。为了及时纠正缺陷、协调配合,应视现场具体情况,配备一定数量的通信设备。

6. 照相、摄像器材

施工现场、施工过程、施工技术以及覆盖前的隐蔽工程和基础状况,都需要一定数量的工程照片或录像作为原始记载保存下来,因此可视项目情况配置适当的摄、录像设备。

7. 其他办公设施

为了提高监理工程师及其助手的工作效率,应给他们提供较为良好的工作条件,如办公室、生活住房和配置必须的办公设备(复印机、打字机等)。

第五节 监理工程师的职责和权限

监理单位接受业主委托对建设工程项目实施监理时,应建立项目监理机构,配备监理人员。监理人员应包括总监理工程师、专业监理工程师和监理员,必要时可配备总监代表。在对受监工程项目的监理中,由于各级监理人员各自所处的地位不同,他们的权限和责任也不一样。

1. 总监理工程师

总监理工程师是监理单位派往项目监理执行组织机构的全权负责人。要求他具有广博的业务知识、丰富的管理经验、很强的实践能力和公正客观的工作态度。根据《水运工程施工监理规范》,总监理工程师必须由高级工程师或高级经济师出任,并取得交通运输部批准注册的水运工程监理工程师或专项监理工程师证书。

在施工监理过程中,总监理工程师的主要职责和权限是:

(1) 对监理合同的实施负全面责任,并定期向监理单位报告工作;
(2) 明确监理机构职能分工和监理人员的岗位责任;
(3) 主持编写《监理规划》,审批《监理实施细则》;
(4) 审核承包人的施工组织设计;
(5) 组织监理工作会议,签发监理机构有关文件,下达有关指令;
(6) 参加招标和评标工作;
(7) 审批承包人申报的有关申请报告和报审表;

(8) 组织编制并签发监理月报;

(9) 组织审查承包人的交工申请和交工预验收;

(10) 组织实施工程项目保修期的监理工作;

(11) 组织整理工程竣工监理档案资料,对工程项目的质量、进度和费用控制等进行全面总结,并编写监理工作总结报告。

在工程建设中,监理委托合同一旦签订,总监理工程师的"法定"地位便被确认。在施工承包合同中,建设单位将明确阐述总监理工程师的权限,以便使承包人更好地接受其监督。根据施工承包合同,承包人必须按照合同文件要求和总监理工程师批准的施工组织设计建造工程,建设单位则应同意支付总监理工程师依据合同条款表明应当支付给承包人的款项。在工程建设的许多问题上,总监理工程师的决定是最终决定,建设单位和承包人均须服从这个决定,除非有争议的事可诉诸仲裁。

作为总监理工程师应当注意,由于自己与承包人之间没有任何合同关系,因此,总监理工程师无权接受或拒绝承包人的报价,这项权利是建设单位的。在施工阶段,有时总监理工程师必须就某些材料或安装、装饰工程要求有关承包人向他报价或投标。正确的做法是,在接受了这些投标和报价之后,总监理工程师应及时向建设单位转交并提出建议,以取得建设单位的批准。

2. 总监代表

总监代表是为总监理工程师配备的助理或代表,其职责是协助总监理工程师工作,并拥有总监理工程师委托事项的全部权限。根据《水运工程施工监理规范》,水运工程项目监理的总监理工程师代表必须由高级工程师或高级经济师担任,并须是交通部批准注册的水运工程监理工程师或专项监理工程师。

3. 专业监理工程师

专业监理工程师必须由取得监理工程师资格且具有一定工作经验的相应专业的工程师或经济师(含高级工程师或高级经济师)担任。在施工现场,他们是总监理工程师工作的具体执行者,他们的主要工作是分别从各自的专业方面,察看工程是否按设计意图进行,是否按合同要求施工,并检查施工单位是否履行了合同规定的各项职责。从工作关系看,专业监理工程师只对总监理工程师负责。由于专业监理工程师常驻工地,与工程的接触紧密,能够根据所掌握的工程情况作出自己的评判并向总监理工程师报告。因此,总监理工程师总是根据他们的报告来作出决断。作为一名专业监理工程师应该清楚地认识到,自己的工作对总监理工程师的职责将会有相当的影响。从一定意义来说,专业监理工程师具有承上启下的作用。承上,他对总监理工程师负责,作为其助手,经常要报告工程的进展情况;启下,他又领导着测试人员和现场监理员的工作。所以专业监理工程师这个层次,在施工现场的监理工作中起着至关重要的作用。

在总监理工程师的委托或要求下,专业监理工程师可能具有以下的全部或部分的职责和权限:

(1) 编制《监理实施细则》;

(2) 组织并指导监理员的工作;

(3) 审核承包人的施工方案;
(4) 检查承包人的测量控制网点或测量基线;
(5) 核实工程材料、设备的采购情况,检查进场材料、构配件和设备的质量;
(6) 组织或参加隐蔽工程和分项、分部工程验收;
(7) 检查工程情况,及时发现和处理工程问题;
(8) 进行工程计量;
(9) 检查承包人的施工资料;
(10) 做好监理日记并定期向总监理工程师提交监理月报和监理工作总结。

专业监理工程师在工程建设中的地位是很特殊的,一方面他们在现场监理中担负着重要职责,另一方面他们的法定地位却很不显要,他们只是总监理工程师的助手或"代理人",无权指令追加工程、无权对支付给施工单位的任何款项签证,所有这一切都是以总监理工程师的名义进行的。然而,并不能由此而否认专业监理工程师的作用。他们往往以自己强有力的判断,熟练的工程技能,有效的协调及组织能力,成为工程建设顺利进行的关键人物。作为一个专业监理工程师,从其个人的素质来看,他必须具备较强的创造力、明快的思维和判断能力,运筹帷幄的组织协调能力和与人友善相处的技巧等。

4. 其他监理人员

其他监理人员主要是指专业监理工程师领导的现场监理员和测试人员。他们的主要职责有:
(1) 掌握工程施工情况,旁站监督承包人施工;
(2) 记录工程进度的详细情况及有关情况;
(3) 及时发现和纠正施工中出现的问题;
(4) 做好详细、准确的监理日记,及时向专业监理工程师汇报现场的异常情况。

监理员就是深入施工现场,掌握工程全面进展的信息并及时报告驻地监理工程师,以使驻地监理工程师能熟悉工程的所有各个部分。监理员的工作是经常不间断地巡查工程,对关键工序进行旁站,并记录下工程进展的详细情况和与工程有关的情况。优秀的监理员,对搞好工程现场监理起着极为重要的作用,他可以及时发现并纠正施工单位的错误,能够减轻驻地监理工程师的工作负担。监理工程师应特别注意支持他们的工作,维护他们的威信。

根据《水运工程施工监理规范》,现场监理员须有初级技术职称并经过岗前专业培训,测试人员须有操作证书。

思 考 题

1. 什么是组织?组织有何特点?
2. 组织设计应遵循哪些基本原则?
3. 简述组织机构设置的程序。
4. 常见的组织结构模式有哪些?各有什么特点?
5. 工程项目承发包的模式及项目管理的组织形式分别有哪几种?

6. 什么是工程项目的总承包和总承包管理?
7. 什么是设计和施工分别总承包? 有何优缺点?
8. 什么是联合承包,有何特点?
9. 什么是自营方式? 有何优缺点? 组织关系如何?
10. 什么是交钥匙方式? 有何优缺点? 组织关系如何?
11. 简述三角管理方式中建设单位的职能?
12. 工程项目监理机构的组织模式有哪几种? 各有何特点?
13. 水运工程监理机构的监理人员专业构成如何考虑?
14. 水运工程监理机构应配置哪些必备的监理设施和设备?
15. 工程项目监理机构的权利和义务有哪些?
16. 各类监理人员的职责和权限一般是如何规定的?

第四章 工程项目监理目标控制

【自学提要】 了解工程项目风险、风险管理的概念;熟悉工程项目管理中的风险事件及相应管理原理和方法;熟悉目标控制的概念、原理及工程项目的控制方法;掌握动态控制、主动控制、被动控制的概念及其在监理工作中的合理运用;掌握工程质量、进度和费用三大控制目标相互关系;熟悉工程项目结构分解的方法和要求;熟悉施工监理阶段及各阶段监理主要工作任务。

第一节 工程项目风险管理

一、工程项目风险的概念和特点

风险是一种客观存在的、损失的发生具有不确定性的状态。工程项目风险是在工程项目的规划决策、勘察设计、招标发包、施工建造、交竣工及运营使用的各个阶段可能遭受的风险。

风险的大小,可用风险量衡量

$$R = f(p,q)$$

式中:R——风险量;
p——风险事件可能发生的频率;
q——潜在的风险损失量。

显然,风险事件可能发生的频率越高,潜在的风险损失量越大,风险量就越大。

工程行业历来被认为是一项"风险事业"。在工程项目实施过程中,风险会造成项目实施的失控现象,如政策调整、市场波动、项目变更、异常自然条件等造成进度、费用、质量等计划目标的偏离。

工程项目风险具有风险多样性、存在范围广、影响面大、具有一定的规律性等特点。工程项目管理人员要充分认识到工程项目风险特点,重视风险的存在,关注风险发生关联因素的变化,采取合适的管理措施,对风险进行有效控制和管理。

风险和效益是矛盾的对立统一体,它们相互对立而又相互联系,相互否定而又相互依存。在任何一项工程中,没有毫无风险的效益,也没有全无效益的风险。风险管理的目的,就是通过各种措施尽可能避免、预防、减少、转移风险,促使风险损失降低或转化为效益,确保项目目标的实现。

二、工程项目风险类型

工程项目风险广泛存在且呈现多样性特点,为便于风险管理,有必要了解工程项目实施中常见风险。

风险分类的标准很多,如按风险后果、风险原因、风险可控性、风险责任主体、风险发生时段等标准划分。这里仅介绍风险按其来源和性质划分,可分为技术性风险和非技术性风险。工程中常见的风险事件示例,见表4-1。

风险事件示例表

表4-1

风险因素		典型风险事件
技术风险	设计	设计内容不完全、缺陷设计、错误或遗漏,使用规范不恰当,未考虑地质条件和施工可能性
	施工	施工工艺落后,不合理的施工方案,施工安全措施不当,应用新技术,新方案的失败,未考虑现场情况等
	其他	工艺设计未达到先进性指标,工艺流程不合理,未考虑操作安全性等
非技术风险	自然与环境	洪水、地震、火灾、台风、雷电等不可抗拒自然力,不明的水文气象条件,复杂的工地地质条件,恶劣的气候,施工对环境的影响等
	政治法律	法律及规章的变化,战争和骚乱、罢工,经济制裁或政治法律禁运;国际承包中政府工程项目的拒付债务,国有化,没收外资等
	经济	通货膨胀,汇率的变动,市场的动荡,社会各种摊派和征费的变化;国际承包中的延迟付款,换汇控制等
	组织协调	业主和上级主管部门的协调,业主和设计方、施工方以及监理方的协调,业主内部的组织协调等
	合同	合同条款遗漏、表达有误,合同类型选择不当,承包模式选择不当,索赔管理不力,合同纠纷等
	人员	项目法人、设计人员、监理人员、一般工人、技术人员、管理人员的素质(能力、效率、责任心、品德)
	材料	原材料、成品、半成品的供货不足或拖延,数量差错、质量规格有问题,特殊材料和新材料的使用有问题,损耗和浪费等
	设备	施工设备供应不足,类型不配套、故障,安装失误,选型不当
	资金	资金筹措方式不合理,资金不到位,资金短缺

风险有其偶然性和必然性。风险的偶然性是指它的不确定性,包括风险事件发生的不确定性和风险损失的不确定性。例如在港口工程施工中,台风可能导致风险,但在具体的某一施工时段内是否会出现台风,出现多少次台风,可能造成多大损失,则是无法事先知道的。风险的必然性是指风险因素的存在性,其发生、发展和消失是有规律的,是可以认识的。探索和认识风险的规律,把风险造成的损失限制到最小限度,是对项目目标的一种主动控制,是我们研究风险和风险管理的目的。

三、工程项目风险管理

风险管理是指管理者对潜在的意外损失进行辨识、评估,并根据具体情况采取相应的措施进行处理和应对,即在主观上做到有备无患,客观上无法规避时也有切实可行的补救措施,从而实现减少意外损失或化解风险的目的。

工程项目的风险管理是指对整个项目在规划、实施、使用阶段可能出现的各种技术性、非技术性风险进行识别、评估、决策和控制的过程。

风险识别是对风险可能影响项目目标实现的认识；它通过风险调查及信息分析,专家咨询及实验论证等手段,对项目风险进行多维分析,建立项目风险清单。

风险评估是对风险出现的可能性的识别以及对项目目标影响的严重程度的估测,包括确定风险事件发生的概率,确定风险事件的发生对项目目标影响的严重程度,即潜在的损失值,分析对风险的预测水平和应付能力,为风险决策提供依据。

风险决策和控制包括风险的回避、预防、减小或转移。

风险的控制或保留,是风险决策的结果；而正确的风险决策来源于对风险的准确评估。如两伊战争期间,伊拉克的建设项目投资由于战争开支过大而不断紧缩,因而要求承包人接受延期付款或卖方信贷条件。在这种明显存在风险的情况下,是采取回避还是保留风险,无疑是必须慎重决策的。一些国际承包人决定退出这块承包阵地,因为他们认为继续承包伊拉克的延期付款项目无异于自毁。而另一些承包人则认为,两伊战争尽管还可能延续一定时间,但不至于扩大遍及全部领土；伊拉克当时的支付能力低,但其丰富的石油资源最终会帮助他们偿还债务；如果暂不退出,则战后就有在伊拉克承包更大规模建设项目的优越条件。对同一事件的两种不同评估,导致了两种截然相反的风险决策。

对于技术性风险因素,主要应通过加强全面质量管理措施,如设计单位的全面质量管理,施工企业的全面质量管理、政府质监部门的有效监督、监理工程师的严格监理等措施,预防或减小这类风险的发生。

风险的转移包括保险转移和非保险转移方式。前者是通过保险公司以收取保险费的方式建立保险基金,一旦发生风险事件,即用保险基金给以补偿的一种转移风险的制度,如投保建筑工程一切险、安装工程一切险、建筑安装工程第三者责任险、施工机械设备损坏险、货物运输险、机动车辆险、人身意外险等；后者如通过合同的形式把风险转移给承包人,通过某种途径（比如采用恰当的实施方案）将风险进行合理分配以部分转移给承包人等。在国际建筑市场上,对风险事件的认识各国有些不同的规定。如利比亚允许将"由于港口拥挤造成工期拖延"列为人力不可抗拒因素；伊朗曾经把"当地建筑材料和水泥的短缺"列为不可抗拒因素；在FIDIC《土木工程施工合同条件》中,对"雇主的风险"进行了严格的界定,并对有关工程保险做出了详细规定。

第二节 监理目标控制原理和方法

一、目标控制原理

控制是管理活动的一个重要职能。控制的目的是确保一个系统目标的实现,因此,有明确的目标时,才需要进行控制。控制是施控者为了保证系统在适应外部环境变化的情况下,能完成某个(或某些)预先规定的目标的行为。

一般而言，控制系统由被控子系统(对象或过程)和控制子系统(控制器)互相连接而成，如图4-1所示。图中 X 是影响系统状态的外部环境的一组参数；Y 为对外部环境发生影响的一组系统状态参数。图4-1a)为开环控制系统；图4-1b)为闭环控制系统，它在调节过程中引入了反馈。

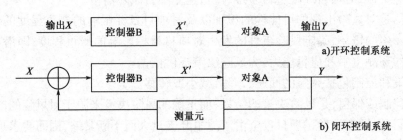

图4-1 控制系统方框图

显然，一切控制的问题都在于把外部作用 X 变换为控制作用 X'，以求在控制对象的输出中得到某种要求的状态 Y。因此，控制器 B 应对变化着的外部环境参数 X 做出相应的反应 X'，在控制论中称这个过程为输入的校正。

把上述原理引入项目管理中的目标控制，便可以绘出图4-2示出的动态控制原理图。该图表明：当投入人力、物力、财力资源时，项目开始实施(即项目进展)；进展中，干扰是必然的，因而输出结果有可能偏离目标；收集实际支出、实际进度和质量检验数据；将收集的实际值与计划的投资目标、进度目标与质量目标数据进行比较，看是否有偏差；如无偏差，自然继续投入各种资源，项目继续进展；如有偏差，则分析偏离原因，进行纠偏决策并执行决策，亦即采取相应的措施进行纠偏。不难看出，图中的"工程进展"框为控制对象，亦即被控子系统；"比较"框、"分析"框和"偏差"判断框共同组成控制器，亦即控制子系统；"收集实际数据"框相应于一个测量元。

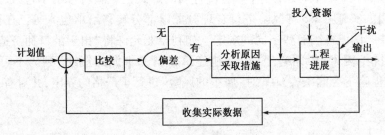

图4-2 动态控制原理图

监理工程师在控制过程中主要应做好以下几件事情：对计划目标进行论证分析；收集实际数据；进行计划值与实际值的比较；分析偏离目标的原因，进行纠偏决策，采取相应措施力争项目目标实现；向业主提出有关报表。以上这个反复循环过程，称为动态控制过程。

图4-1中a)所示的开环控制亦称前馈控制，即在项目实施前，对可能影响项目计划的因素进行控制，以尽量减少计划实施过程中所出现的偏差；图4-1b)所示的闭环控制亦称反馈控制，即将计划执行情况与计划目标值进行比较，把偏差反馈到控制系统的输入端，调整下一步的活动，使系统沿着计划轨迹运行。

项目动态控制又可区分为主动控制和被动控制:预先分析、估计目标偏离的可能性,采取预防措施,这种控制叫主动控制,也就是上述的开环控制;若在发现目标偏离后,分析原因,采取纠偏措施,这种控制称为被动控制,也就是上述的闭环控制。在混凝土施工中,控制好原材料质量,严格搅拌、运输、浇捣工艺,提高混凝土施工配置强度等,都是对混凝土质量的主动控制。在施工进度控制的过程中,发现进度拖延,采取增加投入、强化施工,或采用平行流水作业,或更换承包人等,则是一种被动控制。

工程监理中强调主动控制,但也要重视被动控制,只有把二者有机地结合起来,亦即采用所谓复合控制手段,充分发挥开环控制事先预测、分析、主动控制的特长,同时吸收闭环控制事后信息反馈、比较、调节的优点,二者相辅相成,才能提供高质量的监理服务。

施工监理目标控制工作,以上述目标控制原理为基础,依据具体工程项目建设目标、监理的工作计划目标要求,可形成如图4-3所示的工程项目监理目标控制工作流程图。

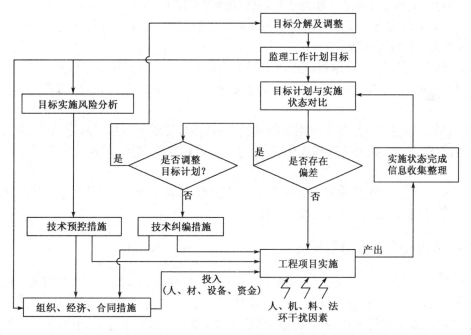

图 4-3 工程项目监理目标控制工作流程

二、工程项目控制方法

工程项目的控制原理是动态控制;针对费用、进度、质量、安全、环保目标的差异和特点,控制方法上有所侧重与差别。一般来说,工程监理的主要控制方法有以下几种:

(1)计划方法,工程项目的实施必须以合理、现实的实施计划(含目标分解计划)为基础,监理工程师通过对工程项目产生影响的社会、自然、经济、资源、技术等因素进行综合辨证分析,作出预测、评价,从而制定相应目标的重点控制、关联控制方案。

(2)程序方法,对于工程项目实施中的行为及过程实行程序化管理;对于计量、支付、进度计划审批、开工、工程验收、文件指令等经常性工作制定严格的工作流程,促使工程项目管理工作按照程序化和规范化进行。

(3) 技术方法，对工程施工中的材料、工艺、结构、产品，严格按照技术规范进行试验、量测、监测，并依据监测数据，对承包人的工程施工发出指令或提出评价意见。对合同费用监测统计采用净值法，分析工程进度、费用偏差，进而提出监理的评价意见或发出指令。

(4) 现场巡视，对工程施工进展、工艺、方法、质量、安全等采用现场巡视、监督、跟踪检查，对隐蔽工程及重点工段的施工，采用现场旁站。

(5) 合同监督，核查合同责任条款的规定；核查施工图纸的完备；核查现场组织机构、人员、船机、设备与投标承诺的符合性；审查承包人施工组织设计的合理、可行、可靠性；审查工程保险单据与数额，以合同精神处理工程中出现的各种合约意见分歧。

(6) 审查法，对承包人施工组织设计、安全专项施工方案等需要采用一般或非常的审查方法，如特别复杂专项施工方案应报请公司审查。

(7) 会议协调，工程施工中成立工程协调小组，加强与工程各方的联系沟通，注重工程目标整体的协调，工地会议是工程协调或现场协调通常采用的方法。

(8) 监理指令，监理工程师对承包合同实施行为的控制，视现场情况可采取监理指令的方法促使当事人行为或不行为。

(9) 文档信息方法，建立结构清晰的工程项目信息库，明确工程监理信息交换、传送流程及管理权限；规范工程监理中的有关报告和报表格式，做好档案的建设、管理、使用与维护工作。

(10) 计算机辅助管理，在工程项目的建设中，选用合适的工程项目管理软件，对工程监理中的文档、数据、资料、报表实行现代化管理，与业主实现联网交换，有利于掌握工程动态和迅速决策。

(11) 报告，监理对施工中发现严重安全事故隐患，应报告业主；对于承包人拒不执行安全监理指令时，监理应及时向有关主管部门报告等。

三、三大控制子目标相互关系

工程费用、工期、质量三大子目标都是影响工程项目综合经济效益的重要因素。监理工作的核心就是对这三大子目标的控制。在工程实践活动中，如何科学地认识和处理这三者之间的关系，往往会有不同的观点：有认为质量最重要的、有强调进度最重要、也有突出费用最重要的、当然也有认为三者都重要的。项目法人一般希望得到质量优、费用低、工期短的工程。

费用、进度和质量都是工程项目目标系统定义的子目标，三者之间具有对立统一的辩证关系（图4-4）。在这个目标系统中，任何一个因素发生变化，都会引起其他两个因素的相应变化。如适当加快工程进度，可减少间接成本的支出，降低工程费用；但当超过某一合理的施工强度时，由于投入的资源强度增加，工程费用也因之增加。如欲提高工程质量，则往往要投入较多的时间和资金，因而增加工程费用，影响工程进度；如欲降低工程费用，则有可能延长工期，降低工程质量。

从另一方面来看，加快进度，有可能使工程提前投入使用，减少资金的利息支出，提高投资的效益；提高工程质量，可减少因质量缺陷引起的返工，减少经常性维护费用，降低运行支出，从而保证工程进度，提高投资效益。

可见，我们很难说三大子目标哪个"最重要"，只是在项目建设过程中，在某一特定阶段，某个方面的矛盾相对突出而已。例如在渠化工程施工中,进入洪水期之前可能因安全度汛的要求进度目标相对突出一些;但在基础工程施工中,又可能质量目标相对突出一些。但无论在哪种情况下,监理工程师始终必须坚持三个子目标的辩证统一,从系统的角度出发,通过有效的目标控制,在矛盾中寻求、确保总目标的最佳实现。

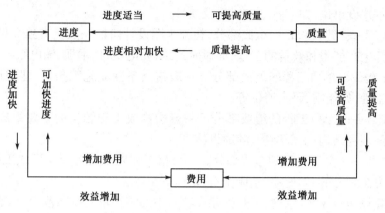

图4-4 工程项目三大子目标关系

四、工程项目监理目标确定方法

工程项目监理子目标包括:质量、进度、费用、安全、环保等,因各子目标特点和业务内容差异,其具体目标的确定方法也不尽相同。对于不同子目标的操作性工作指标确定的基础对象和载体是相同的,都是工程项目工作分解结构图(Work Breakdown Structure,WBS)。下面简单介绍WBS结构图方法。

1. 工程项目工作分解结构图

WBS结构是根据系统工程的思想用树形图将一个工程项目逐级划分成若干个相对独立的工作单元,以便更有效地对工程项目实施控制。WBS结构图能使项目参与者(业主、承包人、监理单位、主管部门等)从总体上理解自己承担的工作与全局的关系,从而能够尽早发现问题,及时解决。WBS结构图是项目参与者的信息基础和共同语言。

WBS结构图亦称项目划分图,其实施步骤如下:

(1)将工程项目分解成几个主要阶段,如设计阶段、招标发包阶段、施工阶段等,并列出各阶段工作的项目目标。

(2)根据项目的目标要求,将项目的工作内容逐级分解,直到确定为相对独立的工作单元。

(3)根据广泛占有或收集的信息,对每一工作单元进行具体工作子目标的估算或确定,从而得到一个由工作单元、各工作子目标构成的多维目标矩阵。

(4)根据各子目标在工作单元上工作指标要求和控制差异,做进一步的逻辑关联分析和调整,形成各子目标的基于工程项目WBS结构的控制指标体系表,形成监理目标文件。

WBS结构划分的详细程度视不同级别管理部门的需要而定,应以便于区分责任、加强对工程目标的控制为原则,一般分3~6层。

2. 水运工程建设项目 WBS 结构

工程建设项目的构成结构单元,根据其范围、功能、作用的不同,可以分为建设项目、单项工程、单位工程、分部工程、分项工程等。

(1)建设项目——按照同一个总体设计进行建设,全部建成后才能发挥所需综合生产能力或效益的基本建设单位,如某航电枢纽建设项目。

(2)单项工程——建设项目的组成部分,在施工图设计阶段一般具有独立设计文件,建成后能够独立发挥生产能力和效益的工程,如通航建筑物、电站、挡水坝、输电系统等。

(3)单位工程——单项工程的组成部分。一般指具备独立施工条件,建成后能够发挥设计使用功能的工程,如船闸、码头泊位等。

(4)分部工程——单位工程的组成部分。一般指构成工程结构的主要组成部位,如基础工程、桩基工程、墙身结构、上部结构、辅助设施等。

(5)分项工程——分部工程的组成部分。一般指工程施工的主要工序或工种。按不同结构、材料、施工方法划分的,如挖泥、基床抛石、块体安装等。

水运工程建设项目 WBS 结构,就是把建设项目中的结构单元按照范围、功能、组成等构建其逻辑结构图。某港口工程项目的 WBS 结构如图 4-5 所示和见表 4-2、表 4-3。

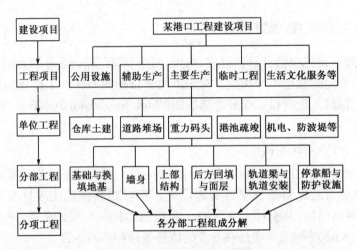

图 4-5 港口工程项目的 WBS 结构

重力式码头单位工程的 WBS 结构分解表　　表 4-2

序号	分部工程名称	分项工程名称
1	基础与换填地基	基槽开挖,砂垫层或地基换砂,基床抛石(基床抛石、基床重锤夯实、基床爆炸夯实、基床整平),地基换填等
2	墙身	预制构件(沉箱、空心方块、方块、扶壁、卸荷板等),预制构件安装(沉箱、空心方块、方块、扶壁、卸荷板等),构件箱格内回填,墙身构件接缝倒滤层,现浇混凝土墙身,砌石墙身等
3	上部结构	现浇混凝土结构(胸墙、管沟、悬臂板、面层等),管沟盖板安装,帽石砌筑,变形缝等

续上表

序号	分部工程名称	分项工程名称
4	后方回填与面层	抛石棱体,倒滤层,土石方回填,回填砂振冲,垫层与基层,现浇混凝土面层,沥青混凝土面层,铺砌块面层等
5	轨道梁与轨道安装	轨道梁基础(预制混凝土方桩,管桩,预制桩沉桩,灌注桩,换填基础),现浇轨道梁,轨道安装,车挡与地锚等
6	靠船与防护设施	系船柱,护舷,系船环与系网环,护轮坎,铁梯,栏杆等

高桩码头单位工程的WBS结构分解表 表4-3

序号	分部工程名称	分项工程名称
1	基槽与岸坡开挖	基槽与岸坡开挖
2	桩基	预制桩(混凝土方桩、管桩、钢管桩),预制桩沉桩,灌注桩等
3	上部结构	现浇混凝土结构(桩帽、梁、梁格、板),预制安装结构(预制梁、板、靠船构件、梁、板、靠船构件安装,钢梁、钢桥制作,钢梁、钢桥安装,构件接缝),变形缝,混凝土面层等
4	接岸结构与回填	地基处理(砂垫层、塑料排水板、砂桩、碎石桩、搅拌桩、抛石基床),挡土墙(现浇挡土墙、浆砌石挡土墙),倒滤层,土石方回填,岸坡(抛石护面、块体护面)、抛石护底等
5	轨道	起重装卸机械、火车轨道安装,车挡与地锚等
6	停靠船与防护设施	系船柱,护舷,系船环与系网环,护轮坎,铁梯,栏杆等

第三节 水运工程施工监理阶段的任务

水运工程施工监理的任务是监理机构按照施工监理依据,采取合适的组织、技术、合同和经济措施,对工程项目施工过程进行全面规范的质量、进度、费用、环保控制,严格依法进行安全生产管理,公正、合理地进行合同管理,高效、有序地进行信息管理,制度化地进行协调管理,促进工程建设目标合理地实现。根据施工监理阶段的划分和阶段工作目标差异,水运工程施工监理任务具体见表4-4。

水运工程施工监理任务 表4-4

施工监理阶段	主要监理任务
施工招标期	协助业主核定工程量; 协助业主编写施工招标文件; 协助业主审查投标人的资格; 参加开标和评标工作; 协助业主签订施工承包合同、施工安全生产协议书等

续上表

施工监理阶段		主要监理任务
施工准备期		主持或参加第一次工地会议； 施工监理交底； 组织或参加图纸会审，参加设计交底会； 审查承包人的施工组织设计； 审查承包人的质量管理体系； 审查承包人安全生产管理体系； 审查承包人环境保护措施和方案； 审查安全设施、作业人员报验手续； 审查安全技术措施或专项施工方案； 审查承包人事故应急救援预案； 向承包人移交工程控制点； 核验承包人的测量控制网点或基线； 审查承包人的工地实验室； 审查承包人开工条件，签署开工令； 审核签任承包人提交的"材料/构配件/设备报验单"
施工期	质量控制	"材料/构配件/设备报验单"的签认； 巡视和旁站； 典型施工方案的审查； 实验成果和检测结果的审查； 施工记录和有关资料的检查； 组织召开必要的现场会议； 组织隐蔽工程、分项和分部工程的验收
	进度控制	检查各施工项目之间的合理搭接和进度安排的合理性； 审查承包人的人员、船机、材料、设备的供应计划； 检查进度安排与施工程序的协调； 检查进度与其他计划的协调； 审查进度安排的合理性
	费用控制	审核工程费用年度使用计划； 签认预付款申请； 工程计量，签认中期支付申请； 签认变更支付申请； 制定索赔防范措施，签认索赔文件； 定期进行工程费用分析
	环境保护控制	发出环保工作指令； 检查环境保护措施和成果； 协助环保主管部门和业主处理突发环保事件
	安全生产管理	监督施工安全技术措施或专项施工方案的实施； 巡视检查及时止违规行为； 核查现场机械和安全设施的验收手续； 检查现场安全防护设施； 签认安全施工专项费用使用； 督促承包人自检、进行抽查及参与安全生产专项检查

续上表

施工监理阶段		主要监理任务
施工期	合同管理	分包工程管理； 工程变更管理； 索赔管理； 工程保险管理； 争端调解
	信息管理	规划信息流通渠道； 建立信息管理制度； 建立信息编码体系； 建立项目管理信息系统
	组织协调	建立工程协调联系制度； 规范协调方式与内容
	监理交底	有关法律、法规和技术标准等； 《监理规划》和《监理实施细则》； 监理工作内容和有关报表的填报要求； 监理工作的基本程序和方法等
交工验收		审查承包人的预验收申请报告； 对全部完成或部分完成的工程进行预验收； 审查承包人的交工验收报告或中间验收报告及其他有关交工资料； 审查承包人环保设施、工程和资料的环保验收条件； 协助业主落实工程建设项目"三同时"规定； 对申请交工工程提出质量等级评价建议； 审查承包人工程保修期的质量保证计划； 审查交工结算； 参加交工验收会议，并签认"交工验收证书"或"中间验收证书"； 提交监理工作总结报告等
保修期		检查工程质量情况； 审查或估算修复费用； 审查承包人的补充资料； 审查承包人的工程保修终止报告； 签订"工程保修终止证书"

思 考 题

1. 控制的含义及控制系统的组成？
2. 什么叫主动控制和被动控制？
3. 什么是动态控制过程？

4. 什么是风险？如何管理风险？
5. 工程项目主要控制方法有哪些？
6. 简述质量、进度、费用三大目标的关系。
7. 什么是工程项目 WBS 结构，简述其构建步骤？
8. 简述水运工程建设项目的码头单位工程的 WBS 结构分解。
9. 简述施工监理工作阶段的划分。
10. 简述施工准备期监理工作任务。
11. 工程质量控制的任务及特点。

第五章 水运工程监理的内容

【自学提要】 1.了解工程费用的概念及特点以及工程费用监理的目的、原则和方法;熟悉监理工程师费用控制的主要职责与权限;掌握费用控制要点;熟悉工程计量的方式、方法及组成文件;熟悉费用控制的工作流程及费用监理的组织措施、经济措施、技术措施和合同措施。2.了解工程进度概念、进度控制的目的及影响工程进度的主要因素;熟悉监理工程师进度控制的主要职责与权限;掌握进度控制要点;熟悉进度控制程序和方法;了解网络计划技术控制法。3.了解工程质量的概念及工程质量监理的依据、特点和任务;熟悉监理工程师各阶段质量控制的主要职责、权限及要点;熟悉质量保证体系的概念及内容;掌握施工阶段质量控制的方法、流程、质量缺陷的处理方式和质量事故的处理程序。4.了解环境保护监理的工作内容;熟悉工作程序及工作方法。5.了解安全生产监理概念;熟悉安全监理范围、工作程序和主要内容;6.了解工程施工合同的类型、特点及内容,熟悉工程项目合同管理概念、作用、工作流程及主要内容。7.了解信息的概念、特征及信息管理的概念和内容;熟悉监理信息的收集、分类、处理、储存、传递和发布的方法、流程及规定;熟悉信息编码体系和建立工程项目信息管理系统。8.掌握组织协调的概念、主要内容及常用方法。9.了解工地会议的主要形式、作用,熟悉第一次工地会议及工程例会的目的、内容。

根据水运工程监理制度、施工监理规范和《关于在公路水运工程建设监理中增加施工安全监理和施工环保监理内容的通知》(交质监发〔2007〕158号)的通知精神,目前水运工程施工监理业务的主要内容包括:工程费用监理、工程进度监理、工程质量监理、工程环保监理、工程安全监理、工程合同监理、工程信息监理和工程协调监理等。本章就监理业务主要内容做一般概念、原理、要求和方法的介绍。

第一节 工程费用控制

一、概述

投资是投资主体为了特定的目标将其所能支配的资源投入社会的活动。就其经济实质而言,投资是一种资本价值的垫付行为。不言而喻,投资的目的是为了获得某种经济效益和社会效益。另一方面,工程建设是一项风险事业,在整个投资的运行过程中,必然存在各种各样、影响程度不同的干扰和风险。因此,人们必须对投资活动进行动态控制,以期达到预定的目的。

工程项目投资是一个随时间而不断变化的动态过程系统,人们往往根据投资运行过程中的相对稳定性将其划分为投资准备期、投资执行期和投资服务期。在投资准备期,主要是对投资活动进行预测、比较、评估、决策并考虑资金筹措方案,在我国的基本建设程序中称项目决策阶段。实际上,这就是项目建议书、项目可行性研究和项目评估的任务。在这一阶段,必须对投资方向是否正确、投资结构是否合理、投资规模是否恰当、投资效益是否显著、投资活动是否可行等一系列问题进行严格地、充分地研究论证,并编制投资估算作为工程项目投资控制的最高限额。

在投资执行期,主要是组织工程项目招投标以及工程项目设计和施工。招投标可以充分运用价值规律和竞争机制,优选出适宜本项目的设计、施工和材料设备供应单位,为降低工程造价提供可靠的保证。设计是工程建设的灵魂,设计对工程项目的经济性具有决定性的影响。施工是资金大量支付的阶段,大量的干扰和风险也都集中反映在这一阶段,因而也是投资控制最困难、工作量最大的一个阶段。在投资执行期,要编制能全面、完整地反映建设项目的投资额度和投资构成的设计概算(对技术复杂的工程项目还要编制修正概算)作为控制投资规模和工程造价的主要依据;要编制施工图预算作为确定建设工程造价、在招标中控制标底的主要依据;在工程竣工后要编制竣工决算作为检查设计概算执行情况、考核投资效果、核算新增固定资产和流动资产价值的主要依据。

在投资服务期,主要是经营管理和项目维修。维修是为了保证项目正常发挥作用;经营活动则是为了获得项目预期的经济效益和社会效益。维修要支付维修费用,营运则是资本回收、增值的活动。尽量降低维修费用和营运成本、增加营运收益则是本阶段投资控制的基本任务。

综上所述,广义的工程项目投资控制应包括投资运行的全过程,即投资决策控制、投资实施控制和投资回流控制。但投资决策阶段的控制主要属宏观控制范畴,如对投资方向控制、对投资规模控制、对投资结构控制等,控制手段主要靠国家实施的法律制度、行政手段及经济杠杆;投资服务期的控制属企业经营管理范畴,主要由企业经营管理来实现。因此,一般意义上的工程项目投资控制主要是指投资执行期亦即项目实施阶段的投资控制。

投资控制是一个全方位的工作,它包括宏观和微观两个层次。宏观层次包括投资人、业务行政主管部门和有关政府监督部门;微观层次涉及发包、承包及技术服务等工作主体。没有各方面的协调一致和共同努力,是无法搞好工程项目的投资控制的。

根据我国水运工程建设的具体情况,监理工程师很难做到对工程投资的全面控制。多数投资主体有自己的管理机构和相应的管理能力,他们不仅自己承担征地拆迁、筹建准备、生产准备、创造外协条件、建设过程中的重大决策、筹集资金并支付工程款等工作,往往还承担部分关键材料、设备的采购供应等工作。因而,监理工程师一般只能对纳入承包合同的那部分投资即"合同价款"和施工中实际发生并经监理工程师确认后同意支付的所谓"经济支出"进行控制。因此,我们将其统称为工程费用控制。

监理工程师在工程费用控制方面的主要职责是:

(1)在施工招标期,参与招标发包工作,协助发包人选择对费用控制有利的发包形式,严格审核招标文件中有关费用控制的条款。

(2)在施工准备期内协助审查中标单位编制的施工组织设计、施工进度计划、现金流量计划以及据其编制的年度计划,签发预付款通知书。

(3)在施工期间,核实已完工程的合同工程量清单并签认相应的付款通知书;审查工程变更及其引起的工程量变化;对承包人提出的合同期内工程费用变化清单,进行核算;对承包人提出的工期延长或费用索赔报告进行核查;对由于承包人责任造成的工程损失进行测算后,报请发包人提出反索赔。

(4)在交工验收及保修期,协助发包人编写竣工决算等。

为了确保监理工程师职责的顺利履行,《水运工程施工监理规范》明确规定了有关权限:监理机构在监理合同确定的范围内,对受监工程有独立进行监理的权力;监理工程师对质量不合格的工程和未进行验收的隐蔽工程有权拒绝计量和签署付款通知书;没有监理机构签发的付款通知书,不予拨付工程款;有权审核由于设计变更引起的工程量变化等。

二、费用控制要点

工程费用控制的任务就是要使工程费用在确保工程进度、质量和生产安全的条件下,不超出合同规定的计划范围,并保证每一笔支付的公正性和合理性。

1. 明确控制目标,进行合理分解

监理工程师必须首先对拟控制的费用目标进行论证,这就要求监理工程师不仅要具备工程技术、工程经济等方面的知识,而且要广泛地了解掌握有关费用控制方面的信息。其次要根据招标文件及承包人投标报价表,将总的控制目标进行分解,编制资金使用计划,使其具有可操作性。例如按水运工程基本建设项目投资费用组成分解(图 5-1),按单位工程概、预算金额组成分解(图 5-2),结合工程项目的 WBS 结构按分部、分项工程分解或结合承包合同工程量清单报价表,得到基于工作活动的费用计划目标;如果结合进度计划按时间(年、季、月、周)分解,就可绘制整个项目实施过程中资金需求的工程进度曲线即 S 曲线(图 5-3)。当然,还可以按项目实施阶段分解、按资金来源分解,或按其他便于控制的办法分解。

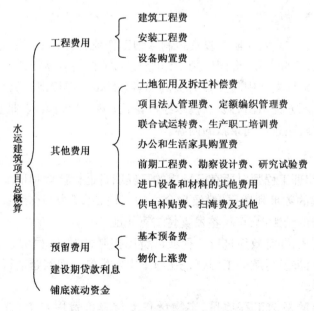

图 5-1 水运建设项目总概算费用构成图

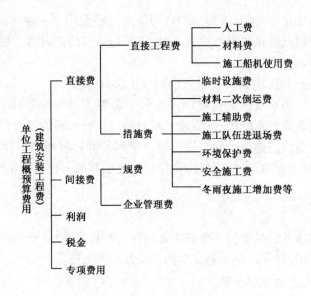

图 5-2　单位工程概、预算费用组成

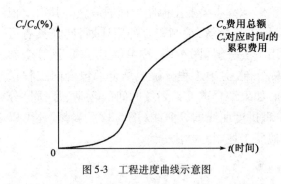

图 5-3　工程进度曲线示意图

对费用目标的分解宜按工程部位而不一定按工种工程分解,因为这有利于按项目实施过程进行工程费用实际发生值与计划值的比较。至于分解的详细程度则应视工程项目的规模及控制层次而定:工程规模大、控制层次高时可粗一些;工程规模小、控制层次低时应细一些,比如民用建筑可控制到门、窗。

2. 重视招标阶段的监理

要认真编制招标、评标、发包阶段投资控制详细工作流程图;在项目监理班子中落实从费用监理角度参加招标、评标工作、合同谈判工作的人员,他们的具体任务及管理职能分工;认真编制、审核标底,审核招标文件中与投资有关的内容(例如工程量清单),参与评标;对各投标文件中的主要施工技术方案做出必要的技术经济论证;参与合同谈判,把握住合同价计算、合同价调整、付款方式等;注意合同条款的内容。

3. 严格审查中期支付

在施工过程中,监理工程师对所有已完成的工程细目进行计量和记录,认真核实和确认承包人提交的已完工程的数量和质量,对质量合格的工程签发《中间交工证书》和《工程计量证书》,复核承包人提交的结账单,审核签发支付结算凭证。

控制的基础是信息,要有效地进行工程项目费用控制,监理工程师就必须广泛地收集、掌握大量的信息,必须对涉及付款的工程事项在施工中发生的一切问题进行详细的记录,这对解决支付纠纷至关重要。

审核承包人提出的新增工程项目、实物量和支付单价费用要求,并向发包人提交审查意见。

要加强对工程材料费的控制。在建筑安装工程费用的构成中，材料费约占总额的65%~70%，因而对工程材料的计算、使用和管理有着特别重要的意义。

4. 严格控制工程变更

工程变更一般包括增减合同中约定的工程数量，更改有关工程的性质、质量、规格，更改有关部分的高程、基线、位置和尺寸，增加工程需要的附加工作，改变有关工程的施工时间和顺序等。诚然，由于工程进展中存在着各种不确定因素，必要的工程变更是难以避免的；但必须防止或减少因勘测资料不足或其不应有的误差、设计考虑不周、发包人改变设计要求或提高设计标准、施工安排不合理或质量不合格等原因导致的工程变更。监理工程师必须认真审查工程变更的理由和依据，严格控制工程变更对其他工程内容和环境的影响，合理确定工程变更的数量和单价，正确计算变更价款，并严格按规定的程序履行变更手续，包括送原设计单位审查，取得相应的图纸、说明和设计变更通知。

5. 审慎处理费用索赔

在水运工程中由于各种原因，出现费用索赔往往是难以避免的，监理工程师应根据合同文件的规定对承包人提出的索赔报告进行核查，或对承包人造成的工程损失进行测算，并经发包人和承包人协商一致后签认索赔文件。

此外，要有效地进行工程项目费用控制，还必须特别注意工程进度对工程费用控制和投资效果的影响。换言之，有效地控制工程进度，也是对工程费用的间接控制。这是因为资金在时间推移中具有增值能力，这就是资金的时间价值。例如，1988年对全国203个重点工程项目调查结果，平均工期比计划工期延长一年以上。姑且不论这些建设项目投产后的收益和准时投产所带来的经济效益，仅贷款利息一项就要多支付130多亿元。而岩滩水电站工程，因提前一年实现第一台机组并网发电，仅减少一年建设投资利息就达5 000万元。可见，控制好工期，确保项目投产时间，也是工程费用控制的一个重要方面。

要有效地进行工程项目费用控制，必须特别重视设计阶段的控制。这是由于建筑产品的固定性、个体性、受当地自然条件、社会经济条件影响大等特点，几乎每个工程都有特定的设计。不同的设计就有不同的施工方法和工程建设计划。一般说，建设前的准备阶段对经济效益影响最大：设计准备阶段对项目经济性的影响达95%~100%；初步设计阶段可达75%~95%；技术设计阶段为35%~75%；施工图设计阶段为25%~35%；施工阶段的影响只有10%（图5-4）。这是因为建筑设计一经确定，施工方法、经济效益也就大体定型。因此，设计阶段的投资控制具有特别重要的意义。

三、费用控制方法

工程费用控制的基本方法是：在工程项目进展的过程中，以控制循环理论为指导，进行计划值与实际值比较，发现偏离，及时采取纠偏措施。施工阶段的费用控制，主要是通过计量支付管理，不间断地监测施工过程中各种费用的实际支出情况，并与各分项分部工程的计划值进行比较分析，发现偏差，及时采取有效措施。费用控制是一个全方位的工作，应从各个方面采取措施，包括组织措施、技术措施、经济措施和合同措施。

组织措施方面，应首先落实费用控制人员和机构的职责分工，这是搞好费用控制的组织保证。自然,不同项目实施阶段对人员有不同的要求,对招标阶段,应强调熟悉合同法、熟悉招标程序及有关规定的人员;而对施工阶段,则应强调具有丰富施工经验的人员。组织机构的设置,应根据工程的具体情况及监理任务运用第三章中阐述的基本原理选择恰当的组织模式,为确保组织系统具有唯一、有效的指令,具有良好的指令输入通道和信息反馈,各部门分工合理、职责明确,具有相对稳定的结构。

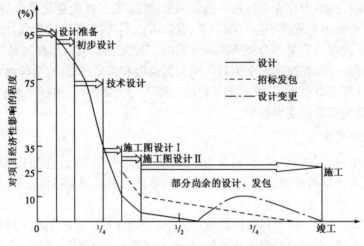

图 5-4　工程项目各阶段对项目经济性的影响

组织措施的另一个重要方面是确定费用控制的工作流程图,以实现费用控制过程的标准化和规范化。例如,对施工阶段的工程费用控制,我们可以采用逐层分解的思路编制分级控制流程图。

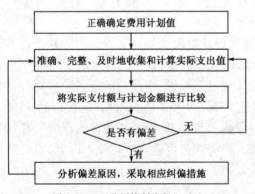

图 5-5　工程费用控制流程(一级)

图 5-5 为工程费用的一级控制流程图。显然,这是一个很粗的控制,其中的每一项内容都包含了大量的工作,因而我们可进一步进行分解。现以"准确、完整、及时地收集和计算实际支出值"这一项作再一次细分,可绘制出二级控制流程图如图 5-6 所示。该图是×××工程监理的"计量与支付管理程序":在一个分部(或分项)工程完成并签发《中间交工证书》之后,便进入计量支付管理。首先由监理人员和承包人对已完的合格工程按合同规定的条件进行计量,填写《中间计量单》,作为承包人的支付申请和监理工程师的付款证明凭证。承包人每月提交一次付款申请,相应的要提交图 5-6 中的(1)~(9)项。其中的"工程清单月报"是按工程量清单的项目顺序,对中间计量单进行汇总,因而它是编制财务支付报表的基础。其中(3)~(7)项以月末统计为准,统计月度内可能发生、也可能不发生。根据报表传递规定,承包人的上述 9 份报表应在次月的 1 日报送高级驻地监理工程师。高级驻地监理工程师对工程清单月报及其附表进行审核,编制图 5-6 中的(10)~(11)项,作为中间支付证书,并将(1)~(9)项送交项目法人,(10)、(11)两项于 6 日报送总监代表处,总监代表处于 10 日将其报

送项目法人,项目法人有关部门对上述报表进行审核后,即可向承包者支付工程款。显然,通过上述程序所形成的报表系列,完全可以准确、完整、及时地反映工程费用的实际支出值。

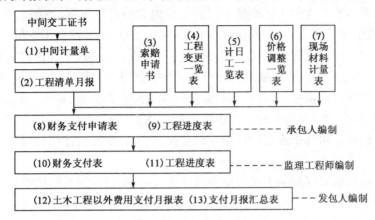

图 5-6 工程费用控制流程(二级)

不难看出,在二级控制流程中,仍然包含可进一步分解的项目。

另一种情况是承包人申请的工程变更,也可参照上述基本思路绘制出相应的控制流程图。

经济措施方面,首先要认真审核初步承包人的投标报价和承包人的支付申请表,对竣工后要严格审查竣工决算;为了在实施过程中能有效地控制工程费用,要对工程费用进行合理的切块分解。

其次,必须对影响工程费用控制的各种风险进行分析预测。例如,对建筑材料市场价格波动的分析,对工程所在地不利气象水文条件的分析,对地基条件变化的预测分析,对外部条件协调难度的分析等,以便制订相应的风险控制措施,把可能的风险损失控制在最低限度。

再次,要建立完善的费用控制系统,包括收集、分析各种与费用控制有关的数据;正确计算工程费用的计划值;加强计量、支付管理,准确、及时、完整地采集费用实际值,并将其与计划值进行比较,以便及时发现问题,采取控制措施。

计量与支付管理是监理工程师施工阶段工程费用控制工作的中心内容,是有效地进行工程费用控制的最基本的方法。

监理工作中的计量是监理工程师对承包人实际完成并符合质量要求的工程数量的核实与确认,其目的在于为费用支付提供可靠的依据。工程量的计算原则和计量方法必须按招标文件技术规范中的相应规定执行。计量首先由承包人对已由监理工程师签发《中间交工证书》的工程内容提出计量申请,然后由监理工程师和承包人一道在合同规定的限期内进行现场测量核实,并签字认可承包人填写的《中间计量单》及其附件资料(如计日工资料、工程变更资料、索赔资料、价格调整资料、材料设备到达现场情况等)。《中间计量单》及其附件资料必须按月(或按规定方法)编号汇总归档。

工程费用支付,就是发包人按合同规定的时限和方式,根据监理工程师签署的支付证书支付给承包人一笔工程费用包括正常支付与非正常支付。正常支付如临时(如按月)支付、预付款的支付、工程变更价款的支付、索赔金额的支付、暂定金额的支付及最终支付;非正常支付包括意外情况(如一个有经验的承包人无法预见到的外界障碍和无法预测和防范的任何自然力的作用,异常恶劣的气候条件、不可预料事件等情况)下的支付和超常情况(如由于某种原因导致合同争端使合同无法继续履行的情况)下的支付。支付时限应根据合同的相应规定,如临时支付采用每月一次。支付方式则依不同的工程内容而有所不同,例如永久工程按单价进行计算;计日工按清单计量支付;工程量表中有关临时工程的部分按包干支付,等等,这些均应在合同中作出规定。支付应先由承包人提出《支付申请书》,并附《工程进度表》和以《中间计量单》为基础填写的《工程清单月报》及其他有关附件;监理工程师接到上述申请之后,在合同规定的期限内审核支付申请和支付依据,扣除合同规定的应扣款额,颁发《支付证书》;发包接到支付证明之后,应在合同规定的时限内将核定款额支付给承包人。但若经监理工程师审核的应付款额小于投标书附件中规定的最小支付金额,则不颁发支付证明,该款项并入下一期支付证明中。

经济措施还包括编制详细的工程费用使用计划,如按项目计划编制的资金使用计划,按工程进度编制的资金使用计划,一并通过严格的付款审核制度控制用款计划的执行。编制费用计划要与工程进度计划协调,在确保工程进度目标的前提下,尽可能使工程费用在时间分配上前期少后期多,以避免资金的长期积压,减少利息支出。

技术措施方面,包括对各种工程技术方案的技术经济比较论证,对不同施工技术方案的技术经济比较论证,对实施过程中发生的工程变更的技术经济比较论证等。通过分析比较,应用价值工程的方法,寻求"功能"与"成本"比值最大的方案。

合同措施方面,招标前,应对不同的承发包模式进行分析对比,优选出能控制或降低工程费用的发包模式;严格控制合同文件中有关工程费用条款的审核,推行限额设计和项目法施工,尽可能减少执行中增加费用的可能性;在合同执行过程中,主动协助承包人采取有力措施,搞好成本预算、成本计划、成本控制、成本核算、成本分析;严格工程变更的审批程序,控制工程变更的影响范围,减少因工程变更而导致的费用增加;加强合同执行的监督,搞好索赔管理。

第二节 工程进度控制

一、概述

进度目标是工程项目三大子目标之一。一个工程项目是否能按期竣工交付使用,对投资的经济效益影响极大。因此,进度控制的目的就是采取控制措施,力争项目投产时间目标的实现。

进度控制研究的是工程建设活动在时间上的部署及其实施过程的动态跟踪监控。工程建设活动在时间上如何安排,必须根据合同规定的工期和工程项目的具体情况,深入分析影响项目进度的各种因素,拟订出经济合理的工程进度计划。但由于影响工程项目进度的诸多因素中包含着许多不确定因素,因而任何工程进度计划都不可能是一成不变的,这就要求在工程进展过程中,对其进行动态跟踪,监督、协调进度计划的实施,定期对进度计划进行调整与修订,及时采取相应的措施纠正由于各种因素干扰引起的实际进度相对计划进度的偏差,以保证进度目标的实现。

影响工程项目进度的因素很多,诸如技术原因、环境条件、水文气候因素、材料设备采购供应、资金筹措、组织协调难易、政治原因等。从涉及的责任主体而言,既有勘察设计、施工及设备厂商方面的原因,也有发包人、监理单位方面的原因,还有社会各有关协作部门、监管部门的原因。归纳起来,主要因素有:

(1)建设项目的工作量及工程复杂程度。工程量越大,工程越复杂,需要的工期就越长。

(2)发包人对工期的要求。任何一项工程的建设都有其特定的目的,因而发包人完全有可能基于某种特殊的考虑提出相应的工期要求。例如,上海港外高桥新港区一期工程4个万吨级泊位,国家批准的合理工期是42个月;但为了配合浦东开发开放大局的需要,发包人要求在28个月之内建成。尽管这一速度为中外建港史上所罕见,但它是发包人所规定的目标。

(3)建设资金到位情况及计划安排。某高校兴建一幢综合大楼,12层框架结构,总建筑面积10 127 m^2,批准概算3 011.55万元。由于主管部门投资计划分5年到位,致使该工程实际施工工期大大超过合理工期。

(4)设备制造安装周期及运输条件。设备制造需要一定时间,而重件、大件的运输还要受运输条件制约;此外,安装、调试都要占用一定的工期,因此必须认真分析。安排太早必然导致资金积压,增加利息支出;安排太迟则可能影响工程进度。

(5)材料采购(生产)运输条件。材料的采购(生产)必须与进度协调,既要保证满足生产高峰期的需要,又应尽量降低生产规模或仓储数量。

(6)有效工作时间。如土方工程雨季施工的限制,水下施工与洪枯水、潮位的协调,混凝土工程的环境(降雨、气温等)适应性等,都有一个有效施工时间问题。例如1988年7、8两个月,北京地区连降大雨,降雨量大大超过本地区20年平均水平;京津塘高速公路在7、8两个月实际上仅有6天能进行土方工程施工。

(7)承包人的施工能力和水平。

(8)其他不可预见因素的影响,如政治上的动乱、战争等。

因此,监理工程师在编制、审批、修订、调整工程项目进度计划时,必须对各种影响因素深入分析,统筹考虑。

监理工程师在进度控制方面的主要职责包括:审查承包人编制的施工组织设计、施工总进度计划、现金流量计划以及据其编制的年度计划;签发单位工程的开工指令及停工后的复工指令;施工中组织召开工地会议,及时协调施工进度,定期核查工程进度与计划执行情况,当实际施工进度拖延时,要求承包人及时修订、调整进度计划,采取有效措施加快工程进度,确保合同规定的工期目标;对承包人提出的工程延期申请进行核查落实,报请发包人同意后,签署工程延期批复意见;审核承包人的交工申请报告,参加交、竣工验收等。

二、进度控制要点

1. 论证并分解进度目标,抓好宏观总体进度控制

要有效地进行工程进度控制,必须对进度目标进行论证和分解,抓好宏观总体进度控制。因此,对于承包人按合同规定向监理工程师提交的施工进度计划(包括年、季、月进度计划)及施工组织设计,监理工程师应该给予足够的重视。在审查时要特别注意以下几个方面的问题,

以达到对工程总体进度宏观控制的目的。其一,承包人的进度计划,一般说来范围较窄、内容较单一,而且专业性较强,它所包含的内容和层次有限,难以起到协调和控制其他有关部门的作用;其二,要保证进度计划落实,必须有符合实际情况的措施作保证;其三,按合同总工期,实行目标分解和控制。

编制进度计划的基础工作是绘制工程项目工作分解结构图(Work Breakdown Structure, WBS)。WBS结构中的末梢单元是项目实施的基本工作活动,根据每一工作活动的性质和时间,确定各工作活动单元的先后顺序,即逻辑关系;汇总各工作单元的时间估算、费用估算和逻辑关系信息,综合评价,形成文件,作为制订工程项目进度计划的基础。

WBS结构中的末梢工作单元应是相对独立的,每一工作单元应责权分明,容易管理。WBS结构划分的详略程度视不同级别管理部门的需要而定,应以便于区分责任、加强对工程进度的控制为原则。

有了工程项目工作分解结构图,则可将所有的工作单元按逻辑顺序排列编号,确定制约关系,绘制网络图。由于各单元均有时间参数,因而可以根据绘成的网络图计算出工程项目的工期。

按上述办法可绘制出各个单位工程的网络进度计划,计算出各单位工程的工期;也可绘制不同时段的网络进度计划,确定出不同时段的形象进度;还可以根据各单元的费用参数按时段累加绘制出工程进度曲线以确定各个时段的资金需求。

工程进度目标的分解,是为了确定分进度目标,通过对各个实施阶段、各个子项工程工期的有效控制来确保总工期目标的实现。因此,各分进度目标必须服从总进度计划,非关键线路上的工程进度服从关键线路上的工程进度,上一层控制下一层,这就是"进度计划的编制控制"。某内河港口的一个新港区工程由码头和陆域两大部分组成。陆域部分包括软基处理、围堰工程、吹填砂形成陆域、道路堆场、铁路、起重机轨道、港区建筑物、港区构筑物及相应的配套公用工程等。陆域形成不仅是后续工程开工的条件,而且由于软基处理要求,陆域要分两次吹填,其间要采用插塑料板排水法进行处理,根据设计要求,部分吹填砂还要进行重锤夯实,因而其本身也要占用较多的直线工期。显然,陆域形成是一个控制性的单位工程,必须对其进度实行严格的控制。在实施过程中,由于诸多原因,陆域形成工期滞后,导致后续工程无法按期开工。由此可见,只有对各个子项工程的进度实施有效的控制,才能确保项目总进度目标的实现。

要有效地进行进度监理,应重视招标阶段的进度控制。应认真审核施工招标文件中的施工进度要求;认真评审各投标书进度部分的内容;审核施工合同中与进度有关的条款。

2. 严格控制工程进度

工程进度涉及发包人和承包人的经济利益。监理工程师不能代替承包人制订计划或执行管理,只能审查批准计划、督促承包人执行批准的计划。因此,监理工程师为了能够控制工程进度并符合施工承包合同的要求,必须做好以下工作。

(1)认真审批施工组织设计。

审查进度计划,应对其施工方案、方法、措施及施工船机设备的选用等进行审查,通过网络计划关键线路进行可行性研究分析,必要时可向承包人提出调整变更意见、建议和要求。

编制或审查进度计划,应注意保证工程实施的连续性和均衡性,这是安排工程进度必须遵循的重要准则。一个工程的实施进度计划,应努力实现全工地各分部工程的连续施工以充分利用施工场地和空间;在考虑水文、气象条件及工程所在地的传统习惯的条件下,尽量使各施工时段能均衡生产。

编制或审查进度计划,还应考虑建材、运输、劳力、资金的平衡。在河道施工中,应协调好施工进度与洪、枯水的关系;在海港建设中,要考虑潮水的周期运动。一个好的进度计划,其工程进度曲线应落在由图 5-7 中的 L 曲线和 E 曲线所界定的范围内。图中 L 为按最迟开始时间安排的工程进度曲线,E 为按最早开始时间安排的工程进度曲线,L 和 E 围成的即所谓"香蕉曲线"。显然,E 曲线开始阶段支付

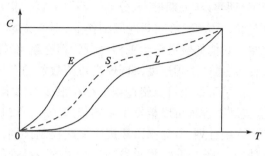

图 5-7　工程进度香蕉曲线图

率很高,资金积压时间长,利息支付高;L 曲线由于尽可能推迟活动开始时间,因而丧失了工程进度的安全裕度;并且两条曲线都不能在整个工期内尽量减少资源需要量的急剧上升或下降。

(2)及时批准施工进度计划,掌握工程进度。

监理工程师在接到承包人的施工进度计划以后,应及时认真审查、及时发出批准或限期修订的通知或指令。应随时深入工地现场,检查施工计划的执行情况,发现问题,及时解决。

要有效地进行工程进度控制,监理工程师必须主动协调好可能影响工程进度的每一个环节。工程开工前,承包人应在规定的限期内提供进度计划和施工组织设计;监理工程师应对其进行认真的审核,根据该计划安排提供现场、图纸供应计划,安排由发包人提供的材料、设备供应计划,并在规定的时间内对进度计划给予批准或提出建设性的意见。开工前,监理工程师应认真开好有发包人和承包人参加的第一次工地会议,讨论、核实发包人和承包人双方关于开工的准备情况,如征地拆迁、现场进点时间、图纸供应、资金筹措、法律手续、外协条件;承包人的人力、材料、设备准备情况等。待上述条件均具备时,应立即发出开工指令,督促承包人按期开工,防止延期开工行为的发生。施工过程中,监理工程师一方面应严格控制因自身或发包人的原因导致暂时停工行为的发生,一方面还要主动协助承包人正确履行合同、科学地组织施工,避免因承包人的某种违约或施工组织不合理导致暂时停工。

(3)加强对工程延期的管理。

要有效地进行工程进度控制,必须加强对工程延期的管理。所谓工程延期是指按合同有关规定,由于并非承包人自身的原因、责任或风险所造成、经监理工程师书面批准的合同竣工期限的延长。导致工程延期的可能原因包括:工程量的变化和设计变更,现场占用权的延误,供图的延误,不可抗力等。工程延期必须先由承包人提出申请,说明申请工程延期的理由和依据,申请延期的时间及其计算方法。监理工程师接到延期申请后,应审核延期理由是否符合合同规定,延期的依据是否可靠,延期的计算是否正确,延期是否发生在关键线路上,并与发包人和承包人进行协商,在合同规定的期限内给予书面答复,同时明确规定新的竣工日期。监理工程师尤其要重视预防、避免工期延误。无论发包人还是监理工程师,应该多协调,少干预,尽量避免由于指令或行为的干扰而导致工期延误。要按合同规定提供征地拆迁、图纸供应等外协条件,严格控制工程变更,减少乃至避免工程延期的发生。

此外，在安排大型工程项目施工进度时，应尽可能分批或分阶段投入使用，以提高投资效益。上海港外高桥新港区一期工程1991年7月开工，1992年底就有一个泊位简易投产，10个月装卸船舶85艘，货物85万t，创利1 800万元。宁波港镇海港区5~9杂货泊位工程，认真贯彻"分期建设、分期投产、分期受益"的方针，提前近一年建成8、9泊位并交付使用。至总体验收之前，已有26艘次货轮靠泊作业，累计装卸货物20万t，盈利250多万元，提前发挥了投资效益。其他如航道整治工程分段治理通航，公路工程分段竣工通车，水电站利用初期蓄水发电等，都是通过工程进度协调提高投资效益的有效途径。

由于工程项目实施过程中存在很多不确定因素，对进度计划的调整与修订是必然的。因此，监理工程师可以根据工期的长短，要求承包人提供详略不同的进度计划；对即将开始阶段作出详细计划，对后来阶段提出概略控制计划，并要求承包人每隔一段时间提出往前滚动的修订计划。无论何时，如果发现实际进度与批准的进度计划不一致，或在监理工程师看来，很明显承包人不能根据计划保持令人满意的进度，监理工程师有权要求承包人提交一份修订的进度计划，以说明在合同期限内他打算如何完成工程。监理工程师应认真审查施工单位提出的修订计划，给予及时的审批并提出建设性的意见。

制定、实施工程进度计划是承包人的责任，但合同给予监理工程师特有的审批权和控制权。也就是说，工程进度计划及执行计划的措施付诸实施之前，必须经监理工程师审查批准；但这并不意味着解除承包人在合同中承担的任何责任和义务。另一方面，监理工程师在审批、修订进度计划时，只能提出存在问题或建议调整某些施工方法，而不能指示承包人如何加速施工，以免导致承包人因"接受工程师指示"而要求追加费用。

三、进度控制方法

由于影响进度因素的综合性和复杂性，进度控制必须采取综合方法，全过程、全方位实施有效控制。

进度控制的方法很多，按控制的类型区分，有事前（前馈）控制、事中控制、事后（反馈）控制；按进度计划的表示形式区分有进度表控制法、网络计划技术控制法和工程进度曲线控制法。

1. 事前控制

（1）招标控制。

在工程招标发包阶段，选择有利的发包方式对工期控制有着决定性的影响。例如对大中型工程，采用平行发包方式往往可以有效地缩短工期。上海港外高桥港区一期工程就是一个成功的实例。由于工期紧迫，他们把整个工程划分为5个标：水上航道标、码头工程标、陆域工程标、机械设备标和港外工程标。承包码头施工的三航局二公司任务最重，但他们通过科学有效的管理和全体职工的努力，率先完成了1 800根桩、4座引桥的施工任务，比计划工期提前2天完成了900m长的码头建设；上海港务工程公司承担后方配套工程的施工任务，仅用17个月便完成了24个月的工作量。由于各施工单位的艰苦努力，使该工程比紧缩工期28个月还提前10天全面竣工。

（2）审查控制。

根据 FIDIC 合同条款规定,承包人在接到中标通知书后,应按合同规定的期限,向监理工程师提交一份工程进度计划。施工过程中,当承包人的实际进度计划与业经监理工程师批准的进度计划不符时,监理工程师有权要求承包人提交一份修正进度计划。无论哪种情况,监理工程师都必须认真细致地审查承包人提出的进度计划,看其是否满足合同工期的要求,与发包人提供施工场地的时间及供图计划是否协调,施工工艺、机械设备是否符合技术规范要求,是否考虑了水文、气象因素的影响,劳务、材料、资金供应计划是否落实等,并提出建设性的意见,以便承包人顺利执行或作进一步修订。如果承包人提交的是工程某一部分的进度计划或某一施工时段的计划,审查时应遵循部分确保整体的原则,使下一层计划服从上一层计划,短周期计划服从长周期计划,非关键线路计划服从关键线路计划,确保总目标的实现。

2. 事中控制

施工过程中,监理工程师应定期召开工程例会,听取承包人关于工程进度情况的汇报,以检查进度计划的执行;当进度计划滞后时,要协调影响进度计划的各方面因素,采取诸如增加资源强度、采用流水作业、改变施工工艺等不同的措施,以"抢回"被损失的工期。同时,结合财务支付管理,要求承包人每月在提交支付申请时同时提交上月的工程进度报表和本月的施工计划。监理工程师应仔细分析这些报表,评价实际进度与计划进度的偏差,分析偏差原因,并要求承包人拟定可靠的措施,纠正已发生的偏差。

3. 事后(反馈)控制

事实上,上面介绍的事中控制,严格说来也是一种事后控制,但由于工程例会周期短,一般仅半月或一周,即便是每月一次的进度报表,相对于一般工程的工期也是很短的,因而我们将其归为事中控制。这里介绍的事后控制,主要指对工程延期的控制。

依据承包合同,由于承包人自身的原因造成施工期的延长称为工程延误;由于非承包人的原因造成的工期延长,经过了规定的程序管理后,则称为工程延期。对工程延误,监理工程师应要求承包人根据导致工期延误的原因进行认真研究,提出加快工程进度的措施方案报监理工程师审核,经同意后付诸实施,由承包人承担由于赶工增加的各种费用,同时还要按合同规定向发包人支付延误损失赔偿费。不难理解,带有赔偿性质的费用条款,其根本出发点仍然在于预防工期延误的发生,是通过合同条款对工程进度的一种主动控制。

对工程延期的处理,前面业已提及,关键在于依据合理,理由充分,时间计算准确,工期延长发生在关键线路上或影响合同工期。监理工程师在批准工程延期时,应确定新的竣工日期,作为调整后的进度控制目标。

4. 按进度计划的表示形式区分的进度控制方法

(1)进度表控制法。

进度表控制法是监理工程师要求承包人每月按实际完成的工程进度和现金流量情况向监理工程师提交进度报表。这种报表应由下列两项资料组成:

①工程现金流量计划图,应附上已付款项曲线;

②工程实施计划条形图,应附上已完成工程条形图。

承包人提供上述进度表,由监理工程师进行详细审查,向发包人报告。当每月进度报表反映的实际进度和计划进度失去平衡时,监理工程师应对这种不平衡的情况进行详细的分析,结合现场记录和各分项进度以及实际完成的工程和工程支付情况进行综合性评价。监理工程师根据评价的结果,认为工程或工程的任何部分进度过慢与进度计划不相符合时,应立即通知承包人并要求他采取监理工程师同意的必要措施加快进度,以确保工程按计划完成。

(2)网络计划技术控制法。

网络计划技术控制法是工程计划管理的一种新方法。其基本思想是:把一个复杂的工程分解成若干个相互独立的工作单元,各工作单元之间存在一定的逻辑关系。把这些工作单元按它们之间的逻辑关系联结起来,就组成一个表示工程进展过程的网络图。通过计算,可以找出决定整个工程进度的关键事件和总工期,并求出其他事件各自可以允许的伸缩时间,因而可以利用非关键线路上的资源潜力,加强关键线路以缩短工期,或者设法降低资源使用的高峰强度,使工程连续均衡地进行。显然,网络进度计划可以使工序安排紧凑,便于抓住关键,保证施工船机、人力、财力、时间能获得合理的分配和利用。因此在承包人制定工程进度计划时,采用网络法确定工程的关键线路是相当重要的。监理工程师要求承包人制定网络计划时,监理人员也需用网络计划技术方法检查和评价工程进度。

通过网络计划检查,不但能了解各个工序施工时间延长或缩短,而且能明确关键线路有无改变,从而可以确定应该采取怎样的措施,抓住哪些主要环节,以便要求承包人修改计划,保证按照计划工期完成工程。

采用网络计划检查工程进度的方法是在每项工程完成时,在网络图上以不同颜色数字记下实际的施工时间以便与计划对照和检查。检查结果不外乎有以下几种情况:

①关键线路上某项工程的施工时间比计划增加,这种情况会使整个工期延长,必须要求承包人对后续的关键线路工作采取加快施工进度的有效措施,才能弥补工程进度与计划进度的差距,使工程进度与计划进度保持平衡。

②关键线路上某项工程的实施时间比计划缩短,这种情况对缩短工期有利,此时监理工程师应根据整个工程实际进度情况和工程本身的需要并和发包人协商,以确定本工程有无必要提前完成,并将决定意见通知承包人。无论何种情况都应要求承包人重新修订以后的网络计划,并检查关键线路有无改变,以保证工期目标的实现。

③非关键线路上某项工作的施工时间比计划增加,如果在可调整的机动时差范围内,对整个网络计划工期不会产生影响。如果超出了非关键线路工作所计划的机动时间,且没有调整余地,就要检查是否会影响关键线路。如果非关键线路变为关键线路,就应要求承包人采取相应措施,缩短非关键线路某些项目的施工时间,以保证关键线路的完工仍能满足计划的要求。

④非关键线路上某项工作的施工时间比计划缩短,整个网络计划将不受影响。但应提醒承包人从非关键线路的工程项目中抽调施工力量加强关键线路上工程项目的施工,以达到保障整个工期的目的。

(3)工程进度曲线控制法。

工程进度曲线(S曲线)是以横轴为工期(或以计划工期为100%,各阶段工期按百分率计),竖轴为完成工作量累计数(或以百分率计)所绘制的曲线。把计划的S曲线与实际完成的S曲线绘在同一图上,并进行对比分析,就可以检查出计划完成情况(图5-8)。图中a为计划S曲线,b为实际的S曲线。

设 t_j 为检查日期,完成的投资为 C_i,但计划应完成 C_i 的时间是 t_i,可见工程滞后了 $\Delta t = t_j - t_i$;而 t_j 计划应完成的投资是 C_j,故比原计划少完成投资 $\Delta C = C_j - C_i$。这时,监理工程师应与承包人一起分析原因,采取相应的措施,调整进度计划,以确保工程按期完成。

在工程实践中,如果发包人有提前竣工的愿望或要求,承包人通过努力也有提前竣工的条件和可能,则双方可在协商一致的基础上签订提前竣工协议,明确竣工日期提前的时间、承包人拟采取的赶工措施、发包人为赶工提供

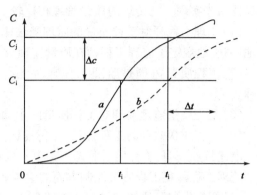

图 5-8 工程进度曲线控制法示意图

的条件、赶工费用和承担办法、提前竣工收益的分享等内容。承包人据此修订进度计划并报监理工程师审核批准。

第三节 工程质量控制

一、概述

工程质量控制是监理工程师组织、督促承包人按合同规定的质量标准进行工程建设,对形成质量的因素进行检测、检验,对差异提出调整、纠正措施的监督管理过程。这是监理工程师的一项重要职责。在履行这一职责的过程中,监理工程师不仅代表了发包人利益,同时也是对国家和社会负责。

工程质量控制的首要任务是确定质量目标。按国家标准规定,广义的质量是指产品、过程或服务满足规定要求的一切特性的总和。这里所说的特性,包括产品的性能、使用寿命、可靠性、安全性、经济性、外观等。过程则是指包括设计、施工、检验及维修等各个环节连贯的整体。上述广义的质量一般可分为产品质量、工序质量和工作质量。

质量水平的决定受市场需求倾向、用户购买能力、竞争者的质量水平、企业政策、产品的设计水平和制造能力以及质量控制能力等影响。一般质量水平不能低于用户的需要,也不宜过多超出用户的需要,因为随着质量的提高,质量成本,即总经营成本中被用于保证产品质量达到规定的质量目标的那部分费用(它包括工作质量成本和外部质量保证成本)必然增加,因而导致产品价格的提高。因此,应该在产品质量与成本之间寻求一种平衡。

工程项目质量是一个系统,其核心是总体质量目标,如三星级宾馆、年吞吐量多少万吨的港口,一级公路、三级航道等。质量目标系统以总体目标为核心,包括设计质量、设备质量、土建施工质量、设备安装质量以及其他工作质量。因此,质量目标必须通过一系列具体、明确的描述或指标来表达。

传统管理方式的质量控制采用承包单位内部管理的形式;在实施工程监理的条件下,工程质量控制通过由政府监督、监理工程师的质量监理和承包人的质量保证、生产自检活动构成的

质量体系来实现。与传统的质量管理相比较,工程项目质量监理具有以下几个特点:

(1)监理工程师对工程质量的监理受法律保护。在承包人和发包人签订的承包合同中详细地、明确地规定了监理工程师在质量监理方面的权力。

(2)工程质量监理是监理工程师对工程项目实行全过程、全方位、全天候的全面质量管理。

(3)工程质量监理强调对工程质量的主动控制和复合控制。

(4)工程质量监理与工程计量、支付挂钩。

上述特点表明,工程质量监理不是单一的技术管理,而是技术、经济与法律管理的统一体。

监理工程师在工程质量控制方面的主要职责是:

(1)招标发包阶段协助发包人对投标人进行资质审查,参与评标审查投标人的质量保证体系。

(2)施工准备期审查承包人的施工组织设计、大型临时设施的设计,参加设计交底会,核查进场承包人(含分包)的资质、质保体系的建立与落实情况,核查施工船机设备的性能与数量,核查进场建筑材料及构件的品种、数量和质量,对不符合要求的禁止进场或责令清除出场。

(3)施工期间,核查施工队伍资质情况,查看和抽验建筑材料与构件的质量情况,检查施工操作情况,质量检测的取样、测试情况,施工船机设备的运转情况,验收隐蔽工程、分项工程和分部工程,参与工程质量事故调查,协助审查质量事故的处理方案及其补救措施,并检查落实情况。

(4)交工验收及保修期内,参与交、竣工验收工作,审核承包人对工程维护及缺陷处理的施工方案,检查其实施情况。

为了确保监理工程师职责的顺利履行,《水运工程施工监理规范》赋予监理工程师以下权力:独立监理权;受监工程设计文件及批文的查阅权;.制止各种质量与性能不合格的建筑材料、构件和设备进场的权力;有权决定上道工序质量不合格的工程,不准其下道工序施工;有权禁止对质量不合格的或未经检验的隐蔽工程进行覆盖,对已覆盖的不予验收;对质量不合格的工程和未进行验收的隐蔽工程有权拒绝计量和签署付款通知书等。

二、质量控制要点

工程质量控制的基本工作是确定质量控制标准;收集工程进展中的质量信息并进行分析处理,将实际数据与合同(或标准)规定的数据(计划值)进行比较;发现偏差,采取相应的预防或整改措施。要有效地进行工程质量控制,必须确定质量控制目标,以便发包人、监理单位和承包人能共同向预定的质量目标努力。

工程拟采用的质量标准由合同文件进行明确的规定,并主要在技术规范和图纸中详加说明。合同规定的质量标准,是监理工程师进行工程质量控制的依据。为了使质量控制工作更严密,更规范和程序化,监理工程师还应在规范和图纸的基础上编制进一步的质量监理细则,以说明重要工程部位或环节的技术要求、容许偏差、施工方法和程序、工艺操作要点、试验和检查的办法、批准或否决材料与工程的程序和标准等。值得注意的是,监理工程师编制质量监理细则,主要目的是确保质量控制工作的可操作性,规范项目各参与方的质量工作行为,而不是提高合同规定的质量水平,因而质量监理细则必须与合同规定的各种操作规程、验收规范和标准相一致。例如我国《水运工程质量检验标准》将工程质量实体和工作质量要求作了明确、具体的规定。

工程质量是在建筑产品的生产过程中形成的,其生产组织特有的流动性、综合性,劳动的密集性及协作关系的复杂性,大大增加了质量管理的难度。因此,要有效地进行工程质量控制,必须建立相应的质量保证体系。

质量保证体系也称质量管理体系。它以确保工程质量为目标,运用系统的原理和方法,组织协调工程建设各参与单位、各部门、各环节的质量管理职能,把各单位、各部门、各环节的工作质量与工程质量联系起来,形成一个有明确任务、职责、权限,互相协调、互相促进的质量管理有机整体,按照规定的标准,通过质量信息反馈网络,进行动态的质量控制活动;通过完善的质量考核体系,对质量保证活动进行评价、监督、确认和奖惩。可见,质量保证体系的主要内容应包括质量目标、质量责任和权限;质量管理组织机构及其职责、权限、联络路线;实施质量管理所需要的各种资源,包括人员配备、专业技能、试验室、仪器设备等;工作程序及考核评价准则等。

在实施工程监理的条件下,工程质量保证体系包括政府质量监督部门的质量监督、监理机构的质量控制和承包企业的质量保证诸方面。因此,督促承包人建立、完善企业的内部质量保证体系,包括思想保证体系、组织保证体系和工作保证体系,检查其保证体系的完备性和有效性,是搞好工程质量监理的重要前提。

要有效地进行工程质量控制,必须坚持预防为主的原则,做好工程质量的主动控制。

建筑工程的施工过程,是一个从投入各种资源开始,按规定的程序和方法形成满足设计要求的建筑产品的系统过程。因而,施工阶段的质量控制也是一个从投入资源的质量控制开始,经过一系列工序质量控制,直到完成工程质量检验、竣工验收及缺陷责任期的质量保修行为全过程的系统控制过程。对投入资源的质量控制是确保工程质量最基础的工作。例如,对承包人人员素质及质量保证体系的审查、监督与控制;对施工组织设计、施工方案、施工工艺的审查与确认;对进入现场的材料、构配件、设备的质量检验与控制,包括对生产厂家的资质、生产许可证及产品出厂合格证进行核查,督促承包人按合同规定的质量标准组织订货、采购、装运,按标准检查验收,按要求堆存保管等。

要有效地进行工程质量控制,必须认真做好工程施工过程中的工序质量控制和中间验收工作。一方面,要督促承包人在施工过程中认真执行有关"企业自检"的一系列行之有效的规章制度,防止不符合技术质量标准的工程或产品进入下一道工序或提交监理工程师验收,以保证"不合格的原材料、半成品不使用到工程上,不合格的工程不交工"。另一方面,监理工程师要严格控制每一道工序的质量,对关键部位进行旁站监理、中间检查和技术复核,防止质量隐患;实行检查认证制,未经监理工程师检测、验收并签证认可的不准进入下道工序、隐蔽工程不准覆盖;把对工序的质量签认与每月进行的中期支付相结合,规定质量不合格的工程不予计量,未经计量签证的工程不予支付。

要有效地进行工程质量控制,还必须严格对交工验收期的控制。这一阶段的质量控制,必须通过各种试验手段核查工程项目有关物理性能方面的质量要求;通过现场测量核实几何要素方面的质量要求;通过现场检验观察核实功能方面的质量要求。交工验收一般按规定的技术标准和行政部门规章进行。

三、质量控制方法

施工阶段是工程项目质量控制最困难、工作量最大的一个阶段。主要控制方法有：

(1) 充分利用审查、核定、批准等手段，对影响质量的各方面因素进行全面质量控制。例如在施工准备阶段和施工阶段：

①对承包人配备的技术管理人员及材料试验资格证书的审查；

②对承包人配备的施工船机是否满足技术规范规定的工程质量标准的要求进行的审查；

③对承包人提出的施工方案和技术措施的审批；

④对承包人拟在工程中使用的原材料、混凝土预制构件的来源、质量及检验合格证书的审批；

⑤对工程混凝土配合比设计及试验结果的审批；

⑥对承包人的质量保证体系的审查；

⑦对承包人开工前对建(构)筑物各几何要素的测量成果的审核；

⑧对承包人每道工序开工前所提《开工申请单》的审批；

⑨对单位工程质量检验资料的审核；

⑩对工程变更的审批等。

(2) 加强对施工过程的监督检查。对施工比较复杂、工程质量保证因素不稳定，随时有可能出现异常情况的工序，例如，混凝土钻孔灌注桩工程中浇灌混凝土工序，可实施全过程旁站，以便监督整个生产过程；对那些虽然关键、重要，但施工过程相对稳定的工序，例如采用预压排水加固方法处理软黏土地基，则可实施部分时间旁站；对于那些施工简单或受后续工序制约的工程，如大面积的陆域土石方回填工程，则可利用少量时间和随机抽查的形式进行巡视和抽查。

监理对施工质量的检查有开工前的检查，其目的在于检查是否具备开工条件，开工后能否保证工程质量和顺利、连续地进行施工；工序交接检查，这是确保整个工程质量的基础，是质量控制的重要环节；隐蔽工程覆盖前的检查；停工后复工之前的检查；分项、分部工程完工后的检查以及日常检查。例如，在施工阶段：

①检查施工中使用的原材料、混凝土构件、设备是否与批准的质量标准一致，检查混凝土配合比是否为批准的配合比；

②检查施工工艺是否符合技术规范的规定，是否按开工前监理工程师审批的施工方案进行施工；

③检查施工现场测量标桩、建筑物的定位放线及高程水准点，并复核重要工程的桩位及高程；

④严格检查、验收每一分项(隐蔽)工程的施工质量，做到上一分项工程合格后才准许进行下一个分项工程；

⑤把好分部工程质量验评关，认真贯彻不合格的工程不计量、不支付的原则；

⑥对施工中发生的工程缺陷或质量事故及时进行调查处理，达到设计和技术规范的质量

要求后,才准许承包人继续施工。

(3)测量与试验。对工程建筑物和构筑物的几何要素如高程、轴线位置、长、宽、高等尺度,可利用测量复核的手段予以控制。事实上,测量贯穿整个施工监理的全过程。开工前对承包人的施工定位放线进行核查;施工过程中利用测量手段进行施工控制;对已完工程,要利用测量手段对各部位的几何尺寸、高程、坡度等进行验收。对地基承载力、岩土物理力学指标、原材料及混凝土的性能指标等,则必须通过监理试验取得数据,用数据判定工程质量是否合格。以试验数据作为工程质量评价的唯一依据,作为工程验收中"确认"或"拒绝"的依据。

(4)严格执行质量控制工作流程。质量控制工作流程是为了保证监理工程师有效地控制工程质量、将工程实施过程中承包人和监理工程师执行有关质量检验标准应做的工作按时间顺序确定的工作步骤。执行严格的工作流程,可以使监理工作规范化、标准化。

图5-9质量控制工作流程图是根据现行《水运工程质量检验标准》拟定的施工阶段质量控制流程的建议方案。该流程图包含了开工准备、分项(隐蔽)工程验收、分部工程验收、单位工程验收和交工验收五个阶段。显然,其中的施工准备和分项(隐蔽)工程验收是施工阶段质量目标控制的重点。

当出现质量事故时,则必须严格遵循质量事故调查处理程序。监理工程师必须通知施工单位承包人暂停施工,并要求承包人书面报告事故情况、原因分析及初步处理方案;然后由监理工程师组织事故调查,必要时还要进行检测试验,确定事故性质,提出事故处理建议;承包人根据监理工程师的建议拟定具体的处理方案和措施,报监理工程师审批;监理工程师批准之后,由承包人实施处理,并由监理人员检查验收;经验收合格,方可恢复其后续工程的施工。

(5)监理工程师指令文件。在工程质量监理中,监理工程师可以通过各种指令文件向承包人指出施工中存在的问题和质量事故苗头,提醒、督促承包人加以注意或改进;当监理工程师发现或确认发生了工程质量事故时,可以向承包人发出《质量事故通知单》、《施工缺陷通知单》之类的指令文件,督促承包人处理和整改。当发现诸如隐蔽作业未经现场监理人员检查而进行下一道工序、已出现质量异常情况、经监理人员提出后承包人未采取改进措施或改进措施不力,使用无产品合格证的材料或擅自替换、变更工程材料等情况时,监理工程师有权下达停工命令。

(6)拒绝支付。质量控制工作流程清楚地表明,监理工程师的质量监理权是以计量支付确认权为保障的。工程支付的条件之一,就是工程质量要达到合同规定的标准。因此,当承包人的工程质量没有达到合同规定的标准时,监理工程师有权采取拒绝支付的手段,停止对承包人部分或全部工程款的支付,由此造成的损失概由承包人承担。这是对承包人有效的约束,是确保工程质量的重要措施,也是监理工程师进行质量监理的一种有效方法。

以上方法是相互联系、相辅相成的。监理工程师可根据实际情况单独采用某一种方法,也可同时采用其中的几种方法。

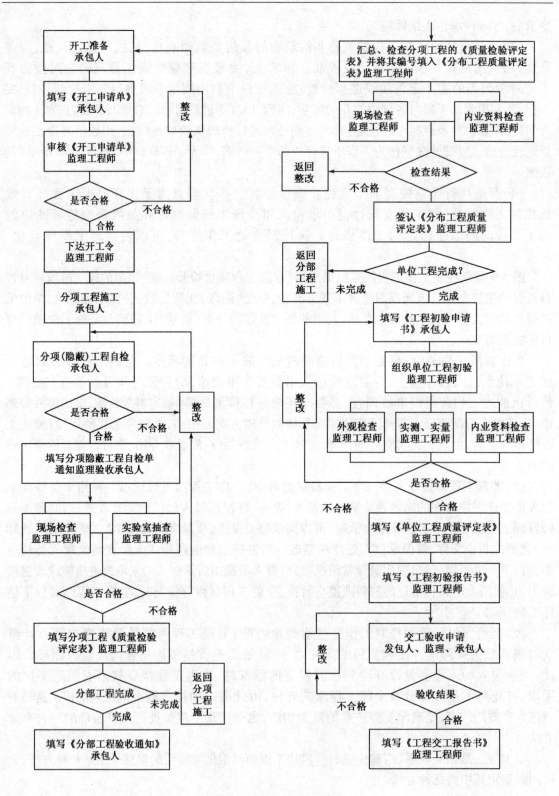

图 5-9 质量控制工作流程图

第四节 环境保护监理

一、概述

施工环境保护监理,是指监理单位依法承担建设项目施工期间的环境监督管理工作,对承包人在施工活动中污染防治和生态保护与恢复等情况进行监督管理,确保各项环保措施落实的专业化服务活动。环境保护监理一般分为"环境达标监理"和"环保工程监理"两类。环境达标监理的主要任务是对工程建设过程中污染环境、破坏生态的行为进行监督管理,防止或减少施工过程污染物排放和生态破坏,实现污染物达标排放或符合生态保护要求,如噪声、废气、污水、固废等污染物排放达标,水土流失、生态恢复、自然保护区、水源区和风景名胜区保护等符合要求。环保工程监理的主要任务是对工程的环保配套设施进行施工监理,落实项目环境影响评价文件中的环保设施要求,确保"三同时"的实施,如临时用地复垦、水土保持、景观绿化等生态工程、雨水径流收集、污水处理、声屏障、消烟除尘设施等。

环保监理目标:一是工程施工过程中的噪声(振动)、废气、污水、固体废弃物等排放达到国家相应标准;二是生态环境保护、水土保持等措施符合建设项目环境影响评价文件和水土保持方案的要求;三是声屏障、绿化、污水处理等环保工程设施施工符合相应规范和合同规定;四是施工期不发生重大环境污染和生态破坏事件。

二、施工环境保护监理工作程序

(1)依据监理合同、设计文件、环评报告与水土保持方案及批复以及施工合同、施工组织设计等编制施工环境保护监理规划。

(2)按照施工环境保护监理规划、工程建设进度、各项环保对策措施编制施工环境保护监理实施细则。

(3)依据编制的施工环境保护监理规划和实施细则,开展施工期环境保护监理,检查承包人制订的环境保护措施的落实情况,进行验收、计量与支付。

(4)工程交工阶段编写施工环境保护监理总结报告,整理监理档案资料,提交发包人。

(5)参与工程竣工环境保护验收和水土保持验收。

三、施工环境保护监理工作内容及方式

监理工程师对施工活动中的环境保护工作按照施工进程实施动态管理。环保达标监理的工作方式以日常巡视为主,以便及时调整环保监控力度。环保工程作为交通建设工程的附属工程,其施工监理的内容、监理程序和方式,以及工作方法与主体工程相同。

施工期的环境保护监理,应体现出事前控制和主动控制的要求,结合水运施工的特点,注重监理实效。施工环境保护监理一般应包括以下内容:

1. 施工准备阶段的环境保护监理工作

(1)参加设计交底,熟悉环评报告和设计文件,了解工程建设项目的具体环保目标。

(2)审查承包人的施工组织设计和开工报告,对环保实施方案提出审查意见,包括施工中须保护的环境敏感点、具体的环保措施、环保管理制度和环保专业人员等。

(3)审查承包人的临时用地方案是否符合环保要求,临时用地的恢复计划是否可行。

(4)审查承包人的环保管理体系是否责任明确,切实有效。

(5)参加第一次工地会议,对工程建设项目的环保目标和环保措施提出要求。

2. 施工阶段的环境保护监理工作

(1)对工地进行巡视或旁站监理。

(2)向承包人发出环保工作指令。

(3)检查环境保护措施和成果。

(4)协助环保主管部门和发包人处理突发环保事件。

(5)建立、保管环境保护监理资料档案。

(6)参加工地例会。

3. 交、竣工阶段及缺陷责任期的环境保护监理工作

(1)参加交工检查,确认现场清理工作、临时用地的恢复和取(弃)土场的复绿等是否达到环保要求。

(2)评估环保任务或环保目标的完成情况,对尚存的主要环境问题提出继续监测或处理的方案和建议。

(3)定期检查承包人对环保遗留问题整改计划的实施,并根据工程具体情况,建议施工单位对整改计划进行调整。

(4)检查已实施的环保达标工程和环保工程,对交工验收后发生的环保问题或工程质量缺陷及时进行调查和记录,并指示承包人进行环境恢复或工程修复。

(5)检查承包人的环保资料是否满足竣工环保验收的要求。

(6)整理施工环境保护监理竣工资料。

(7)参与竣工环境保护验收和水土保持验收。

4. 环境监测

根据有关规定,施工期的环境监测工作由发包人委托有资质的环境监测单位开展,也称为外部监督监测。监理工程师应协助发包人落实施工过程的环境监测计划。

一般施工期外部监督监测的每次间隔时间往往比较长,提供的是固定点位的前后历史对比资料。根据工程的实际进展,环保监理工程师有时候会需要一些即时监测数据,对常规污染因子及突发污染事故进行监测,也称为内部监理监测。监理监测的测点选择、监测频次、监测时间等,可根据施工进度计划等进行预先安排。监理环境监测应定期进行,使数据有可比性,为制定环境保护监理措施和判断环保措施执行效果提供依据。因此环保监理单位有必要自备一些常用的监测设备,能够自行监测一些比较简单的项目。

5. 其他环保措施的监理

根据不同项目的实际情况,环评和水保文件会提出有针对性的环保措施,甚至会有比较特殊的措施,例如指定范围内的拆迁等。对于环境影响评价报告提出的经批准的措施,应协助发包人有效实施。

6.施工环境保护监理工作方法

监理工程师应常驻工地,对施工活动的环境保护工作实施动态管理,其工作方式以巡视为主。监理工程师根据工程项目施工区污染源分布的实际情况定期或不定期对各个工点进行巡视。对于敏感的施工地段,巡视频率应适当增加。

监理过程中如发现环境污染和生态破坏等情况,监理工程师应立即通知承包人限期整改。一般性或操作性的问题,可以采取口头通知形式。口头通知无效或有污染隐患时,应发出书面的监理通知,要求承包人整改,并根据承包人的书面回复,检查其整改结果。严重的环保问题,还应同时向发包人汇报。如整改情况不理想,可以发布停工指令。

四、施工阶段的环境保护监理工作要点

1.在施工准备阶段,环保监理工程师应作好以下准备工作

(1)熟悉工程资料,掌握工程整体情况,包括工程环境影响区域。在此阶段,监理工程师需要熟悉的资料有工程环境影响报告书、水土保持方案及相应的批复、工程设计文件中的环境保护篇章、施工合同中的环境保护条款、工程所在地的环境保护要求等。

(2)审查承包人提交的临时工程设计文件中的环境保护措施和方案。

(3)编制施工环境保护监理规划。

(4)编制监理实施细则。

(5)根据合同要求,配置满足工程需要的仪器。

(6)建立环保工作网络,要求承包人建立环境保护管理体系。

(7)审查承包人编制的《施工组织设计》,主要审查施工污染防治方案,了解污染物的排放环节、排放的主要污染物、采用的治理措施、污染物的最终处置方法和去向;对不符合工程环保要求的环节和内容提出改正要求,对遗漏的环节和内容要求增补。

(8)参加第一次工地会议,进行环境保护交底。

2.施工临时用地对环境的影响因素及环境保护要点

施工临时用地上的设施、工程和施工作业活动对环境会造成一定程度的影响,环境保护监理要针对生态敏感点、土地利用、社会环境、陆生生物、水生生态系统、土壤等重要环境保护对象和环境要素,确定具体的环境保护监理工作要点。

3.典型施工活动的环境保护监理工作要点

(1)码头水上施工的环境保护要点

码头水上施工一般包括码头前沿基槽挖泥、基床施工、平台及码头沉桩、上部结构施工等施工过程。其环境保护要点包括:

①水上施工时应优化施工设计方案,尽可能采取先进施工工艺,加强科学管理,在确保施工质量前提下提高施工进度,尽量缩短水下作业时间。

②加强施工设备的管理与维修保养,杜绝泄露石油类物质及所运送的建筑材料等,减少对水域污染的可能性。

③施工中挖出的淤泥、废渣卸到海洋主管部门指定的抛泥区。

④水上平台工作人员的生活污水、压载水及生活垃圾、施工垃圾不得直接排放和抛弃到海中,应设立临时厕所与垃圾箱,设专人定期清理,以减少对水质的污染。

⑤施工船舶压载水、生活污水、含油污水集中处理达标排放,船舶垃圾集中收集处理。

⑥沉箱临时存放区应避开具有特殊保护价值的海域。

(2)码头水上施工环境保护监理要点

①在工程开工前,监理工程师应审批施工方案中的环保措施。要求承包人采取周密的环境保护措施。

②监理工程师根据工程环境影响特点,确定本阶段环保监理的巡视、旁站计划。监督检查承包人是否按环保要求进行施工。

③监督检查施工中产生的淤泥、废渣等固体废料的处理处置情况。

④监督检查水上平台人员生活污水及生活垃圾处理处置情况。

⑤监督检查施工船舶产生的污水及垃圾的处理处置情况。

⑥对施工过程中不符合环保要求的行为,监理工程师可以发出监理指令,责令改正;情况严重时可发出暂时停工令。承包人无正当理由拒绝整改的,监理工程师可以对该部分工程量拒绝支付。

4. 交工验收与缺陷责任期环境保护监理

监理工程师在交工环境保护验收和缺陷责任(保修)期环境保护监理中的主要工作任务有:

(1)交工验收阶段,监理工程师检查施工合同约定的环境保护各项内容的完成情况,指出遗留的环境保护问题,监督其整改,以免承包人撤出后无法落实。必要时,邀请环保和水保行政主管部门参加部分已整治、恢复好的临时用地的初验和移交。最终形成环境保护初验结果,对该项工程是否可进行下一步的交工验收提出意见和建议。

(2)缺陷责任期(保修期)的环境保护监理工作内容主要包括:定期检查承包人对交工环境保护验收提出的环境保护遗留问题(环保、水保等)整改措施和计划的实施情况;对项目环境保护设施工程施工进行现场监理,并对环境保护设施运行情况进行检查;编写施工环境保护工作总结报告;整理完成环境保护监理竣工资料,并编写工程环境保护监理总结报告。

第五节 施工安全监理

一、概述

安全监理是指工程监理单位受发包人的委托,依据国家有关的法律、法规和工程建设强制性标准及合同文件,对水运工程安全生产实施的监督检查。安全监理是水运工程监理的重要组成部分,是水运工程安全生产管理的重要保障。

监理工作是一个整体,不可将安全工作与其他监理工作隔离开来,比如在审查施工方案或专项施工技术措施中的技术可行性、可靠性等内容时,对其安全验算进行审查,在进行质量检查、旁站或巡视时,也需进行安全方面的查看,以发现可能存在的安全隐患,并进行处理。

二、安全监理范围

监理单位应当按照法律、法规和工程建设强制性标准进行监理,对工程安全生产承担监理责任。应当编制安全生产监理计划,明确监理人员的岗位职责、监理内容和方法等。对危险性较大的工程作业应当加强巡视检查。

监理单位应当审查施工组织设计中的安全技术措施或者专项施工方案是否符合工程建设强制性标准。监理单位在实施监理过程中,发现存在安全事故隐患的,应当要求施工单位整改,必要时,可下达施工暂停指令并向发包人和有关部门报告。

监理单位应当填报安全监理日志和监理月报。

《建设工程安全生产管理条例》规定了监理单位安全生产管理的范围是:

(1)审查施工组织设计中安全技术措施或专项施工方案。

(2)在实施监理过程中,发现存在安全事故隐患的,应当要求承包人整改。

(3)情况严重的,应当要求施工单位暂时停止施工,并及时报告建设单位。

(4)承包人拒不整改或者不停止施工的,应当及时向有关主管部门报告。

(5)应当按照法律、法规和工程建设强制性标准实施监理。

三、安全监理工作内容

监理人员的安全管理工作是消除安全事故因素的外部力量。工程的安全事故与工程施工生产密切相关,为了能够预防工程安全事故,必须消除施工生产过程中人的不安全行为和物的不安全状态。监理人员的安全管理必须通过施工管理人员的贯彻才能成为有效的措施。

(1)工程开工前,监理工程师应审查承包人编制的施工组织设计中的安全技术措施或专项施工方案是否符合强制性标准,审查合格后方可同意工程开工。审查重点是:

①安全管理和安全保证体系的组织机构,包括项目负责人、专职安全管理人员、特种作业人员配备的数量及安全资格培训持证上岗情况。

②承包人是否在其内部各种管理制度的基础上,有针对性地建立了施工安全生产管理体系和运行机制,制定了安全管理规章制度、安全操作规程。

③承包人的安全防护用具、机械设备、施工机具是否符合国家有关安全规定。

④是否制定了施工现场临时用电方案的安全技术措施和电气防火措施。

⑤施工场地布置是否符合有关安全要求。

⑥生产安全事故应急救援方案的制订情况,是否针对重点部位和重点环节制定的工程项目危险源监控措施和应急方案。

⑦施工人员安全教育计划、安全交底安排。

⑧安全技术措施费用的使用计划。

⑨监理工程师必须结合对承包人施工组织设计的审查,重点审查其质量保证体系、安全生产保证体系的建立和实施计划,发出相应的修改完善的监理指令。

(2)监理工程师应审查分包合同中是否明确了承包人与分包人各自在安全生产方面的责任。

(3)监理工程师在巡视过程中应监督承包人按专项安全施工方案组织施工,若发现承包人未按有关安全、法律、法规和工程强制性标准施工,违规作业时,应予制止。

对危险性较大工程作业等要定期巡视检查,如发现安全事故隐患,应立即书面指令施工单位整改;情况严重的应签发《工程暂停令》要求承包人暂停施工,并及时报告发包人。承包人拒不整改或者不停止施工的,监理工程师应及时向有关主管部门报告。

(4)督促承包人进行安全生产自查工作、落实施工生产安全技术措施,参加施工现场的安全生产检查。

(5)建立施工安全监理台账。

监理机构应建立施工安全监理台账,由专人负责。监理人员每次巡视、检查工作对涉及施工安全的情况、发现的问题、监理的指令及承包人处理的措施和结果应及时记入台账。监理工程师应定期检查施工安全监理台账记录情况。

四、安全监理程序和主要内容

安全监理是工程监理工作中的重要组成部分,内容涉及工程建设各个阶段。工程施工安全监理程序和主要内容主要有:

1. 施工招标阶段安全监理主要内容

(1)审查投标人的资质和安全生产许可证。
①协助发包人编制招标文件中相关安全生产的条款。
②协助发包人进行资格预审及投标文件符合性的核查。
(2)协助发包人拟定工程施工安全生产协议书。

2. 施工准备阶段安全监理主要内容

(1)安全监理的工作准备。
①组织监理人员开展安全教育,确定安全监理工作内容。
②安全监理方案及其实施细则的编制。
(2)审查承包人的安全生产管理体系。
(3)审查承包人的安全设施、设备、特种作业人员进入现场的报验手续。
(4)审查施工现场的平面布置。
(5)审查安全技术措施或者专项施工方案。
(6)审查承包人事故应急救援预案。

3. 施工阶段安全监理主要内容和工作程序

施工阶段,监理机构应派专人对施工现场安全情况进行巡视检查,对发现的各类安全隐患,应书面通知承包人,并督促其立即整改;情况严重的,监理工程师应及时下达工程暂时停工令,要求承包人停工整改,并同时报告发包人。隐患消除后,监理工程师应检查整改结果,签署复查或复工意见。承包人拒不整改的,监理工程师应当及时向发包人或工程所在地交通主管部门报告。施工阶段监理工程师安全监理的工作程序如图 5-10 所示。

(1)施工现场日常安全监理的工作程序和内容。

①日常安全监理。通过加强监督、巡视检查和监理会议等方式进行。

②日常安全监理实施程序。在日常安全监理工作中发现问题后的工作程序为：发出口头通知，开具整改通知单；召开专题监理例会；签发"工程暂停令"；向建设主管部门报告等。

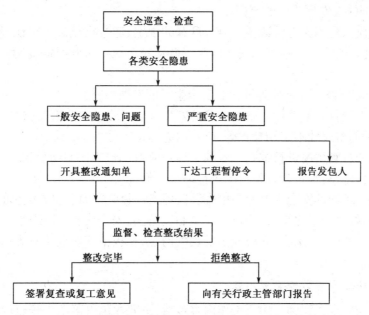

图 5-10　施工阶段监理工程师安全监理工作程序

(2)监督承包人按已批准的施工方案组织施工。

①监督施工安全技术措施的实施。

②监督专项安全施工方案实施。

③及时制止违规行为。

(3)巡视检查。

监理工程师应每天对施工过程中的危险性较大工程作业情况进行巡视检查，发现未按施工方案施工或违规作业行为时应及时制止。

(4)核查现场机械和安全设施的验收手续，签署意见。

监理工程师应对施工现场使用的施工机械和设施的采购、租赁，起重机械的现场安装和拆卸，起重机械的检测与验收等情况进行检查验收。监理工程师核查承包人提交的有关施工机械、安全设施等验收记录，并在验收记录上签署意见。

(5)检查现场安全防护设施等是否符合规范要求。

①检查施工现场安全防护用品的提供及使用情况。

承包人应当向作业人员提供安全防护用具和安全防护服装，并书面告知危险岗位的操作规程和违章操作的危害。作业人员应当遵守安全施工的强制性标准、规章制度和操作规程，正确使用安全防护用具、机械设备等。

②安全标志。

承包人应当在施工现场出入口或者沿线各交叉口、施工起重机械、拌和场、临时用电设施、爆破物及有害危险气体和液体存放处,以及孔洞口、隧道口、基坑边沿、脚手架、码头边沿等危险部位,设置明显的安全警示标志或者必要的安全防护设施。

③安全防护设施。

承包人应当在施工现场做好各项施工的安全防护,配备必要的防护设施。

(6)签认安全施工专项费用的使用。

监理工程师应依据国家有关法律、法规、规章的规定,通过审核施工组织设计中的施工安全技术措施,对列入建设工程预算的安全作业环境及安全施工措施所需费用使用情况进行审核签认。

(7)督促承包人自检、进行抽查及参与安全生产的专项检查。

①督促承包人进行安全自检。施工项目的安全自检可分日常性检查、专业性检查、季节性检查、节假日前后的检查和不定期检查等,应定期进行。

②对承包人的自查情况进行抽查。监理工程师应对承包人的自查情况进行抽查,抽查后应编制安全检查报告,对承包人自检情况进行综合评价。

③参加发包人组织的安全生产专项检查。监理工程师应参加发包人组织的各种安全生产专项检查,配合做好对施工现场安全管理、安全制度落实、安全防护、文明施工、危险作业环境防护、施工用电等专项检查工作,对检查中发现的问题,积极落实承包人整改,复查整改情况,并及时向发包人汇报。

4. 交工验收阶段安全监理主要内容

交工验收阶段监理工程师的主要工作内容包括:协助发包人落实工程建设项目"三同时"的规定;审查安全设施等是否按设计要求与主体工程同时建成交付使用;承担交工验收至竣工验收阶段质量缺陷和问题修复施工作业安全管理责任。

第六节 合 同 管 理

一、合同管理的基本概念及作用

工程项目合同管理是指对工程合同的签订、履行、变更和解除进行监督检查和考核,对合同争议和纠纷进行调解和处理,以保证合同依法订立和全面履行的管理行为。工程项目合同是法人之间为完成工程项目,明确双方相互权利和义务的协议,属于经济合同的范畴。因此,它除了具有一般合同的法律特征外,还具有以下几个方面的特征:

(1)经济法律关系多元性。

这主要表现在合同签订和实施过程中会涉及多方面的关系,如发包人,监理单位,承包人;承包人又可能涉及分包人、构配件生产和设备制造厂商、银行和保险公司等。因此,围绕一个工程项目,可能要求用合同联结、处理众多的错综复杂的关系。

(2)内容庞杂,条款多。

这是由于工程项目经济法律关系的多元性、工程项目的单件性和影响制约因素的复杂性,致使工程合同除了工作范围、工期、质量、造价等一般条款外,还要列出一些特殊条款,并涉及保险、税收、文物、专利等多种内容。

（3）合同履行的方式具有连续性，履约周期较长。

工程项目的实施必须连续地、循序渐进地进行，故履约方式也表现出连续性和渐进性。建筑工程往往要经历较长的周期，因而合同的履行周期较长。

（4）合同的多变性。

这是由于工程项目在实施过程中受到地区、环境、气象、水文、地质、地形、社会政治、生产要素市场等多方面的影响，因而不可避免地会出现对设计、进度计划的修订，对某些合同条款的变更。

（5）合同的风险性。

因上述工程项目关系的多元性、合同的多变性、履约周期长等特征，加之项目投资多、竞争激烈等因素，构成和加剧了工程合同的风险性；慎重研究分析各种风险因素，在签订合同时认真拟订风险条款，在执行合同中预防、减少风险的损失，无疑是十分重要的。

由于工程项目的性质；规模、承包范围、承包方式、复杂程度、付款方式、承担风险程度及合同双方所处的地位不同，工程项目合同类型的划分也有所不同。

根据承包范围划分，有项目总承包合同（交钥匙工程合同）、项目勘察设计合同、建筑安装工程承包合同、物资供应合同、劳务承包合同、工程监理合同等；按商务付款方式划分，有固定总价合同、固定单价合同、保证最大价格合同、差额共享式合同、实际成本加固定数额酬金合同、实际成本加百分比酬金合同等。

在选择合同类型时，应主要考虑下列因素：

（1）建设项目的规模、性质和复杂程度。

在一般情况下，规模大、技术复杂的工程项目风险也相应较大，故不宜采用固定总价合同。

（2）项目的可确认程度。

对固定总价、固定单价和保证最大价格合同，要求项目内容清楚，以便能较准确地估算工程造价；若双方对项目内容及要求难于确认，则不宜采用上述合同形式。

（3）项目双方的意愿和策略。

对大型复杂的项目，由于风险大，承包人可能将风险费用和盈利估高以应对可能出现的风险，因而采用固定总价合同对发包方并不一定有利。

（4）竞争激烈程度和市场供求情况。

当承包市场出现供过于求的买方市场时，发包人对合同类型的选择有较大的主动权；反之，或承包人对项目某种特殊技术处于垄断地位时，则承包人对合同类型的选择有较大的主动权。

（5）项目工期要求的紧迫程度。

工期要求过紧的项目，往往因准备工作不充分而使项目难于确认，此时宜采用成本加酬金合同。

（6）建设项目的外部条件和风险。

工程项目有可能受到政治动乱、天灾、气候恶劣、通货膨胀等外部条件影响的，风险较大，一般不宜采用固定总价合同和交钥匙合同。

（7）发包人（或监理工程师）的管理能力。

当管理能力较弱时,不宜采用实际成本类合同。

项目合同管理的主要作用表现在:

(1)促进实现工程建设活动中的各种经济协作关系,协调各参与方的利益和工作积极性,确保项目目标的实现。

(2)正确选择合同类型,优化合同结构,避免或减少出现不完善的项目合同,预防和减少合同纠纷,提高合同的履约率。

(3)规范、约束合同双方的行为,不断提高项目管理水平。

二、合同管理的主要内容

工程项目合同管理的任务是根据有关法律当事人依法签订、履行、变更、解除合同和承担违约责任,制止和查处利用工程合同进行违法活动的行为,保证工程项目建设顺利进行。

工程项目合同管理的主要内容如下:

(1)建议发包人科学地选择合同类型,优化项目的合同结构,建立项目合同结构图(图5-11)。合同结构图反映工程建设中各参与单位之间的合同关系,是项目合同管理的基础工作。

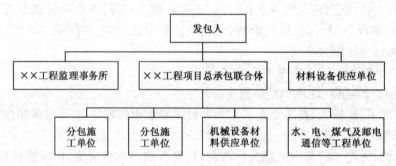

图5-11　××工程项目合同结构图

(2)建立健全项目合同管理制度,包括合同管理机构及管理人员;规范合同起草、签订、审批、处理、保存的工作流程;合同归口管理制度;合同执行考核制度;合同台账、统计及归档制度等。

(3)建立合同管理系统,包括:

①合同分析。项目合同分析就是要弄清合同中的每一项内容,如对共同承担风险的条款和法律条款,对合同条款的变更、延期说明、成本变化、成本补偿等进行仔细的分析解释,对那些与发包人有关的活动分类存档,以防漏项。合同分析是解释合同双方法律责任的依据。

②形成合同数据档案。合同数据档案就是要把合同条款分门别类地进行归纳,如技术规范、特殊的技术规则、费用控制条款、质量控制条款、进度控制条款等,然后将它们存放在相应的位置上,便于计算机检索。为了上述目的,应建立科学的合同编码系统。

③合同网络系统。它是为了把合同中的时间、工作、成本用网络形式表达,从而使合同管理过程同工期联系起来。

④合同监督。一是对合同条款进行经常解释,以便根据合同要求掌握工程进展情况;二是对双方来往信函、文件、会议记录、发包人口头或电话指示等进行检查和解释。合同监督的目

的在于保证各项工作的精确性,符合合同要求。采用履约情况统计表、流程图、质量检查评定等都是合同监督的有效办法。

(4)工程延期与费用索赔管理。

工程延期的含义已在进度控制一节中阐明。导致工程延期的因素合同条件有说明,这些因素不外以下3类:一类是合同双方均无过错的因素;一类是发包人或监理工程师的原因;一类是由承包人自身的原因引起的。对第一类因素,承包人可以要求延长工期;第二类因素,承包人可获得延期之外,还有可能获得费用赔偿;对第三类因素,发包人有权要求承包人承担违约误期赔偿。

工程延期的处理必须遵照一定的程序,依据充分,计算准确合理。因此,监理工程师为了搞好工程延期管理,除熟悉和掌握合同条款和技术规范外,还应充分了解工地现场情况,收集和掌握大量的原始资料,如监理日志、监理工程师日记、天气记录、工程所在地水文气象资料等,科学、公正地确定延期时间。对由于发包人或监理工程师的原因引起的工程延误,当承包人有要求时,还必须全面考虑承包人在人工费、机械设备费、材料费、分包费、管理费和利息等方面的经济损失,合理确定赔偿金额。

费用索赔是承包人根据合同条件的有关规定,通过监理工程师向发包人索取他应得到的合同价以外的费用。由于建筑产品在空间上的固定性、生产的流动性、多样性、单件性及其产品体量大、建设周期长等特点,决定了工程项目管理的复杂性和特殊性,相对一般工业产品而言,其不可预见因素多得多,因而不可避免地会出现诸如工程设计变更、施工条件改变、工程进度调整、材料费用涨价、中途停工或终止合同、拖欠工程款以及有经验的承包人不能预见到的风险事件等问题。但在工程招标时,发包人为了得到投标人的合理报价,在合同文件中往往要规定一些由发包人承担的风险或可能导致承包人增加费用的因素,以便投标单位提出合理的报价,以利于公平竞争。因此索赔管理在工程项目的合同管理中是必不可少的。

索赔必需有理有据。理由充分,索赔才能成立;依据确凿、完整,索赔额度才能取得双方的认可。一般来讲,主要依据包括工程合同及各种补充协议、投标文件、标书、工程图纸、设计变更通知书、核定单及其图纸、合同双方的往来信函、工程日志及备忘录、会议记录、工程录像或照片、财务原始单据凭证及账表、各类进度计划以及其他有关的原始资料。

索赔与反索赔并没有一个严格的界限或标准,只能以项目实施中发生的具体事件及其影响程度为依据进行评价分析。因此,合同双方必须建立良好的合作关系和信息沟通,这是搞好索赔管理的前提。

(5)其他。合同管理还包括合同的担保、变更和解除、合同公证、合同的转让与分包、违约责任、争端与仲裁等,其内容将在《水运工程合同管理》课中详细介绍。

项目合同管理要求监理工程师从投资、进度、质量、安全等目标控制的角度出发,依据有关政策、法律法规、办法、条例、标准、合同条款,认真处理好合同的签订、分析及工程项目实施过程中出现的违约、变更、索赔、延期、分包、纠纷调解和仲裁等问题,因而其内容是十分庞杂的。在京津塘高速公路工程项目的200多名监理人员中,有近40%的人主要从事合同管理工作。

第七节 信息管理

一、概述

信息管理是指对信息进行收集、整理、加工、存储、传递与应用等一系列工作的总称。信息管理的要求是及时、准确地向项目各级管理人员、各个参加项目建设的单位以及各个部门提供他们所需要的综合程度不同的信息,以便在项目建设的全过程中,对项目进行动态控制,迅速准确地进行各类决策,分析问题产生的原因,为项目总目标的控制服务。

1. 信息及其特征

目前对"信息"一词尚无确切定义。较常见的提法如:信息是指可以用语言、文字、数据、图表、图形或其他可以让使用者识别的信号来表示的,并可以进行传递、处理、应用的对象;信息就是对资料(或数据)的解释,所谓资料是指记录下来并能识别的符号、光、声、色、图像、图形、文字、数字等。由上述定义可见,信息由两大部分组成,即信息载体和信息内容。前面所说的"资料"即信息载体;对资料赋予一定的意义即对资料的解释,就构成信息的内容。信息内容反映客观事物发展变化的现象、特征及事物之间的相互关系。信息载体与信息内容二者是不可分割的。信息内容只有通过人们共同理解的信息载体的表达,才能作为信息被认识,而且只有借助信息载体才能传递、加工和存储。

一个工程项目从投资决策至项目建成交付使用涉及很多资料,如可行性研究报告、设计文件、概预算文件、各种合同、各种计划、统计表格、会议纪要、施工文件、来往信件等,都是有关项目信息的主要表现形式。

信息的基本特征:

(1)可识别性。信息可以通过人的感觉器官直接识别,也可以通过各种辅助仪器间接识别。经识别后的信息可以用文字、数字、图表、图像、代码等表示出来。

(2)可处理性。对信息可以进行加工、压缩、精炼、概括、综合、存储、传递,以适用于不同的目的。信息可以通过书、报、电视、广播、计算机网络系统等各种方式进行传递,使信息资源为更多的用户所共享。信息的可处理性是人们利用信息的基本条件。

(3)真实性。这是信息最本质的特征。对任何信息都要求真实,能客观地反映事物本质及变化规律。只有正确的信息才能指导人们的生产实践;错误的信息将导致决策失误、管理混乱、计划不周和控制失灵,造成经济损失。

(4)时效性。任何信息只有在一定时间内才能起到作用,过时的信息因跟不上客观情况的变化速率,必将失去其价值。可见,信息是有寿命的,寿命期的长短则因信息的性质不同而各异。另一方面,由于信息来源于事实,还要经过收集、处理、传递、分析等诸多环节,因而有一定的滞后性。为了保证信息的时效,必须加强各级管理人员的时效观念,提高信息的处理速度。

(5)行为性。信息可以帮助管理者及时了解各方面的情况,作用决断;可以控制生产过程中的物流;可以协助管理者实现科学管理,特别是定量管理。

(6)不完全性。这是由于人们认识事物的局限性造成的。数据、资料来源分散,往往只能反映事物某一局部的特点;人们对信息源选择不当,也会带来信息的不完全性。有鉴于此,管理者必须在确定信息源、收集和处理信息的过程中,注意去伪存真、去粗取精,保证信息的质量。

2.监理信息

监理机构应对信息的收集、分类、处理、储存、传递和发布进行管理,可根据工程建设需要运用人工与计算机辅助管理相结合的手段建立信息管理系统。

(1)监理信息的重要性。

①监理信息是监理工程师实施控制的基础。

监理的主要方法是控制,控制的主要任务是把计划执行情况与计划目标进行比较,找出差异,对比较的结果进行分析,排除和预防产生差异的原因,使总体目标得以实现。这个过程的每一步骤都必须掌握大量的相关信息,从控制的角度来讲,离开了信息是无法进行的,控制的基础是信息。

②监理信息是决策的依据。

监理决策正确与否,取决于各种因素,其中最重要的因素之一就是信息。如果没有可靠的、充分的信息作为依据,监理工程师就不能作出正确的决策。例如监理工程师在参与施工招标工作时,就必须了解参加投标的单位的技术水平、财务实力和施工管理经验等方面的信息。因此信息时监理决策的重要依据。监理决策正确与否,直接影响到工程建设项目总目标的实现。

③信息是监理工程师协调工程项目建设各有关参与方的重要媒介。

工程项目的建设过程涉及很多单位,如与工程项目审批有关的政府部门、发包人、设计及承包人、材料设备供应单位、外围工程单位(水、电、煤、通信……)、运输单位、保险、税收等,这些单位都会对工程项目目标的实现带来一定的影响。如何才能使这些单位有机地联系起来呢?就是用信息把他们组织起来,处理好他们之间的联系。

(2)监理信息的分类。

为了使信息能更好地发挥控制作用,将监理过程中涉及的大量信息按监理的目标进行划分如下:

①工程费用控制信息:指与费用控制直接有关的信息,如各种估算指标、物价指数、概算定额、预算定额、合同价、施工阶段的支付账单、原材料价格、船机台班费、人工费、各种物资单价及运杂费等。

②工程质量控制信息:国家及交通运输部颁发的质量政策和质量标准、工程项目的建设标准、质量目标分解体系、质量控制工作流程、工作制度、质量控制的风险分析、质量抽样检查数据、验收的有关记录和报告等信息,对重要的工程和隐蔽工程,还应包括有关的照片、录像等。

③工程进度控制信息:包括施工定额、工程总进度计划、分进度计划、进度控制的工作流程、工作制度、进度控制的风险分析及嫉妒记录等。

④合同管理信息:包括业主与承包人在招标过程中合同文件的信息,包括合同协议书、中标通知书、投标书及附件、合同通用及专用条件、技术规范、图纸、投标书附表、及其他有关

文件。

⑤其他信息：

a. 监理信息：监理工程师的一切指令、审核、审批意见、监理文件等。

b. 承包人的信息：反映承包人的工程进度、质量、变更、索赔、延期、单价计量、支付报表及其他方面的信息。

c. 试验信息：对施工材料等性能试验信息。

d. 原始记录：包括现场检查记录、会议记录、来往函件等。

e. 上级及业主的信息：上级有关指示、业主有关意见、决定等。

f. 环境信息：天气信息、外界的意见、建议等。

3. 信息管理系统

(1)信息系统。信息系统就是能接受、识别输入的数据(数字、文字、符号、图形等)，经过加工处理后输出供决策用的信息的系统。信息系统的基本形式如图5-12所示。

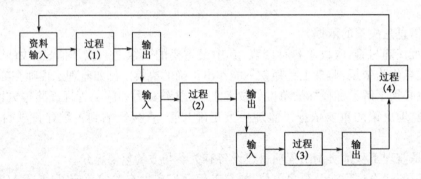

图5-12　信息系统的基本形式

图中，过程(1)是指资料(数据)加工处理过程，自然，它输出的是供决策用的信息；过程(2)是决策过程，输出决策结果，即有关行动的信息；过程(3)是执行过程，输出的是执行情况；过程(4)是反馈控制过程，将执行结果与计划目标对比而获得表示偏差的新信息，反馈给输入有关的部门以便及时进行控制调整。

在项目管理系统中，信息系统和物流系统是相结合而存在的，信息系统是反映物流系统状态的，如为反映项目建设中的人、物资、资金、设备和技术这五大资源的管理状态而形成的各类报表、统计数据、图形、曲线、图像等。管理者正是通过这些信息，来实现生产活动中各种资源的最佳配合，因此信息系统是项目管理系统的神经中枢。

(2)管理信息系统。管理信息系统是一个以计算机为基础、用系统思想建立起来、为管理决策和管理业务服务的信息系统。管理信息系统的主要要素有信息、数据、人、计算机、模型、软件、现代管理理论等，其目标是实现全面信息管理，为各管理层次提供决策、管理、业务活动所需要的各类信息。

(3)工程项目管理信息系统。工程项目管理信息系统是以工程项目为目标系统的管理信息系统，其功能主要是进行信息的收集、整理、编码、存储等，及时、准确地提供工程项目管理信息，完整地保存历史信息，供项目管理人员规划、控制、决策、查询之用。

二、信息管理的基本内容

健全的信息管理主要包括四个方面的内容,即规划信息流通渠道,制定信息管理制度,设计信息的编码体系,建立项目管理信息系统。

1. 规划信息流通渠道

规划反映各部门、各单位之间的信息关系的信息流通渠道——信息流结构图,是保证各种项目信息在项目组织内部、在项目各参与单位之间以及项目组织与外部环境之间顺畅流动的必要条件。一般说来,信息的流向不外以下几种情况:

(1)自上而下的信息流。这种信息流由命令源开始流向项目管理各部门及相关人员,信息在上,接受信息者是其下属部门与人员。这类信息主要是指管理目标、命令、上级规定、要求、业务指导意见等,包括下级必须了解的信息,如项目总目标、与项目有关的规定和条例、与下级有关的一切单位和工作部门的职责和任务等;下级应该了解的信息,如与下级有关的项目进展情况、工作中出现的问题和困难、项目目标的变更等;下级希望了解的信息,如工程项目短期的工作安排及原因、工程的特殊情况等。

(2)自下而上的信息流。这类信息源在下,接受者在上,例如进度、费用、质量、安全、消耗、效率情况,工作人员的工作情况,一些值得引起上级注意的情况、意见、建议等。这类信息是领导决策的依据,因而要认真考虑信息的数量和综合程度。信息量过少,可能导致决策失误;信息量过多则可能浪费时间,延误决策时机。为了解决上述矛盾,一个可行的办法便是建立规范化的信息目录表。

(3)横向流动的信息。这是项目管理工作机构中同层次的工作部门和工作人员之间相互提供或接受的信息。这种信息一般是由于分工不同而各自产生的,但为了共同的目标又需要相互协作时而互通有无或相互补充,以及在特殊、紧急情况下,为了节省信息流动时间而需要横向提供的信息。及时协调、消除横向信息流通的障碍,能大大提高项目管理效率。

(4)项目管理机构与外部环境之间流动的信息。项目管理系统是一个开放系统,与外部环境如项目法人、设计、施工、供应单位、质量监督部门、银行及其他有关的政府管理部门和业务部门之间的信息交换,可以及时协调项目与环境的关系,给项目实施创造有利的外部环境。

通过对每个部门或部门内各项工作任务职能的调查分析,可以画出其工作任务的输入、输出模型。以各部门或工作任务职能的输入输出模型为基础进行汇总,即可建立某部分或总体的信息流结构图。图5-13是某高速公路项目监理的计量支付报表传递图。

2. 建立信息管理制度

健全的信息管理组织和完善的信息管理制度,是建立高效的信息管理系统的必要条件。信息管理制度包括信息的收集、鉴别、整理及保存制度,反映信息综合要求的信息目录表及信息传递制度,会议制度等。

1)监理记录。

系统、完整、科学的检验、测试、试验、计量、支付、进度统计、质量保证的监理记录,不仅可以正确反映投资、进度、质量的实施情况,及时发现存在的问题,而且也是监理工程师正确发布指令、公正地处理索赔和延期、合理地协调合同纠纷的依据。

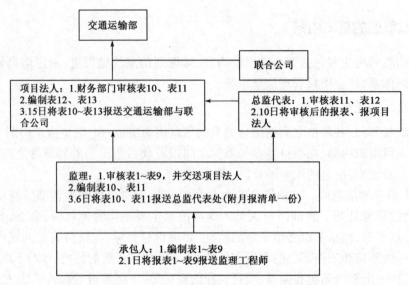

图 5-13 ××高速公路工程项目监理计量支付报表传递图

报表编号及名称：1.中间计量统计表；2.工程量清单月报；3.索赔审批书；4.工程变更一览表；5.计日工一览表；6.价格调整一览表；7.材料进场计量表；8.财务支付申请表；9.工程进度表；10.财务支付月报表；11.工程进度表；12.土木工程以外费用支付月报表；13.支付月报汇总表

在工程施工阶段,监理记录至少应包括以下内容：

(1) 现场施工历史记录。

①重点工程部位旁站记录表；

②施工监理日记；

③安全日志；

④监理业务联系单；

⑤施工监理月报；

⑥专题报告；

⑦监理工作总结报告。

(2) 工程计量与支付记录。

①中间计量单；

②工程量清单月报；

③索赔审批记录；

④工程变更记录；

⑤计日工一览表；

⑥价格调整记录；

⑦材料进场记录；

⑧费用支付记录；

⑨工程进度记录；

⑩费用支付月报表；

⑪其他有关计量支付记录。

(3)工程质量记录。
①开工申请及开工条件审核记录;
②分项(隐蔽)工程质量评定记录;
③分部工程质量评定记录;
④单位工程质量评定记录;
⑤建(构)筑物主要几何要素复核记录;
⑥外观检查评分记录;
⑦实测实量评分记录;
⑧整改通知及整改验收记录;
⑨试验及样品检验记录;
⑩质量事故及处理记录;
⑪其他有关质量的记录。
(4)竣工记录。
①设备试车记录;
②竣工测试(供水试压、消防试水、接地电阻等)记录;
③竣工资料检查记录;
④工程初验记录;
⑤竣工验收报告及竣工图纸编制情况;
⑥甩项验收时的未完成项目清单;
⑦竣工决算编制情况等。
2)监理资料管理。

工程档案是建设工程的永久性技术文件,是发包人在生产和使用中,对建筑工程进行维修、改建、扩建时的重要依据。全面记录项目实施过程的监理档案,是处理合同执行中的索赔、延期及合同纠纷的主要依据,也是监理单位总结工程监理经验教训、不断提高项目管理水平的宝贵资料。

监理资料主要应包括监理记录、监理月报和监理工作总结报告等。监理资料管理主要是规范监理资料的主要内容、文件的查阅与传递及档案的建设和保管。

《水运工程施工监理规范》(JTJ 216—2000)对监理资料的主要内容规定为:

《监理月报》应包括工程概述;工程质量情况;工程进度分析;工程款支付统计;安全生产情况;环保工作情况;监理工作执行情况;对承包人的要求;下月监理工作要点等。

《监理工作总结报告》应包括工程概况;监理单位及监理工作起、止时间;关于工程质量、进度、费用、环保控制及安全、合同管理的执行情况;分项、分部、单位工程质量评估;工程费用分析;对工程建设中存在问题的处理意见和建议;对工程的使用要求;照片或录像等。

监理资料归档可分为工程档案、财务(支付)档案和行政事务管理档案。

《水运工程施工监理规范》(JTJ 216—2000)对监理资料的归档有如下的规定和要求:

监理单位的监理档案应包括下列资料:监理合同和施工合同;《监理规划》和《监理实施细则》;与各方的往来文件;会议纪要、监理业务联系单;质量控制资料及质量事故处理报告;隐蔽/分项工程质量报验单和单位工程质量评定表;专题报告;工程费用控制资料;监理月报;工程质量评价建议;监理工作总结报告;工程交工验收资料及"交工验收证书"或"中间验收证书"等。

监理机构向业主提交的资料主要有:《监理规划》和《监理实施细则》;与各方的往来文件;会议纪要、监理业务联系单;专题报告;监理月报;工程质量评价建议;监理工作总结报告等。

3)信息目录表。

信息目录表的内容包括信息编码,根据总目标要求和管理要求拟定的信息内容、经综合后确定的信息类别,信息提供者,信息接受者及信息传递制度,提供信息时间,信息保存部门等。建立信息目录,是对信息进行合理综合浓缩,为不同层次的项目管理服务的有效办法。

表 5-1 是一张信息目录表的示例,其目的在于给出一个编制信息目录表的思路。具体到某一个工程项目,则必须根据项目实际情况进行设计。例如"信息类别",必须按实际工程项目的情况归纳分类。以"工程计量"为例,实际上可包括如下的一个工作流程:计量申请、承包人的《工程计量申请表》,随申请表提交的原始测量记录、工程量计算书、示意图和质量检验表(只对合格工程进行计量),监理的初验签认,计量的审核、批准,总监签发《中间计量证书》。"传送范围"自然应根据监理组织的具体情况进行罗列。"编码"亦需依受监项目的编码体系进行编排。

某工程项目信息目录表 表 5-1

编码	信息类型	时间	信息提供者	信息接受者						
				总监	质量	投资	进度	合同		信息
010000	上级有关工程批件									
020000	发包人来往函电等									
030000	承包人一般函件									
040000	工程设计文件									
050000	工程变更									
060000	试验、测量记录									
070000	工程质量记录									
080000	工程计量									
090000	工程款支付									
100000	工程索赔									
110000	工程材料									
120000	设备信息									
130000	开工申请审核记录									
140000	工程历史记录									
150000	竣工记录									
160000	会议协调记录									
170000	工程进度月报									

3.建立信息编码体系

工程项目信息管理具有信息量大、信息系统性强、信息传递中障碍多等特点,因而在工程项目信息管理中要求高速地进行大量的信息处理。为了使收集的信息转换为适合于计算机处理的形式,以便进行记录、运算、检索和通信,首先必须建立信息编码体系,使信息代码化。

代码是代表事物名称、属性、状态等特征的符号和记号,它可以用数字、字母和其他特殊符号来表示,也可以用它们之间的混合组成来表示。代码的主要功能是为数据项、记录、文件提供一个精炼、唯一的标识,从而节省存贮空间,缩短处理时间,提高处理效率。

合理的编码结构是信息处理系统是否具有生命力的一个重要因素。因此,设计代码时必须注意以下几个方面的问题:

(1)每一代码对其所代表的数据项目必须具有唯一性,犹如每一个身份证号码能唯一地代表某一个人一样。

(2)代码要系统化,尽量使代码结构能适应整个组织范围内各部门的需要。

(3)代码编制标准化,以便与外部系统连接成更大系统。

(4)代码设计要留出足够的位置,以适应扩展的需要。

(5)代码设计要等长,便于计算机处理,例如应当用"001—119"而不是"1—119"。

(6)尽量使代码具有直观性。

编码的方法主要有区间编码法,即一个码由若干部分(区间)组成,每一部分占有一定位数并代表一定的意义;顺序编码法,即按事件发生的顺序排列编码或按事件名称的字母顺序编码;助忆编码法,即用文字、数字或它们的组合来描述一个数据,以便能通过联想帮助记忆。以上方法各有优缺点,一般以区间编码法适应性较强,顺序编码法往往只用作其他分类编码后进行分类的一种补充手段。

4.建立项目管理信息系统

管理信息系统的基本功能是数据处理,包括数据收集、数据转换、数据的分类排队、数据的存储、数据的运算、数据的检索和数据的传输。而项目管理信息系统要解决的大多是或大或小的整个系统的问题,数据量大,而且包含大量的非数值数据。因此,建立项目管理信息系统,除了应有符合要求的硬件和系统软件外,还应有在这个基础上根据管理工作的内容、规模、性质等设计的应用软件系统。同时,由于这个系统程序量大,结构复杂,质量要求高,因而需要集中系统设计人员、程序人员及管理业务人员等多方面人员的智慧,进行研究、开发方可完成。

建立项目管理信息系统的工作包括以下3个方面:

1)进行系统分析。

通过系统分析确定项目管理信息系统的目标,掌握整个系统的内容。为此,首先要对系统的现状进行调查:有哪些部门,每个部门有哪些信息要求,产生哪些文件和资料数据,据此列出目录,研究建立系统所需要的资金、资源、技术条件和时间,确定如何分期、分批、分阶段实现该系统。其次,调查建立系统的信息量和信息流,确定各部门需要保存的文件,输出和传递数据格式,分析用户的要求,确定纳入管理信息系统的哪些内容由计算机处理,哪些可以由人工计算，绘制信息系统的数据流程图，作为系统设计的根据。再次，确定计算机的技术要求，提出对计算机的硬件和软件要求规模，进行技术经济效果评价后优选方案，还要注意将来数据的扩展余地。

2）系统设计。

以系统分析的结论为基础进行系统设计，建立系统流程图，提出程序的详细技术资料，为程序设计作准备。系统设计分两阶段进行：首先进行概要设计，内容有输入、输出文件格式的设计、代码设计、信息分类、子系统、模块和文件设计、确定流程图，提出对该方案是否可行的结论，方案的优缺点分析，实现该方案的物质条件。其次进行详细设计，将概要设计的成果进一步具体化，内容有输入、输出格式的详细设计，流程图的详细设计，程序说明书等。要求设计的信息系统简单而便于管理，灵活而能应变，完整而有利于功能的实现，可靠、经济、有效。

3）系统实施。

系统实施的内容包括设计与调试、系统转换、运行与维护、项目管理、系统评价。

(1) 程序设计，其步骤是：

第一，根据系统设计明确该程序设计的条件和要求，包括用何种语言，输入输出格式，文件组织，数据处理及程序间关系等；

第二，仔细分析处理的数据，确定输入、输出、存储及处理步骤；

第三，确定计算机操作程序、绘制程序框图；

第四，编写程序、检查、调试和写出操作说明书。

设计成功的程序要求准确、结构严密、运算迅速、节省存储空间、应变性强、便于使用维护。

(2) 程序调试和系统调试。程序调试是对单个程序进行语法和逻辑检查，然后消除程序和文件的错误。系统调试首先要对各模块进行调试以保证其正确性，然后再进行总调，将主控制调度程序和功能模块联结起来调试，检查系统中相互关系的错误和缺陷。之后，作运行前的实况测试。

(3) 系统评价。为了调查系统运行后是否达到系统设计中所提出的预定的目的，需要对系统进行管理效果评价，即对工作效率、提高管理和经营业务质量、提高工作精度、完整性、正确性、简化工作和节约时间等方面的评价。也要对经济性进行评价，包括系统的一次性投资额、经营费用、机时成本及生产费用节约额等。

(4) 系统维护。为了使程序和数据始终处于最新的正确状态，适应环境变更及业务的变化，要不断对系统进行维护。包括程序改写以提高效率，对数据进行更新，对代码订正、增添和删除，对机械设备进行维修。

(5) 项目管理。把项目管理信息系统作为一个"工程项目"进行管理，要组织操作管理人员，拟定工作计划，实施的控制和检查等。

三、监理项目信息管理系统

工程监理的方法是动态目标控制，控制的基础是信息。监理工程师在项目实施过程中，要进行动态跟踪采集、分析、处理大量的数据,完成大量的动态报告,工作量大是不言而喻的。如果完全靠人工来完成,则不仅费时、易错,甚至会影响项目顺利进行;采用监理项目信息管理系统,就能对工程项目实施准确及时的控制,大大提高工作效率。

1. 监理项目信息管理系统框架结构

监理项目信息管理系统必须能纵贯项目的全过程,覆盖费用控制、进度控制、质量控制、环保控制、安全管理、合同管理、监理机构行政事务管理等各个方面。同时,由于不同管理层次、不同部门要求有综合程度不同的信息,因而向上的信息应逐步浓缩化,向下的信息应逐步扩大、详细化,以便向各级管理部门和管理人员提供不同层次的输出结果。

为了满足上述要求,监理项目信息管理系统一般由 7 个子系统和 1 个公用数据库组成,其结构框图如图 5-14 所示。

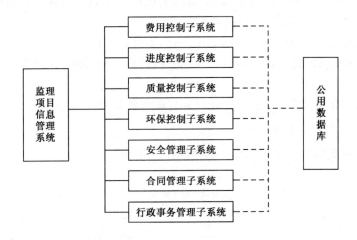

图 5-14 计算机辅助工程监理系统结构框图

2. 费用控制子系统的主要功能

按照我国工程项目建设的投资核算体系和造价管理方法,费用控制子系统的主要功能包括:

(1)确定与调整项目各阶段的投资计划值,包括概算、预算、标底的确定;概算、预算的调整;投资按时间分配计划书的编制。

(2)收集与计算项目的实际费用数据。

(3)动态比较工程费用计划值与实际值。

(4)预测项目投资。

(5)分析投资历史数据。

(6)财务用款控制,包括合同价与实际财务用款之间的比较;财务用款计划与实际财务用款之间的比较。

3. 进度控制子系统的主要功能

进度控制子系统是以网络技术为基础建立起来的,其主要功能如图 5-15 所示。

(1)运用多种网络计划技术编制进度计划,包括根据项目特性选用单代号搭接网络

(MPM)、双代号网络和多阶段网络计划(MSM)编制项目进度计划;进行网络参数的校验;进行工程计划进度参数和预测进度时间参数的计算;进行日历时间转换。

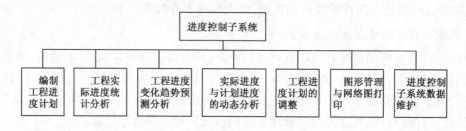

图 5-15 进度控制子系统功能图

(2)工程进度的统计和预测分析,包括显示工程目前进展情况和工程总进度;预测实际工程进度对计划工程进度的偏差,为进度调整提供依据。

(3)对实际进度与计划进度进行动态比较;提出进度比较报告。

(4)根据系统提供的进度比较报告和预测分析报告,修改网络计划参数,形成经过调整的工程进度计划。

(5)打印网络图、横道图,按最早开始时间打印资源累计曲线图。

4. 质量控制子系统的主要功能

质量控制子系统的基本功能如图 5-16 所示。

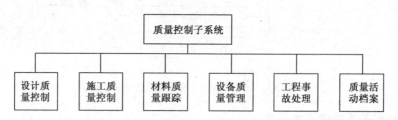

图 5-16 质量控制子系统功能略图

(1)设计质量控制,包括储存设计文件;重要设计指标、设计质量鉴定;设计文件鉴定;设计文件修改;设计修改通知单登录;设计文件交付情况统计分析等。

(2)施工质量控制,包括处理质量检验评定记录并进行统计分析;根据事先输入的评定标准进行分部工程、单位工程质量评定;质量数据统计分析,绘制直方图、控制图等管理图表;提供工程质量报表。

(3)材料质量跟踪,包括材料到货验收及入库记录;材料分配记录;施工现场材料验收记录等。

(4)设备质量管理是指对大型设备及其安装调试的质量管理,包括设备质量目标制定管理;订购设备的开箱检验记录;安装调试及试运行质量鉴定记录;委托加工设备的设计质量鉴定记录;委托加工设备的制造监控记录等。

(5)工程事故处理包括:存储重大工程事故报告;一般工程事故情况摘要;提供工程事故统计分析报告等。

(6)质量活动档案包括:存储质监人员基本情况;对分项工程质量检验评定结果进行统计汇总;提供质监人员活动月报等。

第八节 组 织 协 调

一、组织协调的概念

组织协调是指项目管理者通过协商、沟通、调度等方式,联结、联合、调和所有的活动及力量,促使参与各方协同一致、有序、协调地开展项目活动,从而实现项目预定目标的一种有效管理手段。

组织协调在项目管理中也称"界面管理",指主动协调相互作用的子系统之间的能量、物资、信息交换,以实现系统目标的活动。用系统方法分析项目组织协调的一般原理有三大类:"人员/人员界面"、"系统/系统界面"、"系统/环境界面"。

工程项目往往都是一个十分复杂的系统,包含着人与人之间的、组织与组织之间的、项目系统与环境之间的错综复杂的关系。首先,工程项目是一个由人员、物质、信息等构成的人为组织系统;项目组织中各类人员组成的工作班子中,由于个人的性格、习惯不同,岗位、任务各异,能力、作用悬殊;即便是某个组织单元结构内部,人们之间也难免有这样那样的不同见解或分歧;因此,不可避免地会存在着潜在的人员矛盾或危机;这种人与人之间的"间隔",就是"人员/人员界面"。其次,组织系统之中包含着各种机构和组织,构成了众多的子系统;这些子系统之间功能不同,目标不同,极易产生片面强调子系统利益而忽视系统整体利益的倾向;或各自为政,或推诿扯皮,干扰系统总目标,降低系统运行效益;这种子系统与子系统之间的"间隔",就是"系统/系统界面"。第三,项目组织是一个典型的开放系统;它具有环境适应性,能主动地向外部世界取得必需的能量、物质和信息,但同时也不可能没有障碍和阻力;这种系统和环境之间的"间隔",就是"系统/环境界面"。

根据系统方法,总体的作用规模要比各子系统的作用规模之和为大。为了顺利实现工程项目建设目标,必须重视组织协调工作,发挥系统整体功能。由于在项目建设的不同阶段、不同部位和参加项目建设的不同单位、不同层次之间,存在着大量的界面或结合部,沟通和理顺这些结合部的关系,化解矛盾,排除时空上的干扰,组织好工序间的衔接,使工程总体建设活动能有机地协调地进行,这是组织协调的根本任务;因此在工程建设中,组织协调最为重要、也最为困难,事关工程监理是否成功的关键。一个合格的、成功的监理工程师应该是一个善于协调并通过别人的工作把事情做好的管理者。

二、组织协调的主要内容

工程项目实施有投资、进度、质量、安全等子目标。为了提高质量、降低造价、缩短工期和安全生产,需要一定的内外条件,诸如:工作人员的素质及热情,项目组织的科学合理,资源供应及时,关联单位的密切配合,自然资源的合理利用,政策法规的严格执行,社会舆论的大力支持等。创造和促成以上条件,服务于项目实施的各项工作,正是项目组织协调的主要任务。

项目组织协调的内容,大致有以下几类:

(1)人际关系的协调。包括项目组织内部的人际关系,项目组织与外部的人际关系等,主要解决人员与人员之间在工作上的联系和矛盾。

(2)组织关系的协调。主要解决项目组织内部的分工与配合问题。

(3)供求关系的协调。包括工程项目实施中所需人力、资金、设备、技术、信息服务等,主要解决供求平衡问题。

(4)配合关系的协调。包括监理单位、项目法人、承包人、分包单位、供应单位在配合关系上协调和步调上一致,主要解决合同中的同心协力问题。

(5)外协约束关系的协调。主要是了解和遵守国家及地方在政策、法规、制度等方面的约束,请求执法部门的指导与许可。

三、组织协调的常用方法

组织协调作为项目管理的一种重要职能,在项目建设中,发挥着重要的作用。组织协调的方法和艺术,是协调是否富有成效、发挥作用的关键。不同的时期、不同的项目、不同的建设环境,协调的方法会有所不同。但下述方法却是组织协调中常用方法:

1. 人际关系协调方法

"量才用人、合理搭配"。根据个人专长进行安排,做到人尽其才;在搭配组合时注意能力互补和性格互补;配置人员少而精干,防止力不胜任和忙闲不均。

"按岗定人、职责分明"。设置岗位和订立岗位职责时,做到事事有人管,人人有专责,职责分明不交叉。

"绩效评价、实事求是"。个人业绩考核和评价时要把工作过程与工作成果相结合,实事求是。

"化解矛盾、注意方法"。调节人员之间矛盾时,要注意选取诸如谈话、沟通、批评、调解等恰当方式,做到既解决问题又凝聚队伍。

2. 组织关系协调方法

在职能划分的基础上设置组织结构;明确规定每个机构的目标职责、权限;事先约定各个机构在工作中的相互关系;建立信息沟通制度;及时消除工作中的矛盾和冲突。

3. 供求关系的协调方法

抓计划环节,解决项目建设资源的供求平衡和均衡配置安排;抓瓶颈环节,调整建设资源力量投入,集中攻坚突破瓶颈;抓调度环节,解决项目建设资源配置的落实与协调。

4. 配合关系的协调方法

强化合同意识,提醒和督促各方在项目建设工作中及时地履约;如需变更某种配合关系,一般通过协商、例会、谈判、调解等方式进行。

5. 外协约束关系的协调方法

主要运用请示、报告、汇报、送审等协调方法和信息沟通手段。

四、组织协调的意义

(1)通过组织协调调动工作人员的积极性。项目目标靠人的活动去实现。无论任何人,在工作中总会遇到困难、矛盾和阻力。这些困难、矛盾和阻力往往大量表现为人与人之间的矛盾。及时了解并妥善解决这些矛盾,可以使工作人员心情舒畅,恪尽职守,从而调动其积极性。

(2)组织协调可以提高项目组织的运转效率。项目组织内部协调,可使组织内部职责清楚,目标明确,考核准确,赏罚分明,从而减少矛盾,避免或减少内耗,增强组织的凝聚力,提高其运转效率。

(3)通过组织协调消除项目实施过程中的各种阻力和障碍。因为每个工程都是在一定约束条件下实施的。通过管理及时而有效地协调好有关约束因素,如资源、协作、政策法规等,可以变不利为有利,化消极为积极,变硬约束为软约束,确保项目顺利进行。

第九节 工 地 会 议

在水运工程施工阶段,工地会议不仅是监理工程师沟通情况、下达指令、协调矛盾的一种重要、行之有效的协调方法,而且规范化的会议制度也是监理工程师收集信息、传递信息的一种有效的信息管理制度。

工地会议通常采用第一次工地会议、周例会、月度例会、专题会议等形式,而尤其重要的则是第一次工地会议和定期召开的经常性工程例会。

一、第一次工地会议

第一次工地会议的目的在于对工程开工前的全面检查。发包人、监理工程师、承包人、分包人相互了解情况。确保工程施工有一个良好的开端。第一次工地会议在监理工程师下达工程开工令前举行。也就是说监理工程师在第一次工地会议取得满意的成果之后,才下达开工令。如监理工程师认为会议的某一问题不能达到合同要求,例如承包人的动员工作不能令人满意,或设计图纸不全,承包人开工后即可能出现等待设计,影响施工进度等情况,监理工程师可提出暂时休会,待条件具备时再复会。第一次工地会议应使合同的所有基本规则得以规定,必须进行充分准备,落实好工程开工必须具备的全部条件。

第一次工地会议应由发包人或总监理工程师主持召开。发包人代表及其有关职能人员、承包人项目经理及其有关职能人员、分包人负责人、监理工程师及有关人员应参加会议。

第一次工地会议的主要内容如下:

1. 人员介绍

介绍项目各参与方及人员情况——发包人代表、总监理工程师及其代表、承包人项目经理、分包人的负责人基本情况,出示有关函件和名单:

2. 检查承包人工作准备(动员)情况

应检查是否按合同要求递交了进度计划,进度计划是否能满足合同规定工期的要求;是否进入了项目法人提供的承包人生活用地,开始了临时工程建设;承包人递交监理批准的组织机构是否开始工作,进入工地;施工工人是否落实、进入工地;承包人的施工设备的准备情况或租借的设备合同是否落实;承包人的材料供应是否落实;是否进行了施工前的准备、测量、放线。

承包人在第一次工地会议上按上述要求具体汇报内容如下:

(1)承包人应向会议说明,其主要施工人员(含负责人和技术、机械骨干人员)已按标书表格规定如期到达,并呈交人员名单。

(2)承包人应会议陈述,按投标书表格规定应该进场的材料、机械已于什么日期抵达工地,若有改变应在附本上说明。其余机械、材料将按工程进度计划安排于什么日期到达,是否会影响正常施工。

(3)承包人应向监理工程师呈交本地建筑机械和材料清单,并说明机械类型、数量和材料的规格、数量等。

(4)承包人应向会议陈述临时工程的进展情况,陈述本地劳力准备情况并呈交劳务合同(复印件),证明已具备开工条件。

(5)承包人应向会议陈述实验室装备情况。

(6)承包人应向会议证实工地的使用范围是否已能满足合同和施工要求。

(7)承包人应汇报对施工工地技术资料、图纸、水准基点及主要控制点的测量等准备情况,是否能保证正常施工。

(8)说明与开工有关的其他情况。

3.检查发包人对合同的履行情况

发包人应通报是否对工程按合同要求进行了投保或承担了第三方责任保险;按合同规定应付的工程预付款是否到位;按合同规定,在监理工程师下达开工令的同时,发包人是否允许承包人占用工程用地,是否已解决地上、地下拆迁问题,是否已按规定份数提供图纸,是否提供了供电、道路、施工用水等情况。

4.监理工程师准备阶段的工作情况

是否已按合同向承包人提交施工图纸要求的基准点、基准线;标高等;是否书面提供总监理工程师、总监理工程师代表及监理工程师名单,对监理工程师的职责是否明确。

5.检查监理设施准备情况

监理工程师办公室及宿舍建设情况;监理工程师通信、交通工具、中心实验室的建设及实验室设备落实情况。

6.明确工程监理例行程序及协调方式

(1)明确支付报表系列和上报统计时间,下发有关报表格式。

(2)明确工程质量验收程序,下发有关表格格式。

(3)下发工程计量表格式。

(4)明确监理机构、承包人之间的往来信件、文件、报表等公文收发手续。

(5)明确监理工程师与承包人之间来往公文的验收交付手续。

(6)明确发包人和监理工程师之间的来往公文的验收交付手续。

(7)明确工程例会召开的地点、时间和议程。

(8)明确存在问题的协调方式。

第一次工地会议以互相了解、检查各方面准备情况,明确工程监理程序为主要目的,当上述目的达到,总监理工程师即可下达开工命令。

二、现场例会

召开工程现场例会的主要目的是:对施工中发现的工程质量问题、出现的施工安全问题、工程进度延误以及承包人提出工期延长或费用索赔的申请或与上述有关的一些重要事项进行讨论,作出决定;检查承包人的工程计划执行情况,随时调整计划,以满足进度计划要求;讨论重大的技术问题。

因此,现场例会是合同管理中普遍采用的一种有效的方法,对工程顺利进行起着不可低估的作用。

现场例会应在施工期内定期召开,周例会每周召开一次,月度生产协调会每月召开一次,宜安排在收到承包人进度报表及其说明后不久举行。并指派记录,对会议召开的时间、地点、各方出席者姓名、职务,所代表的单位,发言人姓名,会议决议事项的行动时间、承担者、采取的方法、步骤等,进行详细记录。

周例会应由总监理工程师或总监理代表主持,会议参加者包括:总监理工程师或代表,专业监理工程师,承包人负责人以及承包人的高级职员(总工程师、主任工程师、经济师等),分包人负责人,如有必要可以邀请发包人代表参加。同时,监理工程师如认为有必要还可以邀请其他一些有关单位或个人参加,例如供应单位和公用设施的地方当局有关人员。

月度例会应由总监理工程师或发包人主持,会议参加者包括:总监理工程师或代表,专业监理工程师,承包人负责人,分包人负责人,发包人代表及其他有关人员。

会议议程一般以满足监理工程师的有效监理而定,没有固定的模式,但应能为各方面所接受。

周例会和月度生产协调会的主要内容是:

(1)检查落实上次会议的各项决议。对上次会议难以执行的决议提出意见,并加以修正。

(2)审查各个项目特别是主要工程项目的进度情况。

(3)对下一个工程报告期的计划进行预测,分析各项目可能达到的进度和可能影响进度的因素。

(4)检查承包人工地的职员是否按计划到达;数量是否与计划所列一致;是否有因某职员未到或不足而影响工程;某分项工程是否因缺乏技术力量或其他原因,难以保证工程质量和进度;如果发现任何工程进度、质量和其他问题,承包人打算如何处理。

(5)检查承包人的设备及材料到场情况。机械运转维修是否令人满意;设备配件是否足够;外运材料是否运到;当地材料是否满足施工进度;所用材料质量是否符合规定要求;如发现有不能令人满意的任何问题,承包人计划如何解决。

(6)研究工程技术有关问题。安全生产、环境保护方面的技术问题;施工放线、测试中的主要问题;工程质量;承包人是否因技术性问题而影响工程质量;质量缺陷的整改问题等。

(7)检查落实费用支付有关问题。每月支付说明和支付证明书;计量、计日工及价格调整;工地材料预付款及现金周转问题;工程变动及违约罚款等财务支付中的问题。

(8)工地使用的陆域、水域与有关方面的关系问题;工地施工中各承包人的关系协调处理问题;与公用设施部门的关系;承包人的保险和安全事故的处理;工地运输便道及与公共交通的关系处理问题。

(9)按合同规定,讨论承包人提出的工程延期和费用索赔问题。

(10)确定下次会议时间、地点。

三、专题会议

这里所讲的专题会议,是指根据工程需要,为解决某些专门性的问题而不定期召开的会议。在工程进展中,由于各种随机干扰和风险因素的存在,难免会出现这样那样的问题。例如在×××航运枢纽工程建设过程中,正当大江截流、船闸通航指日可待时,工程所在地连续11天普降大暴雨,造成巨大的洪灾。船闸下游围堰决堤崩溃,洪水以19m高的水头冲灌基坑,两台自重70~80t的门机被冲翻。在20min时间内,全长2.2km的船闸基坑变成了一片汪洋。显然,面对这一形势,必须尽快集中参加建设的有关各方领导、工程技术专家进行现场紧急协调,制定应变措施,并研究灾情后的排水、清淤、恢复基坑道路、修复安装起吊设备等事项,抢回损失的工期。

从以上事例可以看出,这类问题的解决,往往不是工程例会所能奏效的,必须在更大的范围内,或更高的层次上,或更专门化的技术咨询专家的参与下来分析、研究、讨论,进行科学的决策。因此,这是一种相对工程现场例会而言层次更高的协调会议。

无论哪一类型的工地会议,都必须规范以下几个问题:

(1)会议名称和会议目的;

(2)会议时间、地点、主持人及参加人员;

(3)会议准备:会议程序,会议主题报告或议题的准备单位及人员,会议通知,会议的接待安排等;

(4)会议文件:会议记录,会议纪要的撰写,会议纪要的确认签署、复制、分发及归档制度。

应该特别强调的是,工程项目实施过程中情况复杂多变,工期要求紧迫,有些甚至是稍纵即逝的机会(如防洪),任何扯皮拖拉都可能导致难以挽回的损失。因此,会议参加者必须是决策授权人。

思 考 题

1. 简述项目施工阶段费用控制的主要任务?
2. 简述费用控制应采取哪些措施?
3. 绘出二级费用控制的流程图。
4. 简述费用控制的要点。
5. 项目施工阶段工程进度控制的主要任务是什么?
6. 影响工程进度控制的主要因素有哪些?
7. 有哪些进度控制的方法?

8. 简述网络计划技术控制法及其作用。
9. 简述施工阶段工程质量控制的任务及特点。
10. 监理工程师在质量控制方面有哪些职责?
11. 在施工阶段质量控制的各个环节中监理工程师应重点控制好哪几个环节?
12. 简述环境保护监理的工作内容和工作方法。
13. 简述安全监理的主要任务和工作程序。
14. 施工阶段安全监理的主要内容有哪些?
15. 合同管理的目的及主要内容是什么?
16. 解释:资料、信息、信息系统、管理信息系统、工程项目管理信息系统等概念。
17. 什么是组织协调? 简述组织协调的基本方法。
18. 工地会议有哪几种形式? 在工程实践中,你是如何运用"会议"这一协调手段的? 形式、过程及效果如何?

第六章 水运工程监理文件

【自学提要】 了解监理规划的含义及作用；了解监理规划的编制时间、编制对象和基本内容，掌握监理规划的编制方法。

第一节 概 述

按照国际惯例，建设单位在选择工程监理单位时，就建设单位拟定的委托范围和职责要求监理单位提出《投标书》或《建议书》，说明监理单位一旦被委托将要派出的监理人员的规模、结构、职责，为履行合同义务而采用的组织与管理模式，项目组织、控制的方法和措施，可资利用的人员、设备、资金、技术、信息等各种资源，附有详细说明的一个或多个技术方案，详细的目标成本预算等。上述内容，是为监理单位经营目标服务的，起着承接监理任务的作用；也是监理单位一旦被委托，据以指导监理工作的《监理大纲》及必要的承诺，是指导监理工作的纲领性文件。当建设单位选择确定监理单位、签订监理委托合同之后，《监理大纲》即成为监理委托合同的组成部分。监理单位在开始监理工作之前，组建监理机构；在总监理工程师主持下、依据《监理大纲》，制定监理机构更为详细的监理工作计划和安排，从而形成《监理规划》。

《监理规划》，是监理单位进行工程监理的重要组织文件，起着指导监理单位内部自身业务工作的功能性作用。它反映工程监理中的费用控制、进度控制、质量控制、合同管理、信息管理和组织协调等方面工作的工作流程、方法及管理原则，是指导工程监理全过程的标准文件，是把监理工作纳入规范化、标准化、避免随意性的指导文件，也是建设单位检查、评价监理单位工作的重要依据。

工程监理服务区别于其他服务的重要特征是它的科学性，而编制一个好的《监理规划》，则是监理工作科学性的重要保证。《监理规划》的编制，必须运用组织论的基本理论和组织设计的基本原则，精心规划组织结构和组织机构，明确各部门、各级人员的任务分工及管理职能分工，规范各项工作流程；运用目标管理的基本思想和基本方法，严格论证项目目标的可行性和合理性，认真分析、评价项目实施中可能存在的各种风险，逐项落实避免、减少、转移风险的有效措施，优化资源配置，确保项目目标的最佳实现。

《监理规划》如同承包人编制用于指导施工的《施工组织设计》，但它与施工组织设计有着本质的不同，它比后者的范围要宽得多。其主要区别有以下几个方面：

第一，《监理规划》为建设单位的项目管理服务，是开展项目监理的指导性文件；《施工组织设计》是工程设计和施工文件的重要组成部分，是编制工程概预算及招标文件的主要依据，是工程施工及组织管理的指导性文件。

第二，《监理规划》反映费用控制、进度控制、质量控制、合同管理、信息管理及组织协调的主要内容及工作流程;《施工组织设计》则是研究施工条件,选择施工方案,安排施工进度及施工资源投入等,是指导和组织施工的技术文件。

第三,《监理规划》可能涉及的范围包括项目设计阶段和施工阶段;《施工组织设计》只研究施工阶段的技术和组织问题。

第四,《监理规划》由现场监理机构编制,工程监理单位审批,经建设单位认可后即可付诸实施;设计阶段的《施工组织计划》由设计单位编制,并要按设计文件的报批规定报批;施工阶段的《施工组织设计》由承包人编制,并按施工文件的报批规定报批。

第二节 监理规划的编写

一、监理规划的内容

监理规划是监理单位为了履行委托合同,在监理工作开始前,由总监理工程师主持,依据《水运工程施工监理规范》和《监理大纲》;结合工程特点、施工承包合同及监理机构组成,按照监理工作规范化、标准化、程序化和制度化的要求,对完成监理工作的全面计划和安排。监理规划的基本内容,根据《水运工程施工监理规范》和工程建设管理要求,至少应包括以下几方面内容:

(1)工程项目概述,包括项目名称、地点、建设单位、建设规模、项目组成、结构形式等。

(2)监理工作依据,参见《水运工程施工监理合同范本》中合同条款第3条的约定。

(3)监理范围和目标,包括工作范围、工作内容和质量等级、进度、费用控制等。

(4)监理机构的组织形式、人员构成、职责分工和进场计划安排等。

(5)监理工作管理制度,包括信息资料管理制度、工地会议制度、工作报告制度和其他监理工作制度。

(6)工程质量控制,包括质量控制目标分解、质量控制程序、质量控制要点和质量风险控制措施等。

(7)工程进度控制,包括进度控制目标分解、进度控制程序、进度控制要点和进度风险控制措施等。

(8)工程费用控制,包括费用控制目标分解、费用控制程序和费用风险控制措施等。

(9)工程安全控制,包括安全控制目标分解、安全控制程序、安全控制要点和安全风险控制措施等。

(10)工程环保控制,包括环保控制目标分解、环保控制程序、环保控制要点和环保风险控制措施等。

(11)合同管理,包括工程变更、分包和索赔的管理及协调方法等。

二、监理规划的编写

1.监理规划的编制依据

工程项目监理规划编制的水平高低,直接影响监理工作的深度、广度和效果,是监理机构项目综合监理能力和水平的具体体现。监理规划编制的主要依据有以下几个方面：

(1) 工程项目外部环境调查研究资料

①自然条件资料包括工程地质、水文气象、地形、自然灾害等；

②社会和经济条件资料包括政治局势、社会治安、建筑市场、材料设备供应市场、经济发展环境等。

(2) 工程项目建设的法律法规

①工程项目建设的国家、行业和地方的相关法律、法规和政策；

②工程项目建设的国家、行业和地方的相关技术标准和规范等。

(3) 工程项目建设文件

①工程项目的可行性研究报告及相关批文；

②经审查的工程项目设计文件等。

(4) 工程项目建设合同

①工程监理合同；

②施工承包合同；

③材料、设备供应合同；

④其他有关合同等。

(5) 业主的正当要求。在不超出合同职责范围前提下，业主正当、合理的要求。

2. 监理规划编制原则

(1) 全局性原则。监理规划应针对委托的监理业务范围，围绕监理机构开展的工作来编写；监理工作的制度、程序、方法和措施等应全面、具体、明确，并突出监理工作中的重点和关键。

(2) 预见性原则。监理规划应分析工程项目的特点、承包合同的类型及承包人情况及其他项目实施中的不确定性因素，并制定目标控制的方法、措施及风险干扰的预防和应对。

(3) 可操作性原则。监理规划应实事求是地反映监理机构的监理能力、体现监理合同的要求，以及具有针对性的和可操作性的监理工作安排。

(4) 动态性原则。监理规划编制后，随着工程项目的实施，有一些条件和要求会发生变化，因此在执行监理规划中，要注意随着工程项目进展不断补充、修改和完善规划内容，使监理规划始终能保持对监理工作的指导作用。

(5) 针对性原则。监理规划在统一基本构成内容时，要注意规划的监理程序、手段、方法和措施等具体内容必须针对监理项目，体现监理工作的"项目个性"服务。

(6) 标准化原则。监理规划要充分反映水运工程施工监理规范的要求；在总体内容与结构上应与规范一致；内容的表达方式上应尽可能采用规范化的图表。

第三节 监理实施细则的编写

一、监理实施细则的内容

监理实施细则是以监理规划为依据，在落实了各专业监理工程师岗位职责后，由专业监理工程师针对项目监理中某一专业或某一方面的监理工作情况、落实监理规划的工作任务及职责而编写的指导监理工作的操作性文件。

按照《水运工程施工监理规范》的规定,监理实施细则应包括下述基本内容:

1. 工程项目概况与工程建设特点

2. 项目建设控制目标与监理工作任务

3. 专业监理工作的实施细则

(1)施工质量监理实施细则;
(2)施工进度监理实施细则;
(3)费用监理实施细则;
(4)施工安全监理实施细则;
(5)施工环境监理实施细则;
(6)建设合同管理实施细则;
(7)建设信息管理实施细则。

4. 专业监理实施细则的格式及内容

(1)专业监理内容的结构分解(简称 WBS)与目标 WBS。
①专业监理的对象及内容的 WBS;
②专业监理目标的 WBS。
(2)专业监理的 WBS 分解监控对象及目标控制。
①分解监控对象的控制范围;
②监控目标;
③监控程序;
④监控的具体内容及标准;
⑤监控的方法及措施。

二、监理实施细则的编制

1. 监理实施细则的编制依据

(1)经批准的监理规划;
(2)工程项目建设的设计文件、技术资料;
(3)施工合同的建设目标、技术规范和标准;
(4)经批准的施工组织设计和施工技术方案等。

2. 监理实施细则编制原则

(1)专业性原则。实施细则应针对专业监理工作内容及特点编写,突出监理的专业服务特色。
(2)操作性原则。实施细则应按照严格规范监理工作的监控程序、方法及标准编写,突出监理的业务文件特色。
(3)动态性原则。实施细则可随施工作业的开展分阶段编写,同时要根据项目进展的变化,不断进行补充、修改和完善,突出监理工作的动态控制和项目个性特色。

(4)预见性原则。实施细则应根据工程项目的环境、承包人施工情况及项目建设中的不确定性因素编写,制定适合、主动的监理工作方法、措施,突出主动监理特色。

(5)标准化原则。实施细则在分专业编写时,要突出文件结构、内容及表达方式的格式化和标准化,突出监理细则的规范化。

(6)责任性原则。专业监理工程师在编写专业实施细则时要强化其责任意识,内容上突出工作责任到位,便于工作的主动开展。

3. 监理实施细则的审批

监理实施细则由专业监理工程师负责编写,经总监理工程师审查批准后,形成工程监理开展的操作性文件。

第四节 工程档案管理

一、工程资料分类

工程资料可分为工程准备阶段文件、监理资料、施工资料、竣工图和工程竣工文件五类。

工程准备阶段文件可分为决策立项文件、建设用地文件、勘察设计文件、招投标及合同文件、开工文件、商务文件六类。

监理资料可分为监理管理资料、进度控制资料、质量控制资料、造价控制资料、合同管理资料和竣工验收资料六类。

施工资料可分为施工管理资料、施工技术资料、施工进度及造价资料、施工物资资料、施工记录、施工试验记录及检测报告、施工质量验收记录、竣工验收资料八类。

工程竣工文件可分为竣工验收文件、竣工决算文件、竣工交档文件、竣工总结文件四类。

二、工程资料填写、编制、审核及审批

工程准备阶段文件和工程竣工文件的填写、编制、审核及审批应符合国家现行有关标准的规定。

监理资料的填写、编制、审核及审批应符合现行国家标准《建设工程监理规范》(GB 50319—2000)和《水运工程施工监理规范》(JTJ 216—2000)的有关规定;施工资料的填写、编制、审核及审批应符合国家现行有关标准的规定。

1. 工程资料收集、整理与组卷

工程资料的收集、整理与组卷应符合下列规定:

(1)工程准备阶段文件和工程竣工文件应由建设单位负责收集、整理与组卷。

(2)监理资料应由监理单位负责收集、整理与组卷。

(3)施工资料应由承包人负责收集、整理与组卷。

(4)竣工图应由建设单位负责组织,也可委托其他单位。

工程资料的组卷除符合国家标准的规定外,还应符合下列规定:

①工程资料组卷应遵循自然形成规律,保持卷内文件、资料内在联系。工程资料可根据数量多少组成一卷或多卷。

②工程准备阶段文件和工程竣工文件可按建设项目或单位工程进行组卷。

③监理资料应按单位工程进行组卷。

④施工资料应按单位工程组卷。

⑤竣工图应按专业分类组卷。

⑥工程资料组卷应编制封面、卷内目录及备考表,其格式及填写要求可按现行国家标准《建设工程文件归档整理规范》。

2. 工程资料移交与归档

工程资料移交归档应符合国家现行有关法规和标准的规定;当无规定时,应按合同约定移交归档。

工程资料移交应符合下列规定:

(1)承包人应向建设单位移交施工资料。

(2)实行施工总承包的,各专业承包单位应向施工总承包单位移交施工资料。

(3)监理单位应向建设单位移交监理资料。

(4)工程资料移交时应及时办理相关移交手续,填写工程资料移交书、移交目录。

(5)建设单位应按国家有关法规和标准的规定向城建档案管理部门移交工程档案,并办理相关手续。有条件时,向城建档案管理部门移交的工程档案应为原件。

工程资料归档应符合下列规定:

(1)工程参建各方宜按国家标准规定的内容将工程资料归档保存。

(2)归档保存的工程资料,其保存期限应符合下列规定:

①工程资料归档保存期限应符合国家现行有关标准的规定;当无规定时,不宜少于5年。

②建设单位工程资料归档保存期限应满足工程维护、修缮、改造和加固的需要。

③承包人工程资料归档保存期限应满足工程质量保修及质量追溯的需要。

第五节 水运工程监理规划案例

一、工程项目概况

1. 工程简介

某海港新建3个5万吨级散杂货泊位,其中1号泊位水工结构设计船型为7万吨级散杂货船,2号、3号泊位水工结构设计船型为5万吨级散货船。前沿设计底标高为$-13.5m$;码头水工结构主体采用重力式沉箱结构,码头前沿岸线总长785m;码头前沿停泊水域宽度65m;回旋水域面积为$40hm^2$,设计水深为$-12.5m$;工程填海造陆面积$48hm^2$。工程施工期36个月,投资估算约人民币××亿元。

2. 工程范围

包括新建3个5万吨级散杂货泊位工程的码头水工主体、后方陆域形成及软基处理、道路堆场、给排水(含消防)、供电、照明、通信控制、停泊和回旋水域疏浚、临时进港道路和临时护岸等工程的施工准备期、施工期及竣工验收期与工程保修期的施工。

业主单位：××港务局某港区建港指挥部
设计单位：总设计单位，××规划设计院；设计单位：××航道局设计研究院
监理单位：××建设监理所
承包人：××航道局××公司

3. 工程编码(略)

二、监理工作依据及范围

1. 监理工作依据

国家、交通运输部、工程所在地有关工程建设的各项法律、法规和规章(目录略)；
水运工程施工监理规范及国家现行的有关工程技术标准(目录略)；
监理合同及施工合同文件；
工程设计文件和经审批的施工组织及技术文件。

2. 监理范围(略)

三、监理指导思想和监理工作目标

1. 指导思想

本工程监理的指导思想是：认真贯彻执行国家、交通运输部、工程所在地有关工程建设的各项方针政策、法规，以合同为依据，以控制质量、投资、工期、安全为目标，制定详细的工作规划和实施细则，明确岗位职责，严格检查制度，通过合同管理、信息管理、协调好工程各方的关系，全面完成业主委托的监理任务，力争项目目标能顺利实现。

2. 监理工作目标

(1) 质量控制目标。

本工程质量控制的目标为：合格。

质量控制中将以国家、交通运输部颁布的相关技术规范，《水运工程质量检验标准》以及业主招标文件、施工图中提出的各种技术要求为依据，严格执行合同中有关质量检验和控制的条款，按照监理规划和实施细则的规定，强化质量预控和隐蔽工程的验收，确保工程质量达到控制目标。

(2) 进度控制目标。

本工程进度控制的目标为：施工承包合同总工期36个月。

监理工作中将依据批准的总进度计划，使用计算机进度控制软件对进度分阶段、分项目进行详细分解、分析及优化，确定各控制环节和控制目标，跟踪进度实施过程，监督承包人严格按计划执行，实现进度控制目标。

(3) 投资控制目标。

本工程投资控制的目标为：合理运用资金，加强对工程投资的动态管理，确保工程总造价

控制在施工承包合同所确定的合同价之内。

监理工作中将以施工合同为依据,合理运用资金,以实现投资的最大效益为目标,按监理合同要求做好工程费用的分解与分析,建立支付台账;严格计量复核、支付控制,审核、控制工程变更,对施工过程中潜在的索赔因素进行认真分析预防,协同业主做好索赔审核和反索赔工作,确保投资控制目标的实现。

(4)安全控制目标。

本工程的安全控制目标为:严格执行相关安全规范及流程,督促和检查承包人的安全措施和设施及施工技术措施的落实,避免重大生产责任事故的发生,将各类安全事故率控制为0。

监理规划及监理实施细则中将根据国家有关安全管理条例、业主的安全要求、承包人的安全生产计划和目标,制定详细的安全目标控制措施。

(5)环境保护控制目标。

本工程的环境保护控制目标为:监督承包人按照国家和地方的有关环保要求和标准,采取有效措施防治在生产过程和生活中产生的污水、固体废弃物和噪声污染等,确保对生态环境的保护及环保设施的正常运行,落实各项环保措施。

四、监理机构设置与监理人员职责

1. 项目管理组织机构图(图6-1)

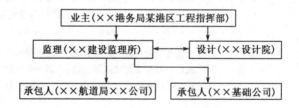

图6-1 项目管理组织机构图

2. 监理组织机构图(图6-2)

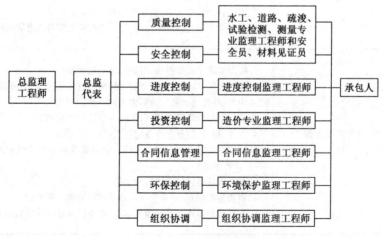

图6-2 监理组织机构图

3. 现场主要监理人员配置(表6-1)

现场主要监理人员配置　　　　　　表6-1

序 号	姓 名	性 别	年 龄	职 称	专 业	监理持证	拟担任职务
1	××	×	××	××	××	JSJ×××	总监理工程师
…	……	…	…	…	…	…	…
…	……	…	…	…	…	…	…

4. 监理人员进场计划表、工作安排

根据监理委托合同要求及施工承包合同的具体情况,安排监理人员进场工作计划表和工作安排,确保监理人员到位、工作到位(本部分略)。

5. 监理工程师岗位工作职责(表6-2)

监理工程师岗位工作职责　　　　　　表6-2

序 号	监理工程师岗位	工 作 职 责
1	主管公司领导	1. 代表监理公司对工程施工监理部进行管理; 2. 参加本工程监理工作的重大会议及专题技术会议; 3. 检查总监理工程师的工作是否满足业主和监理所的要求; 4. 经常和业主及承包人代表联络,保持良好的沟通渠道; 5. 根据业主的要求对现场监理人员进行调整充实
2	总监理工程师	1. 作为监理部的行政和技术总负责人,直接向业主和监理公司负责; 2. 完成监理招标文件要求的、监理合同中承诺的、监理规划中确定的工程中涉及质量、进度、投资控制和安全、信息、合同管理等所有主要监理工作的决策、管理; 3. 主持制订监理工作规划,批准监理实施细则; 4. 主持重要施工技术问题的讨论并做出决定; 5. 定期和不定期巡视工程现场,指导、检查、监督监理人员的工作; 6. 签发月报、计量支付等主要监理文件; 7. 主持召开监理例会、重要专题和协调会议; 8. 做好与业主、监理部、设计、施工等有关工程各方之间的协调工作
3	总监理工程师代表	1. 按总监理工程师授权,行使部分总监职权; 2. 深入施工现场,全面掌握施工质量和进展情况,现场协调处理急需解决的涉及质量、进度、协调、安全等方面的问题; 3. 参与制订监理工作规划,主持制订监理实施细则; 4. 指导、检查、监督各专业监理工程师的工作; 5. 对工程的关键环节检查监理人员的跟踪监理和旁站监理情况,保证人员到位、工作到位; 6. 组织现场施工的阶段验收工作; 7. 审查各类报表、报告并提出意见报总监理工程师; 8. 汇总编制监理报告和监理指令,签发质量进度控制监理文件

续上表

序号	监理工程师岗位	工作职责
4	合同管理及投资控制监理工程师	1. 参与工程前期工作和施工合同的谈判； 2. 熟悉掌握工程量清单，审查施工图预算； 3. 负责工程计量的复核，审核支付申请并提出审核意见报总监理工程师签署； 4. 运用计算机软件分解、分析工程费用，编制支付台账。跟踪工程进度，每月起草支付和费用控制报告； 5. 审查工程变更后的各种价格费用，审查工程结算； 6. 负责合同管理，参与分包审查、索赔调查等工作； 7. 向总监理工程师汇报合同执行过程中的各种情况
5	信息管理及进度控制监理工程师	1. 负责落实信息管理流程、工程信息收集、汇总、整理和归档管理； 2. 编制监理日报和月报，起草会议纪要。汇总和初审施工报表，校对监理指令和报告，并按业主要求及时传送给业主； 3. 督促现场监理工程师提交资料，负责完成监理总日记； 4. 初审施工进度计划，编写有关进度方面的报告及意见； 5. 收集工程进度信息，监控工程进度执行情况
6	材料及试验监理工程师	1. 检查承包人的试验室条件和人员资质是否满足工程需要； 2. 对进场的沙、石、水泥、钢筋、钢管等原材料进行检查和抽检； 3. 审查承包人有关配合比等方面的试验资料； 4. 见证承包人材料取样工作，审查其材料检测报告，批准原材料的使用； 5. 按照规定对进场的原材料进行抽检，严禁使用不合格材料； 6. 见证承包人的试验工作并负责监理平行试验检测工作； 7. 与各项目监理工程师联系，配合工作，提出材料控制和验收意见
7	测量专业监理工程师	1. 全面掌握关于测量工作的有关规定、要求及技术标准； 2. 旁站监理测量仪器定期的检验、比对、校正工作； 3. 审核施工基线、控制点测设方案，旁站放线并验收； 4. 审核测量控制计算，检查复核沉桩测量、放轴线和标高点测量、水下断面测量、沉降位移观测等工作，发现问题及时处理并上报； 5. 督促承包人按时提交有关资料和报告，并提出审查意见上报总监； 6. 与各项目监理工程师联系，配合工作，提出测量控制和验收意见； 7. 负责有关资料的收集和整理并及时归档
…	……	……

五、施工准备阶段监理工作

为保证工程按合同顺利进行，按照业主委托和监理大纲的要求，在施工准备阶段完成以下工作：

1. 组建现场监理机构

（1）根据投标文件和业主要求，组建项目监理部，向业主提交监理机构组成、监理人员名单，监理人员按合同规定的数量和资格按时到位，明确岗位职责，定人定岗。

（2）建立健全严格的监理规章制度；组织全体监理人员熟悉合同文件及相应的技术规范。

(3)确保各种检测、测量设施仪器,按时到位,并对所有试验、检测、测量设备请有资质的计量单位进行标定认证。

(4)进行现场调查,对现场地形、地物、水文地质情况全面掌握,沿线测量标志复核无误。

2.协助业主签订施工承包合同,其工作如下:

(1)审查施工承包合同是否符合所颁布的合同法;

(2)审查施工承包合同是否符合招标文件有关条款的要求和投标文件的承诺保持一致;

(3)施工承包合同双方的责、权、利是否有详细规定;

(4)施工承包合同是否有对业主潜在的索赔条款;

(5)开标后参与施工合同文件的澄清,协助业主与中标单位签订承包合同。

3.核查施工图设计

收到施工图后总监理工程师将组织监理工程师在合理的时间内完成施工图和施工预算的核查,并向业主提交核查报告。核查的内容主要有:

(1)施工图设计是否符合初步设计原则。

(2)施工图设计是否存在错漏之处。

(3)施工图设计是否存在明显不合理。

(4)施工图预算是否控制在初步概算之内。

(5)施工图预算定额套用是否合理,材料单价选定是否合理,计算是否正确。

4.编制监理实施细则

在本监理规划的基础上,副总监理工程师将组织人员根据施工图和设计要求,编制完成监理实施细则。

本监理规划由总监理工程师主持编制,报业主及监理所审批。监理实施细则由副总监理工程师组织专业监理工程师编写,总监理工程师主持审定,邀请业主、承包单位技术负责人、设计代表参加审查。

5.审查施工组织设计

督促承包人按照施工承包合同要求及时提交施工组织设计并对以下方面进行审查:

(1)自然条件和施工条件的分析是否全面、准确,施工工艺、计划安排是否已充分考虑自然条件的因素。

(2)施工工艺的选用是否合理可行,施工技术方案设计是否安全可靠;

设备的选用和搭配是否合理,设备的来源能否保证。

(3)材料的来源渠道是否合理并有充分的保证。

(4)施工总平面布置是否合理、考虑是否全面、是否有利于提高施工效率。

(5)总进度计划安排能否满足总工期要求,各分项工程工期编排是否合理,船机、设备、劳动力的配置能否适应进度的要求。

(6)重点审查影响进度计划的关键线路,并对其合理性进行充分的论证、研究。

(7)质量、工期、安全的保证措施是否可靠,执行中能否落实。

6.检查承包人的船机及设备

监理工程师将检查承包人进场的施工船机和设备的规格、性能与质量是否符合合同文件的规定及承包人施工组织设计的承诺。

(1)进场的施工船机和设备的规格、性能和数量应满足技术和进度的要求,并有完善的质量保证资料。

(2)对照有关文件对进场船机的数量、型号、规格、生产能力、完好率等进行检查和记录。当发现进场的机械、设备型号、数量与合同文件或施工组织设计中要求不一致时,应要求承包人说明原因。主要机械及设备的改变须经总监理工程师批准。

(3)对施工船机、设备的配套使用作细致分析,特别是对直接用于网络计划关键线路工程中的机械设备的生产能力应满足施工进度要求。

7. 审查承包人质量保证体系

监理工程师将督促承包人明确质量方针,建立完整而有效的质量保证体系,从思想上、技术上、制度上和组织上确保每个环节、每道工序、每时每刻都在受控状态下精心施工,从而确保工程质量达到优良。

(1)审查承包人的质保体系是否有效而完整。检查承包人质量检验人员的技术业务水平是否与其职责相一致,对不符合要求的人员将通知承包人更换。

(2)审查承包人质量检查程序、质量岗位责任制及质量奖罚制度是否科学合理,对不符合要求的部分,要求承包人加以补充或修订。

(3)检查承包人试验设备及审查试验人员资质,要求承包人提供实验室的合格证书及试验人员的资质证书,设备及人员资质不合格时不批准其承担试验任务。

(4)检查承包人材料管理人员和材料管理制度是否有利于确保工程质量,并有利于文明施工。

(5)检查施工技术管理制度是否有利于确保工程质量,施工技术质量交底制度是否落实。

8. 检查承包人基线、基点测量

(1)监理工程师旁站监理承包人基点、基线的布设工作,并对基点基线的测量独立进行复核检查。

(2)监理工程师审核承包人提供的工程测量、观察成果计算书及图表并书面子以批复。

(3)监理工程师将单独使用自备的测量仪器检验承包人的测量、观测数据,确保基点和基线的正确和防汛大堤的安全和稳定。

(4)督促承包人定时进行基线、基点的复测和大堤沉降、位移的观测。

9. 对承包人材料、设备进场的检验和批准

(1)在工程材料、设备未进入工地前,监理工程师审查承包人提交的材料、设备清单。对质量保证资料如产地、厂家以及出厂合格证书、检验合格证进行审查,禁止不符合要求的材料、设备进场。

(2)总监理工程师亲自或委派专业监理工程师对材料、设备的产地和质量进行实地考察了解。

(3)材料、设备进场后应按规范要求的频度和方法进行验收和定期抽样检验,不合格的材料、设备禁止用于工程。

(4)必要时监理对材料、设备进行平行验证试验。

10. 主持召开第一次工地会议

总监理工程师主持召开每周工程管理例会,在第一次工程管理例会上将着重检查落实各方开工前准备工作,进行监理工作交底,明确各项工作目标及工作联系方法和程序。

11. 下达开工令

按照施工承包合同中有关开工令下达的要求,根据开工前各方准备工作的完成情况,在确保开工后能连续、顺利施工的前提下,协助业主与承包人编写开工报告,监理审查后经业主批准向承包人下达开工令。

六、质量控制

1. 质量控制方法

(1) 质量预控。

①建立健全现场监理组织机构,明确监理人员的岗位职责,组织监理人员熟悉合同文件、设计文件及相应的规范、标准。

②认真、详细审查承包人上报的施工组织设计。

③严格按照程序施工,完善报告制度,确保整个施工过程在监理工程师的控制之下。

④对进场的原材料,要严格检查出厂合格证,并按规定抽检,全部合格并经监理工程师签认后方可用于本工程。

⑤对进场的施工设备严格检查,如与施工组织设计中承诺的不相符时,应查明原因,必要时要求承包人调整或补充。

⑥严格检查进场的主要施工人员资格,包括分包队伍的资质及人员。

⑦要求承包人将试验资料报监理工程师核查。

(2) 原材料检验及试验控制。

监理工程师对原材料的质量控制主要体现在以下几个方面:

①承包人在确定原材料生产厂家、品牌、出厂地时,应书面报告监理工程师。总监理工程师根据具体情况认为必要时将组织对此进行考察,符合要求后方可批准进货。

②在工程材料未进入工地前,监理工程师审查承包人提交的材料清单。对质量保证资料如产地、厂家及出厂合格证、检验合格证等进行审查,禁止不符合要求的原材料进场。

③承包人在原材料到达现场时,应及时检查出厂合格证,并将出厂合格证提供给监理工程师核验。

④原材料到达现场后,承包人应按规范要求的频度和方法进行验收和定期抽样检验,并将检测报告提供给监理工程师,不合格的材料禁止用于本工程施工。

⑤监理工程师将检查承包人的原材料堆存是否按规范规定进行。

⑥材料及试验监理工程师将每个规格品种的原材料,按承包人检验频率的10%进行平行检测。抽检试样交送业主认可的具备检验资质的试验部门进行试验检测。

⑦本工程试验检验主要有:混凝土粗细骨料、水泥、钢筋、水、外加剂、配合比标准试验、混凝土试件等的检验。监理工程师将监督承包人是否按照规范及检验评定标准规定的频度、要求进行抽样试验,其检查试验方法是否正确。

⑧监理工程师进行独立的平行抽检试验,其频度和数量按交通运输部、福建省和业主的有关规定进行。

(3)旁站监理。

监理部将建立质量监控体系,对承包人各项工程的施工以及材料、设备等进行全方位巡视和全环节的检查。对重要施工部位实施全过程旁站监理。工作内容主要有：

①总监理工程师、总监代表负责整个工程的监理工作,负责巡视重要部位施工和典型施工现场,掌握现场质量动态,发现并处理施工质量问题。

②专业监理工程师对各项工程部位的施工进行全过程巡视检查,对现场发生的质量问题及时处理、解决。分项工程结束后及时检查验收,随时消除因材料、工艺对工程质量的影响,检查并核对施工记录。

③各专业监理工程师将对关键工程部位的施工进行全过程的旁站监理。

(4)施工过程检查、检验。

除一些主要工序、部位的施工过程旁站监理外,监理工程师和监理员对施工过程进行巡视检查,对原材料、混凝土试件等按规范规定的频率进行检验和试验。

(5)隐蔽及分项工程检查验收。

监理工程师参加所有隐蔽及分项工程的检查验收。验收前,承包人必须先进行自检,自检合格后填报"隐蔽及分项工程报验单"并附上合格的自检资料,监理工程师审查报验资料后进行检查验收。

对检查不合格的工程,承包人必须进行整改或返工,直到工程合格为止。对整改或返工的分项工程,按规范规定进行评定。

(6)船舶、机械设备管理。

本工程实施中,船舶、机械设备管理是实现工程质量控制目标的重要环节之一。针对船机管理,主要抓好以下几方面工作：

①督促承包人按投标文件承诺与合同的规定组织船舶、机械设备进场,不符合要求的船机设备不得进场。

②开工前督促承包人对所有船舶、机械设备进行一次检查。施工过程中经常检查船舶、机械设备的运行状况。

③发现问题及时要求承包人检修,向总监理工程师汇报船舶、机械设备工作状况,并提出船舶、机械设备状况报告及施工适应性意见。

(7)划分单位工程及分部、分项工程与工程资料管理。

正式施工前,要求承包人把单位工程中分部、分项工程的划分提交监理部,监理工程师审查后上报质监站、业主批复,以方便施工中工程资料的填写与竣工资料的积累。

2.质量预控措施

(1)建立健全现场监理组织机构和工作制度,明确各级人员质量控制职责、权限和工作程序。

(2)组织监理人员熟悉合同文件、设计文件及相应的规范和标准。在此基础上编制操作性强的质量监理细则,逐级进行交底,并发布给承包人执行。

(3)审查施工方案,坚持每个分项工程施工前的施工方案审查。施工方案应在已批准的施工组织设计基础上进行细化,有明确的技术标准和要求、实施负责人员、具体施工操作方法、机械配置、施工结构设计图(如模板图)等。施工方案应经监理工程师批准才能实施。

(4)工程开工前对使用的原材料及材料配合比进行审查,材料未经批准不准使用。

(5)测量控制:工程总体开工前,施工基线、控制点、水准点、测量方案由监理工程师进行审核验收,测量控制未经批准不得开工。分项工程开工前,对测量控制点进行复核,测量计算成果也要报监理复核后才能使用。

(6)人员和机械控制:在审查分项工程施工方案时,相应对施工管理和操作人员资质、机械设备性能进行审查。人员必须有上岗证的,应有足够持证人员操作,无证人员禁止上岗,机械设备生产能力和性能必须与施工方案相配套,满足持证、保证质量要求。

(7)施工准备检查控制:对开工准备情况进行检查督促,如施工方案经批准但承包人未按此实施准备工作,监理工程师将发出整改通知。

(8)开工报告控制:坚持每个分项工程开工前进行开工报告审查。未批准的开工报告,该分项工程不准开工。

3. 原材料控制措施

(1)制定原材料控制的工作程序。

(2)按工作程序进行原材料控制。

①承包人在确定原材料生产厂家、品牌、出厂地时,应书面报告监理工程师。总监理工程师根据具体情况认为必要时将组织对此进行考察,符合要求后方可批准进货。

②在工程材料未进入工地前,监理工程师审查承包人提交的材料清单。对质量保证资料如产地、厂家以及出厂合格证、检验合格证等进行审查,必要时须提交地方政府的准用证,禁止不符合要求的原材料进场。

③承包人在原材料到达现场时,应通知监理工程师并收好出厂合格证,此证提交给监理工程师核验。

④原材料到达现场后,承包人应按规范要求的频度和方法进行验收和定期抽样检验,并将检测报告提供给监理工程师审查,不合格的材料禁止用于本工程施工。

⑤监理工程师将检查承包人的原材料堆存是否按规范规定进行。

(3)材料中间审查。

原材料经批准使用后,每批材料进场入库时,要求承包人向监理工程师报告,监理工程师予以核对,防止承包人更换材料。材料入库后按规定频率取样复检。

材料运至现场直接使用时,如用于抛填的砂、石料等,也要求承包人向监理工程师报告,监理工程师检查实际来料质量、规格后才能用于工程施工,来料还要按规定留置样品检验。

不按以上规定执行时,监理工程师将发出整改通知和该批材料暂缓使用通知。

(4)建立材料批准台账。

对各种原材料建立批准使用数量登记台账,每月将批准材料与实际使用数量进行核对,如发现实际使用量大于批准数量时,应作进一步检查,防止材料漏检漏批或检查频率不足,以及实际材料与批准材料不符等失控现象发生。

(5)不合格材料清退:进场材料如不合格,监理工程师将要求承包人做出标示并下指令限期运出现场。未运出前加强检查监督,防止误用或偷用。

(6)监理平行检验材料。

每个规格品种的原材料,监理工程师将取样进行平行检验,检验频率至少为技术规范规定频率的10%。抽检试样交送业主指定的或具备检验资质且业主认可的检验单位试验检测。

4.测量放线控制措施

(1)监理人员安排。

监理部配备一测量专业的监理工程师专职进行测量放线的监理工作。

(2)测量仪器配备。

监理部配备测量仪器对承包人的测量成果进行抽检复核。

(3)测量准备控制。

①开工前,要求承包人向监理工程师报送测量方案,包括控制点布置方案(陆地布设或水上测量平台),拟使用的测量仪器和方法等,监理工程师审查是否满足测量精度要求,符合时予以批准。如不符合,则要求更换仪器或加密控制点。

②对测量仪器进行检查验收。仪器应有检定合格证且未过期,必要时进行率定比对。

③检查测量人员的上岗资格证。

(4)基线和控制点放线控制。

①基线和控制点测量放线作业时,监理工程师进行检查并旁站主要控制点的测量工作且记录测量数据。

②承包人整理测量成果,向监理工程师申报验收。监理工程师除对测量成果对照旁站记录复核并计算核对测量结果外,还将独立操作测量仪器抽检测量部分控制点进行实际复核,合格才办理基线和控制点验收。未经此程序,承包人不得进行具体的放线作业。

(5)具体项目的放线作业控制。

①对具体项目,当需要计算单个点位坐标时,要求承包人将计算结果送监理工程师复核。无误后才能进行测量控制计算。

②测量计算控制:要求承包人对放线点的计算结果送监理工程师复核。

③测量过程控制:GPS测量、水下测量等作业时,要求承包人作业前报告监理工程师,监理工程师采取全过程旁站方法监督控制测量过程并记录测量成果。

④放线结果复核:放线后,监理工程师对放线结果进行抽检检查,有异常时及时改正、修正。

5.跟踪旁站措施和方式

(1)各级监理人员对施工过程均进行检查。

对各项工程施工,各级监理工程师都将对施工操作方法、部位、施工顺序、材料、工艺、机械作业等进行检查,要求如下:

①总监理工程师将巡视重要部位、典型施工现场,掌握现场质量动态,发现并处理施工质量问题,指导分项工程监理工程师掌握质量控制方法并对其工作进行管理。对承包人现场质量问题及时处理、更正,消除影响工程质量的不利因素。

②分项监理工程师、监理员对各项工程部位的施工工艺进行过程具体监理,施工结束后及时检查和认定,现场监督承包人的试样抽取和检查施工记录。

(2)全过程旁站监理。

对以下作业项目,在制定监理细则时,设为旁站点采取全过程旁站方式(表6-3)。

全过程旁站监理工作表　　　　表6-3

序号	施工项目	旁站监理工作
1	基点基线测量	1. 旁站监理承包人控制点和基线的布设、引测; 2. 独立复核承包人测量、观测结果
2	挖泥	1. 旁站监理码头基槽挖泥的施工过程; 2. 旁站监理挖泥的验收(基槽港池挖泥、陆域清淤)
3	基床夯实	1. 旁站监理基床夯实施工; 2. 旁站监理基床夯实验收测量
4	沉箱预制	1. 旁站监理混凝土浇筑施工; 2. 旁站监理承包人混凝土试件的制取
5	沉箱安装	1. 旁站监理安装定位测量; 2. 旁站监理沉箱安装现场全过程施工
6	现浇混凝土施工	旁站监理现浇混凝土施工
7	地基处理	旁站检查振冲密实砂、强夯施工及施打塑料排水板
8	钻孔灌注桩施工	旁站检查成孔垂直度、终孔标高及清孔(如修改为水泥搅拌桩设置为旁站点)

(3)监理工程师现场检查的内容。

①施工是否按批准的方案进行,有无擅自改变。

②进场的工程材料是否与批准的一致,有无明显不合格的材料。

③施工是否超越了批准的范围。

④施工顺序是否恰当。

⑤有否不按规定履行验收手续,擅自进入下一道工序。

⑥通过测量、实验、记录等方式检查施工过程质量能否满足质量要求。

⑦施工作业是否符合规范,是否按图施工和按设计要求进行。

⑧是否执行了保证质量措施。

(4)合理安排监理人员。

对施工连续作业且需要旁站的项目,监理部安排足够人员轮班。沉箱安装、现浇胸墙、灌注桩施工、断面测量验收等需要作现场记录的项目,事先准备好表格,检查时监理独立填表以便核查承包人记录的真实性。监理记录应每天交监理部审查,以判定是否符合要求。

(5)下达监理通知单。

监理人员检查发现问题时,应立即通知承包人纠正。一般性或操作性的问题,采取口头通知形式;口头通知无效或有质量缺陷、质量隐患时,监理员应将情况报告监理工程师,由监理工程师及时下达监理通知书,要求承包人整改,并检查整改结果。

6. 监理检测手段

(1)测量:由监理工程师准备测量仪器对沉箱安装的位置、胸墙及护轮坎轴线、高程等进行抽检,同时以旁站方式跟踪承包人对这些的作业与测量过程。

(2)试验检测。

①沙、石、水泥等原材料按批次抽样,送业主指定的试验室检验。

②混凝土现场检查坍落度并制作试块,送业主指定的试验室检验。

③钢筋及焊接接头:钢筋现场取样,每个焊工焊接各种规格钢筋接头试件,钢筋及焊接接头送业主指定的试验室检验。

(3)观察检查:对施工过程和成品对照规范和检验标准认真进行观察,检查是否符合要求,如:焊缝的外观、混凝土表面、涂刷前的涂刷面等是否符合规定。

(4)量测:监理工程师将准备钢尺、靠尺、垂球等普通工具量测施工构件和成品,要求监理独立量测抽检,复核承包人的自检结果。

(5)记录:沉箱安装、现浇胸墙、灌注桩施工等作业在旁站时对施工过程和量测结果进行记录,通过记录与要求对比判定是否存在隐患或问题。

7. 半成品的监控措施和手段(略)

8. 主要分项工程质量控制措施(略)

七、进度控制

1. 进度控制方法

(1)审批承包人在工程开工前提交的施工总进度计划、现金流量计划和总说明及在各个施工阶段提交的各种详细进度计划和变更调整计划。

(2)审查批准承包人根据总体进度计划编制的年度计划、季度计划、月度计划,重点审查船机、人员配备情况。

(3)对工程进度进行动态控制,做到日掌握、周检查、月总结,在施工过程中检查和督促施工进度计划的实施。当工程未能按计划进行时,要求承包人调整或修改计划,并通知承包人采取必要的措施加快施工进度,以使工程实际进度符合进度计划的要求。

(4)每天统计工程完成情况,并对照进度计划进行认真分析,以便及时发出监理指令。

(5)通过工程例会对工程进度进行检查,并根据实际情况责令承包人采取相应措施以满足进度计划的要求。

(6)定期向业主报告进度情况,对工程进度情况进行分析并提出建议,当施工进度可能导致合同工期严重延误时,及时向业主提出中止执行施工合同的详细报告,供业主采取措施或做出相应的决定。

2. 进度控制的程序(略)

3. 进度控制措施

监理工程师督促承包人按"编制、实施、调整、实施"循环的编制原则,编制周、月、季施工进度计划以及相应的配套计划,并遵循"检查、协调、修订与调整"四个工作环节来进行进度控制。监理工程师还将仔细核算沉桩、构件预制与安装、现浇混凝土等影响工期的主要工序的日需最大施工强度和日需平均施工强度,并对应检查承包人现有机械设备、材料、人力等所能达到的日最大施工强度和日平均施工强度,以便及时发出指令使工程施工满足总工程进度计划的要求。

(1) 确定工程进度报告制度。

监理工程师要求承包人在下述规定的时间内报送各种进度计划,供监理工程师审批。

① 在下达开工令前报送总体进度计划;

② 在每年12月中旬前报送下年度进度计划;

③ 在每季度第三个月的20号前报送下季度进度计划;

④ 在每月20号前报送下月进度计划;

⑤ 在每周例会前一天报送周进度计划。

(2) 进度计划的确定。

根据本工程的总工期,要求承包人提交施工总进度计划,监理工程师对此进行严格的审查,然后报业主批复。根据施工总进度计划,监理工程师审查年进度、季进度、月进度计划和周进度计划。

① 对承包人进度计划编制的要求。

承包人在编制进度计划时必须认真贯彻合同条件及业主的要求,进度计划的编制必须切实、可行并充分考虑了自然条件等各种因素,能够表明施工中的全部活动及其相关联系,充分使用人力和设备。

承包人上报的所有进度计划均需要采用网络图或横道图来表示。根据本工程的具体情况,即工期较紧,因此要求承包人需提交施工网络计划,以利于控制关键线路,赶抢工程进度。而且施工过程中要督促承包人随着工程的进展不断的调整网络计划,以便及时、合理地指导施工。关键线路有主要施工前期准备与沉桩、预制、安装和现浇混凝土。

a. 总体进度计划内容。

总进度计划要满足合同工期,要充分考虑到施工中天气、机械等因素的影响,编制要合理、紧凑,要用网络计划来表示。节点工期控制目标明确,施工方案合理,施工机械及人员配置满足工程需要。

a) 工程项目的合同工期,暂定30个月。

b) 各分部、分项工程工期,最早开始和最迟结束时间。

c) 各分部、分项工程需要完成的工程量及现金流动估算。

d) 各分部、分项工程的施工方案和施工工艺。

e) 各分部、分项工程所需配备的人力和机械数量。

b. 年度进度计划内容。

a) 各分部、分项工程工期,最早开始和最迟结束时间。

b) 本年度计划完成的分部、分项工程数量及投资指标。

c) 施工队伍和主要施工设备的数量及调配顺序。

d) 不同季节条件下各项工程的时间安排。

e) 各分部、分项工程进行局部调整或修改的详细说明。

c. 季度进度计划内容。

a) 各分部、分项工程工期,最早开始和最迟结束时间。

b) 本季度计划完成的分部、分项工程数量及投资指标。

c)施工队伍和主要施工设备的数量及调配顺序。
d)不同月份各项工程的时间安排。
e)各分部、分项工程进行局部调整或修改的详细说明。
d. 月进度计划内容。
a)本月计划完成的分部、分项工程内容及时间顺序安排。
b)本月计划完成的分部、分项工程的数量及投资额。
c)完成各项工程的施工队伍及人力和主要设备的配额。
d)在季度进度计划下对各分部、分项工程进行局部调整或修改的详细说明。
e. 周进度计划内容。
a)本周计划完成的分部、分项及各工序的工程内容和时间顺序安排。
b)本周计划完成的各项工程数量。
c)完成各项工程的施工队伍及人力和主要设备的配额。
d)在月进度计划下对各项工程进行局部调整或修改的详细说明。
②审批承包人进度计划。
监理工程师依据进度目标和合同要求对承包人提交的进度计划进行审查,总进度计划报业主批复。
a. 进度计划的审查内容。
a)施工总工期的安排是否符合合同工期。
b)各施工阶段或单位工程(包括分部、分项工程)的施工顺序和时间安排与本工程特殊的技术要求是否符合。
c)对风、雨、雾、浪、流等自然条件及各种不利因素的影响是否有充分的考虑并采取了有效措施。
d)所需主要材料和设备船机是否到位,设备和船机性能能否满足要求。
e)关键线路上的施工力量安排与非关键线路上的施工力量安排是否适应。
b. 进度计划的审查方法。
a)阅读各类文件、列出问题,进行调查了解。
b)提出问题,与承包人进行讨论或澄清。
c)对有问题的部分进行分析,向承包人提出修改意见。
d)审查批准承包人修改后的进度计划。
c. 进度计划的审查时间。
a)在合同规定的时间内审查总体进度计划和年度进度计划。
b)在每季度第三个月中旬前审查下季度进度计划。
c)在每月底前审查月进度计划。
d)在每周的例会上审定周进度计划。
(3)检查工程进度。
①巡视现场。
分项工程监理工程师和监理员将每日巡视工程现场,掌握现场进度动态,并记录现场进度情况和要求承包人提供每日进度记录。进度记录的内容主要包括:

a. 当日实际完成及累计完成的工程量。
　　b. 当日实际参加的人力、机械数量及生产效率。
　　c. 当日施工停滞的人力、机械数量及其原因。
　　d. 当日承包人的主管及技术人员到达现场的情况。
　　e. 当日发生影响工程进度的特殊原因或时间。
　　f. 当日的天气、水文等情况。
　　②要求承包人提交月进度报告。
　　监理工程师要求承包人每月20日前提交一份详细的当月工程完成进度报告,主要内容包括：
　　a. 概况或总说明：应以记事方式对计划进度执行情况提出分析。
　　b. 工程进度：应以工程数量清单所列细目为单位,编制出工程进度累计曲线和完成投资额的进度累计曲线。
　　c. 工程图片：应显示关键线路上的一些施工活动及进展情况。
　　d. 财务状况：主要反映承包人的现金流动、工程变更、价格调整、索赔工程支付及其他财务支出情况。
　　e. 其他特殊事项：主要记述影响工程进度或造成延误的因素及解决措施。
　　(4) 协调工程进度。
　　监理工程师通过每月、每周召开的现场例会及专题会议,及时向业主通报工程进度情况并及时下达调整指令。当实际进度滞后于计划进度时,将责成承包人采取增加人力、机械、改进施工工艺、加班等有效措施来加快施工进度,以满足总工期的要求。而且要特别强调在赶工期间注意保证工程质量,对此监理工程师会密切注意检查。绝不允许出现为赶工程进度而牺牲工程质量的现象发生。
　　由于承包人原因,致使工程进度延误,而且承包人不能采取有效措施加快工程进度来满足合同工期要求时,监理工程师将向承包人发出书面警告,并向业主书面报告。
　　(5) 提交月工程进度报告。
　　监理工程师在监理月报中向业主提交工程进度报告,并着重汇报影响工程进度的情况及改进建议。主要内容有：
　　①对本月进度计划执行情况进行评价和说明。
　　②分析工程计划完成的比例(工程量及工作量完成的百分率),工程总体进度是否能按期完工。
　　③考察关键线路,看关键工作是否出现延误；考察非关键线路,看非关键工作的工作总时差是否用完,是否已变为关键工作。
　　④找出影响工程进度的各项因素及关键性的影响因素,确定解决方案。
　　(6) 建立进度控制台账。
　　监理工程师将编制详细的进度控制台账,每天分析各种记录,统计实际进度。在工程例会前对上阶段工程进度进行检查,对当前工程进度计划进行分析及提出建议,并作为要求承包人加快工程进度、调整进度计划的依据。

八、投资控制

1. 投资控制要求

(1) 期中支付阶段的投资控制目标。

期中支付阶段的投资控制目标为：确保每次支付准确无误，每次支付的工程质量达到合同标准。

督促承包人按业主、监理工程师的要求及时提交期中支付申请表及相关原始资料，对承包人上报的每笔费用的项目进行认真、准确的计算，确保期中支付无遗漏、无重复。

按月进行累计完成工程量、累计实际付款额的统计，结合未完工程量对工程总投资额进行估算分析并向业主提交分析报告，为业主下一步的投资决策作好参谋。

当月发生的设计变更、索赔等费用，应尽可能算清、批复支付，及时支付给承包人以免影响工程进度。

(2) 竣工结算阶段的投资控制要求。

竣工结算阶段的投资控制目标为：力争总投资额控制在合同总价内，每个分部、分项工程支付的依据、数量、程序均符合施工合同的要求。设计变更、索赔等费用程序符合要求，手续清楚并有确认完成的证明。

2. 工程投资控制重点

为对工程投资实行有效的动态管理，我们将重点做好地质情况变化记录及影响预测、沉桩长度控制、设计变更、工程量变更复核计算和工程进度款支付工作。

3. 投资控制方法

做好本工程项目的投资控制，须严格遵循投资控制的原则，严格执行投资控制的基本程序，做好投资控制中各阶段的各项工作。

(1) 投资控制的原则。

①严格按照监理合同的要求，在监理授权范围内从事投资控制的监理工作。

②站在客观、公正的立场上，合理地处理工程中所发生的费用及有关纠纷，及时进行有关凭证的签认工作。

③坚持把质量合格作为工程计量与支付的先决条件，任何有缺陷的工程，均坚决不予计量与支付。

④把满足监理合同、施工承包合同相关条款在计量支付管理上的要求，工程量清单、说明、施工图纸、技术规范等对计量支付程序和方法上的要求，作为工程计量与支付的必要和充分条件。

⑤确保所有费用在计算上的正确性与准确性，确保在支付内容上无遗漏、无重复。

(2) 投资控制的程序（略）。

(3) 投资控制的基本方法。

①总监理工程师按合同规定签发预付款支付证书，报业主审批。

②监理工程师按合同规定，现场计量核实合同工程量清单规定的任何已完成且质量合格的工程的数量和价值报业主审批。

③监理工程师按合同规定审查、签发中期支付证书及合同中止后任何款项的支付证书,报业主审批。对不符合合同文件质量要求的工程项目费用,暂拒支付,直到上述项目的施工质量达到要求。

④严格审核工程量的变化,控制工程变更的费用。

对工程设计修改、材料代用的工程,或因地质情况有变化而造成的工程量的增减等要严格审核,控制不合理费用的支出。

⑤核实合同价款外的附加工程量。

对合同价款外的零星工程量,认真核实同期记录,慎重签认付款通知。

⑥控制分部、分项工程的各分包价格,确保总造价控制在施工承包合同总价之内。

⑦对施工过程中的资金支出做好预测分析,每月向业主提交投资控制报告,编制财务支付月报表和材料供应、机械设备进场月报表。

⑧制定索赔防范措施,签认索赔文件,对工程费用索赔的处理要合理、公正。

⑨协助业主与承包人进行最后工程价款结算。

⑩协助做好缺陷责任期费用的支付。

4. 投资控制措施

根据本工程的工程建设实际情况和管理特点,本工程投资控制主要是合理运用资金,加强对工程投资的动态管理,确保总造价控制在施工承包合同总价之内。为达到以上目标,监理工程师将采取以下措施:

(1)核查施工图预算。

监理工程师将根据业主的要求对施工图预算进行核查,确定施工图预算是否控制在概算之内。施工图预算定额套用是否合理,材料单价选用是否合理,计算是否正确。

(2)熟悉工程量清单。

(3)工程计量。

①制订分项工程清单表。

监理合同签订后,我们将组织人员对全部的工程量清单对照设计图纸进行复算和分解,将有关工程数量分解到各个分项工程。

②监理工程师将加强日常投资台账管理和投资跟踪工作。

③严格计量程序,只有验收合格,并签发中间交工证书的工程才予以支付。

④确保计量的工程数量的准确性、真实性、合法性。

⑤把好关键性工程的计量工作关。

关键性工程的计量应由合同管理及投资控制监理工程师和现场监理工程师共同参加,以专业监理工程师、现场监理工程师、承包人、现场施工人员签名的原始资料为准。

(4)加强设计变更的管理。

(5)索赔控制。

积极向业主提出合理化建议,以尽量避免和减少因业主失误或准备工作不充分而发生的索赔。处理索赔将做到:

①以合同为依据公正地处理好费用索赔。

②对承包人提供的索赔资料进行认真的审查、核实,及时、合理地处理索赔,处理时以事实

和数据为依据。

③加强质量预控、主动监理,减少和避免工程索赔的发生。

(6)制订经费支付计划。

根据施工进度计划,制订详细的资金使用计划、确定分解投资控制目标,对经费支付计划,实行动态管理,发现偏差及时纠正。根据施工月进度计划,及时修正经费支付计划,杜绝超前支付(工程预付款、材料预付款例外)。对工程过程中的投资支出作好分析与预测,经常或定期向业主提出项目投资控制及存在问题的报告。

九、安全监理方案

1. 安全监理工作依据

(1)有关安全生产、劳动保护等的法律法规和规范标准。

(2)建设工程批准文件和设计文件。建设工程批准文件包括:批准的可行性研究报告;建设项目选址意见书;建设用地规划许可证;建设工程规划许可证;施工许可证;初步设计文件及施工图设计文件。

(3)监理合同和其他相关的建设工程合同。

2. 安全监理工作目标

严格执行相关安全规范及流程,督促和检查承包人的安全措施和设施及施工技术措施的落实,避免重大生产责任事故的发生,各类安全事故率控制为0。

3. 安全监理工作内容

(1)开工前,审查《施工组织设计》中的安全技术措施或专项施工方案是否符合工程建设强制性标准,合格后才能同意开工。

(2)审查分包合同中是否明确双方在安全生产方面的责任。

(3)过程中监督承包人按《施工组织设计》中的安全技术措施或专项安全施工方案组织施工,发现违章作业应予制止;对危险性较大的工程作业应定期巡视检查,发现存在安全隐患的,书面要求承包人整改。情况严重的,书面要求承包人暂时停止施工(签发《工程暂停令》),并及时报告业主;承包人拒不整改或不停止施工的,及时向有关主管部门报告。

(4)督促承包人进行安全生产自查工作,落实施工安全生产技术措施,参加施工现场的安全生产检查。

(5)建立施工安全监理台账。

4. 监理机构安全监理岗位、人员及工作任务(略)

5. 安全监理工作制度

根据相关的法律法规并结合本工程的具体特点,在本工程的安全监理过程中,需建立下列工作制度:

(1)安全技术措施审查制度;

(2)专项施工方案审查制度;

(3)安全隐患处理制度;

(4)严重安全隐患报告制度;

(5)按照法律、法规和工程建设强制性标准实施监理制度。

6. 初步认定危险性较大的分部、分项工程一览表

(1)沉箱预制、出运、安装的安全管理;

(2)水上施工的船机安全;

(3)水上施工的人员安全;

(4)陆上施工的设备作业安全;

(5)施工用电安全管理;

(6)防台防汛安全管理。

7. 初步认定需监理复核安全许可验收手续的大、中型施工机械和安全设施一览表(表6-4)

施工机械和安全设施一览表　　　　　　　　　　表6-4

序号	分部分项工程名称	使用设备
1	沉箱预制	起重设备、拌和设备、混凝土运送和泵送设备
2	沉箱出运、安装	搬运气囊、半潜驳,拖轮、起重船
3	码头施工	施工及交通船舶
4	陆上施工	插板机、起重机、挖掘机、推土机

8. 初步确定须编制的《专项安全监理实施细则》一览表

(1)沉箱预制、出运及安装;

(2)码头水上施工;

(3)爆破施工(由专业监理单位负责)。

9. 初步选定的新材料、新技术、新工艺及特殊结构防止安全事故的监督控制措施根据施工组织设计的编制内容另行确定。

10. 必要的安全防护用品

安全帽、救生衣、雨衣、雨鞋等。

十、合同管理

本工程合同管理工作主要有:合同纠纷的监控、对承包人违约的处理、工程变更审查、工程延期审批、费用索赔审核、保险管理等方面的工作。

1. 合同纠纷的监控

(1)可能发生的合同纠纷内容。

水运工程施工中可能发生的合同纠纷主要有以下几点:

①对合同条款的解释产生分歧。

出现这种情况,主要原因是施工承包合同中部分合同条款的措词可能有多种的解释,施工合同中对相关解释合同的责任规定不明确。

②工程延误。

若工程发生了工期延误,对工程延误的合同纠纷主要表现在业主、承包人对造成延误工期的原因的确认及应采取的处置措施有不同的解释和观点。

③工程付款依据。

主要表现为对工程量计量确切性的争议,对付款依据(如原始计量资料、临时或正式的付款凭证等)确认方面的争议。

④不可预见事件。

水运工程中,对不可预见事件的合同纠纷主要表现在为对地下状况(或水下状况)的不可预见性发生的争议。

⑤工程量变更。

出现对工程量变更的纠纷,主要原因是由于临时修改设计或由于业主的行为而造成工程量频繁发生增减变化,承包人对此不能接受。

⑥工程分包。

承包人未征求业主明文同意,擅自分包或转包工程,而分包商又未执行总包合同的要求,造成业主的不满意。

(2)针对性的监控措施。

①针对合同条款解释方面的纠纷,监理工程师进场后将严格审查施工承包合同,重点审查合同中是否存在解释不明确或词义含糊的条款,若部分合同条款可能在工程实施过程中造成不必要的合同纠纷,将提醒业主对相应的条款进行修订或调整。

②工程延误的处理。

若工程实施过程中发生了工程延误,监理工程师将立即着手进行延误原因的分析,确定延误责任。

假如工程延误责任在承包人,将及时责令承包人上报相应的延误情况说明、下阶段的赶工措施等基础文件,严格依据进度监控的相关措施要求承包人加快施工进度,将延误的工期尽快赶回。

若工程延误的责任不在承包人,将按下述"工程延误的审批"相关内容进行工程延误的处理。

③工程付款依据争议的处理。

监理工程师将严格按照监理合同、施工承包合同相关条款进行现场工程量的计量和确认,施工过程中出现的关于工程量确认方面的原始资料,现场监理工程师在进行确认的同时必须通知合同管理及投资控制监理工程师一起到现场进行复核,确保计量的结果符合合同条款的规定、符合工程实际。

合同管理及投资控制监理工程师将严格按照"监理实施细则"中投资控制的具体要求,进行工程量的正确计量和工作量的正确计算,确保工程量计量准确、合理。

④不可预见事件的处理。

监理工程师将对施工承包合同进行完善,明确不可抗力的处理方法和原则,除非发生了合同明确的不可抗力或不可预见到事件,其他方面的风险应由承包人承担。

⑤工程变更的处理。

工程实施过程中,监理工程师将根据工程总体的建设要求,严格控制工程变更的规模,针对发生的工程变更,严格依据下述"工程变更审查"相关内容进行监控。

⑥工程分包。

按"分包审查"的内容进行监控。

(3)仲裁。

若在合同纠纷过程中,业主或承包人任何一方提出仲裁要求时,监理工程师将按下述原则进行处理:

①监理工程师将在合同规定的期限内,对争议设法进行友好调解。

②在合同规定的仲裁机构进行仲裁调查时,监理工程师将以公正的态度提供证据和介绍情况。

③监理工程师在仲裁后执行裁决结果。

2. 对承包人违约的处理

当承包人的行为违反了承包合同的有关规定,并损害了业主的利益时,监理工程师将按以下程序进行违约责任处理。

(1)通知承包人。

一旦发生承包人违约,总监理工程师将立即书面通知承包人,并要求承包人提出防止事态扩大措施的报告。

(2)收集有关资料。

合同管理监理工程师调查现场实际情况、查询有关记录。

(3)提出违约处理报告。

在经过详细调查和分析有关资料后,合同管理监理工程师提出违约处理报告,并报总监理工程师。

(4)扣回费用。

业主批准后,在中期支付中扣回违约赔偿费用。

3. 分包审查(略)

4. 工程变更审查

(1)编写变更意向报告。

工程变更如系业主或监理工程师提出,则变更意向报告由监理工程师编写,如系承包人提出则由承包人编写,如系设计提出则由设计编写。

(2)审查变更意向报告。

总监理工程师主持协商工程设计变更,组织对变更的有关事项进行调查、分析,并提出审查意见报业主,业主再根据正常程序送交设计等部门予以确认。

(3)转发《工程变更通知》。

当设计单位确认后,发出《工程变更通知》,经业主转交给监理工程师,再由总监理工程师签发转发给承包人。

5. 工程延期

对非承包人原因引起的工程延期发生并及时提交了工程延期报告后,监理工程师按下列程序和方法进行工程延期审查。

(1)收集资料,做好记录。

总监理工程师在收到承包人延期意向后,立即组织有关监理工程师做好现场情况的调查,收集有关件资料与信息。

(2)审查延期申请。

①合同管理监理工程师在审查承包人提出的延期申请后,提出审查报告,并报总监理工程师。

②总监理工程师审批签发后,报业主最后批准。

6. 费用索赔审核

对非承包人责任引起承包人增加额外费用并及时提交了索赔意向后,监理工程师按下列程序和方法处理。

(1)收集资料,做好记录。

总监理工程师在收到承包人索赔意向后,立即组织有关监理工程师做好现场情况的调查和记录的核实,收集有关证实资料。

(2)审查索赔申请。

①合同管理监理工程师审查承包人提出的费用索赔申请,提出审查报告报总监理工程师。

②总监理工程师审批签发后,报业主最后批准。

(3)支付索赔。

业主最终批准后,在中期支付中予以支付。

7. 工程保险

监理工程师将按施工承包合同要求对工程保险进行检查。

(1)检查是否按合同规定的险种办理。

(2)检查保险的数额是否属实。

(3)检查保险的有效期是否满足要求。

(4)检查保险的单据及保险收费单据是否按合同要求及时提供给业主和监理工程师。

(5)检查承包人是否按规定配合业主办理保险工作。

如承包人未按合同规定办理保险,监理工程师将督促其尽快办理,并采取适当措施。

十一、信息管理

监理部信息管理工作在总监(总监代表)的直接领导下由专人专责负责,配备计算机专业人员,接受业主指定的有关专业软件的应用培训,熟练运用业主提供的"项目管理信息系统"对项目进行管理。

1. 信息管理工作目标

(1)熟练运用业主提供的"项目信息管理系统",及时、准确地向业主提供工程的各类报表。

(2)对信息资料进行有效管理,确保监理人员运用的资料均是有效的。

(3)按照业主的要求进行监理资料的归档工作。

2. 信息管理内容

（1）制订信息和档案管理工作制度，协助各分项监理工程师进行信息的收集、整理和分析。

（2）按照业主和有关规定要求，制订归档资料目录，并根据工程的进展不断修正。

（3）对归档资料实行有效性管理，对过期的和无效的资料做好标记，杜绝监理人员误用。

（4）安排好计算机终端的人员值班，每天保持与业主的信息沟通联系，并及时将业主的有关要求和指示传达给监理部和有关监理人员。

（5）参与业主提供"项目信息管理系统"的培训，掌握并熟练运用该软件进行项目管理。

（6）督促承包人及时整理技术档案资料并对其进行审核。

（7）建立资料台账。

（8）根据需要编制各种监理操作报表。

（9）对办公室上墙图表进行布置，做好上墙报表的绘制工作。

（10）将监理工作月报等资料及时报送给监理所。

（11）及时做好文件的收发和登记工作。

3. 信息的收集、整理

信息的收集主要来自承包人方面的施工日报、施工计划和施工报告，以及监理工程师日记、现场记录，业主的有关指令、设计部门的有关文件和其他方面的信息。

监理工程师将在监理实施细则中对承包人各种报告、报表的内容、格式、报告时间提出详细要求。

监理工程师对信息的整理主要通过监理记录和监理周、月报。其具体内容如下：

（1）监理记录。

监理记录是信息来源的重要渠道，是监理工程师作出决定的重要基础资料。其内容主要有：

①会议记录：由固定人员对每次会议作详细记录，并归档保存。

②日报表：分项工程监理工程师对每天工程现场发生的主要事情采用标准表格形式作详细记录。

③月报表：总监理工程师每月以报告书的格式向业主报告当月完成工程的质量、进度、投资、安全、合同管理、监理工作等的详细情况，并对下步工作的设想提出建设性意见。

④天气记录：监理员详细记录每天的温度、风力、降雨、波浪等情况及天气变化对施工工作时间的影响。

⑤对承包人的指示：监理工程师在现场的口头和书面的任何有关指示均作详细记录。

⑥承包人的报告或通知：监理工程师详细记录承包人每天发生的各种正式书面或口头通知、报告。

⑦工程计量记录：监理工程师每次进行的工程计量计算、测量等过程及计算式均作专项记录。

⑧支付记录：监理工程师对每次支付的批准均作专项记录。

⑨试件、试样、抽样记录：分项工程监理工程师详细记录每次进行试件、试样、样品抽样的

过程、结果。

⑩测量、检验结果与分析记录:分项工程监理工程师详细记录每次测量、检验的过程、结果。

⑪质量验收记录:分项工程监理工程师详细记录每次参加工序验收的过程、参加人员和结果。

⑫竣工验收记录:监理工程师详细记录竣工验收过程中初验结果、验收试验、验收评定和验收资料等。

(2)监理月报。

监理工程师将根据工程进展情况及存在的问题每月以报告的格式向业主和监理所报告,监理月报由总监理工程师签发。

4. 信息汇总和管理

信息的汇总、归档和管理根据业主单位档案管理的要求,参照国家和相应省市、业主单位对档案管理的办法,并结合工程特点进行整理、分类、造册、归档,检查、督促承包人整理合同文件和技术档案资料,确保工程综合信息档案分类清楚、完整,技术档案与图纸资料和实物同步。信息汇总和管理的主要内容为竣工监理归档资料内容。

5. 信息传输

为确保信息传输的迅速、准确,监理工程师将制定严格的信息收发制度,各方面须严格遵守:

(1)运用"项目管理计算机管理系统",每天与业主进行两次计算机信息交流,使业主能及时了解施工现场的动态情况。

(2)每周统计一份工程量累计完成情况报表、工程质量情况综合报表报送业主。

(3)每月按实际工程施工进展情况,对未完工程进行分析、判断、调整,绘制调整后的工程施工进度情况表报送业主。

6. 计算机辅助管理

本工程建设工期长、项目多,信息管理工作任务重。这就要求项目的信息管理应采用较为先进的计算机辅助管理,以确保信息管理有条不紊的开展。

7. 监理资料管理办法(略)

十二、协调管理

1. 多工段同时施工时的协调控制

针对本标段内可能分成多个工段同时施工的情况,拟采取的协调控制措施如下:

(1)开工的批准协调。

由于一个标段多工段同时开工,开工时各工序内容相同且基本同步,为避免无序开工造成其他工段无法同时施工或相邻部位的沉箱位置被阻碍施工不了,建议任何一个工段开工时,要召开联合协调会议。

任一工段开工,应在本标段监理机构审查后,报给业主,经召开联合协调会议并做出最终批准决定。

(2)施工期间的协调。

各个工段同时施工期间,仍然要定期召开协调会议,对施工总体安排作出决定。对涉及局部的问题,则召开有关联工段的承包和监理机构参加的小范围协调会议解决。会议程序和内容由业主决定。

(3)协调重点。

本工程的协调重点应包括：

①各工段相邻部位基槽开挖、基床施工及沉箱安装的先后安排,应避免先开工标段施工完毕,受其已安沉箱的阻碍,相邻标段的基槽、基床沉箱安装无法施工。

②各工段的水域占用,应避免由于施工船舶抛锚不当,造成其他标段的船舶无法移动作业。

③各工段相邻部位清淤、抛填等项目的先后施工的合理范围划分。应明确质量责任,工程量不会造成与合同垂直划分的较大偏离。

2. 监理部对本标段工作的协调控制

监理工程师将按照"严格监理,热情服务"的原则开展监理工作,做好一切监理工程师应做的工作,严格要求自己,钻研业务,公正、公平地处理问题。本工程的协调管理主要采用会议的形式和现场协调等多种形式来进行。

监理主持召开的会议的形式和内容如下：

(1)第一次工地例会。

①会议的组织。

会议在监理中标、承包人进场后召开,会议由总监理工程师主持,会议参加人员有业主代表、承包人的授权代表、主管所领导、设计代表、总监理工程师及专业监理工程师。

②会议的内容。

业主介绍项目管理组织机构及业主代表,以及监理机构与承包人的现场职能机构,确定工程管理模式和职责范围。承包人介绍施工准备情况,包括主要人员、材料、设备进场情况及临时工程建设情况。业主说明开工条件。总监理工程师进行监理工作交底,明确监理要求和监理程序。

(2)工程例会。

①会议的组织。

工程开工后,每周召开一次,会议由总监理工程师主持,会议参加人员有业主代表、设计代表、承包人项目经理、信息管理专业监理工程师。

②会议内容。

承包人报告本周的工程完成情况,汇报下周的施工安排；监理工程师对该周施工进度、质量予以评价,指出施工中存在的问题,同时提出下周监理工作安排,就执行承包合同有关的其他问题交换意见。

(3)专题会议。

(4)施工现场协调。

①加强与工程各方的联系和沟通,对参与施工的各方统一监理要求和监理表格。在监理工作管理上注重对整个工程的协调,做到既能保证质量、安全,又能加快施工进度,提高工作

效率。

②在正式施工前,监理工程师对本工程的施工平面布置、施工顺序及进度计划进行认真审查,避免在施工布置及施工顺序上产生干扰而影响工作效率。

③按时参加业主召集的会议,执行业主有关协调施工的决定。

十三、环境保护控制

根据招标文件的规定,承包人在生产过程中和生活中,应按照国家和地方的有关环保要求和标准,采取具体措施防治污染并接受监理工程师的监督。

1. 环保控制措施

(1)承包人应在《施工组织设计》制定详细的环保实施方案,经监理工程师审查同意后执行。

(2)监理工程师将认真审查承包人环保方案的合理性,必须满足业主招标文件的要求。监理工程师审查的环保内容主要包括以下几方面:

①基地的平面布置与绿化。

首先,工地建设的平面布置是做好环保工作重要前提条件。平面布置中,在依照业主总体规划布置的前提下,合理布置好生产、生活区、绿化带等是有效防止粉尘和噪声污染关键。

其次,平面布置合理,便于做好生产、生活污水的处理。

第三,生产、生活区的合理布置,便于减少生产机械、车辆等噪声的污染。

第四,绿化的树种应考虑生长快、枝叶茂、不落叶,有利于防尘、隔音。

第五,虽然本施工基地为原有基地,但是承包人应重新做好规划布局,做到合理可行、满足业主对工程的要求。

②污水处理设施。

生活污水和废物排放按环保要求执行。承包人应为其水上设备配备适应的水上清洁措施,以便收集污水,并将其送到污水处理站。

③固体废弃物处理。

根据招标文件的规定,固体废弃物的处理处置可以采取以下措施:

生产用水处理过程中所产生的泥沙,无毒无害,可以就地处理。

设置固定的生活垃圾收集点,收集后送场外垃圾填埋场。

废混凝土制品除综合利用外,应送场外垃圾填埋场处置。

破损土工织物应由专人收集,由物质回收部门收购。

④船舶污染控制。

根据招标文件的规定,参加本工程施工的各类船舶,要严格控制污染物排放。

(3)承包人必须落实好环保工作的组织机构,提交监理工程师审查。

2. 环保工作检查

(1)在承包人的施工组织设计中,我们将要求承包人安排专职人员负责环保工作,并定期对环保工作进行检查,环保检查时监理工程师一道参加,承包人应提交每次环保检查工作情况汇报。

(2)监理工程师将定期向业主汇报环保检查工作情况,施工过程中不断地督促检查承包人的每一项环保工作的落实情况。

十四、竣工验收期监理

1. 单位工程验收评定程序(略)

2. 竣工验收程序(略)

3. 监督竣工文件的编制

(1)按监理规范及业主的要求制定详细的竣工文件编制规定。
(2)督促承包人及时绘制竣工图,确保图纸资料与实物同步。
(3)汇总、反映、研究解决承包人在编制竣工文件过程中存在和提出的问题。
(4)按照编制规定要求,检查承包人完成竣工图及竣工资料是否合格。
(5)协调竣工文件的封面印制和装订。

4. 组织初验

(1)初验程序。
①工程完工、竣工文件编制完成后,承包人向监理工程师提出初步验收申请报告。
②监理工程师审查初验报告。
③监理工程师会同业主代表、组织承包人、设计代表对工程现场和各种资料进行检查。
④总监理工程师召集初验会议,讨论决定是否通过初验,并向业主提出初验报告。
(2)初验的内容、方法。
①现场逐项检查申请验收的工程是否确已全部完成。
②各项技术管理和合同管理程序及手续是否齐全、完备。
③是否存在遗留未处理的重大技术和管理问题。
④竣工文件的编制是否满足验收要求。
⑤允许在保修期内完成的剩余工作达成一致意见。

5. 协助业主组织竣工验收

6. 审查工程竣工结算

(1)审查工程竣工结算的各种计算是否正确。
(2)审查结算和合同承包价存在的差异及原因。
(3)审查工程变更的数量和单价计算是否正确。

7. 编制工程监理总结报告及监理竣工资料

(1)编写工程监理总结报告。
工程结束后,监理工程师编制详细的监理总结报告,其内容主要有:工程概况;监理组织机构及工作起、止时间;质量控制、进度控制、投资控制、安全管理、信息管理、合同管理的执行情况;分项、单位工程的质量评估;工程投资分析;照片及录像。

(2)整理监理竣工资料。

监理工程师将整个工程监理过程中的监理资料会同监理总结报告在合同规定的时间内提交业主。其主要内容有:监理合同;监理规划书;监理细则;与业主、设计、施工来往文件;监理工程师函/监理业务联系单;监理备忘录;监理通知书;停(复)工通知单;会议纪要;监理月报;材料工程质量抽验单;工程质量事故处理记录(报告);专题报告;工程质量评估报告;监理工作总结报告和业主认为需要归档的其他资料。

十五、保修期监理

1. 保修期的监理组织

保修期期间,监理机构仍然设置。监理所将根据剩余工作量,配备足够专业数量的保修期监理工程师,以满足现场监理工作的需要。

2. 保修期的监理内容及方法

(1)协助业主办理好工程竣工交接工作。

(2)督促承包人按计划完成剩余工作。

(3)检查已完工程,发现质量缺陷,指令承包人及时修复,并监督其修复的各个施工过程。监理方法同前面所述的监理工作方法。

(4)确定保修责任及审查修复费用。

(5)审查承包人的补充资料。

(6)审查承包人的工程保修终止报告。

(7)报业主批准后签发《工程保修终止证书》。

十六、监理工作表格

工程监理及施工过程中的有关报告及报表格式,将参照《建设工程监理规范》(GB 50319—2000),《水运工程施工监理规范》(JTJ 216—2000)及《水运工程质量检验标准》(JTS 257—2008)的有关规定,并根据业主的要求和承包人的意见与工程各方协商制定。

思 考 题

1. 什么是监理大纲、监理规划、监理实施细则?它们的主要作用是什么?
2. 监理规划应包括哪些主要内容?
3. 试比较监理大纲、监理规划、监理实施细则三个阶段性文件的内容、深度与作用?

参 考 文 献

[1] 中国建设监理协会.建设工程监理概论(第三版)[M].北京:知识产权出版社,2011.
[2] 成虎.工程项目管理[M].北京:中国建筑工业出版社,2009.
[3] 邓铁军.工程项目管理[M].武汉:武汉理工大学出版社,2008.
[4] 中华人民共和国行业标准.JGJ/T 185—2009 建筑工程资料管理规程[S].北京:中国建筑工业出版社,2009.
[5] 巩天真.建设工程监理概论[M].北京:北京大学出版社,2009.
[6] 中华人民共和国行业标准.JTJ 216—2000 水运工程施工监理规范[S].北京:人民交通出版社,2000.
[7] FIDIC编,周可荣,等译.FIDIC施工合同条件[M].北京:航空工业出版社,1999.
[8] 中华人民共和国行业标准.JTS 110-10—2012 水运工程标准施工监理招标文件[S].北京:人民交通出版社,2013.
[9] 交通部《水运工程质量监督规定》(部令2000年第3号令).
[10] 交通部《港口建设管理规定》(部令2007年第5号).
[11] 交通部《航道建设管理规定》(部令2007年第3号).
[12] 交通部《公路水运工程监理企业资质管理规定》(部令2004年第5号).
[13] 交通运输部《水运工程建设项目招标投标管理办法》(部令2013年第11号).
[14] 国家发展改革委员会和建设部印发《建设工程监理与相关服务收费管理规定》的通知(发改价格〔2007〕670号).
[15] 《建设工程质量管理条例》(国务院令2000年第279号).
[16] 《建设工程安全生产管理条例》(国务院令2003年第393号).
[17] 交通运输部《公路水运工程监理工程师登记管理办法》(交质监发〔2011〕572号).
[18] 交通部《公路水运工程监理工程师执业资格考试管理暂行办法》(交质监发〔2004〕125号).